A EPOPEIA DA COMIDA

JACQUES ATTALI

A EPOPEIA DA COMIDA

Uma **breve história** da nossa **alimentação**

TRADUÇÃO
Mauro Pinheiro

1ª edição
1ª reimpressão

VESTÍGIO

Copyright © 2019 Librairie Arthème Fayard

Título original: *Histoires de l'alimentation*

Todos os direitos reservados pela Editora Vestígio. Nenhuma parte desta publicação poderá ser reproduzida, seja por meios mecânicos, eletrônicos, seja via cópia xerográfica, sem a autorização prévia da Editora.

EDITOR RESPONSÁVEL
Arnaud Vin

CAPA
Diogo Droschi

EDITOR ASSISTENTE
Eduardo Soares

DIAGRAMAÇÃO
Guilherme Fagundes

PREPARAÇÃO DE TEXTO
Samira Vilela

REVISÃO
Eduardo Soares

**Dados Internacionais de Catalogação na Publicação (CIP)
Câmara Brasileira do Livro, SP, Brasil**

Attali, Jacques
    A epopeia da comida : Uma breve história da nossa alimentação / Jacques Attali ; [tradução Mauro Pinheiro]. -- 1. ed. ; 1. reimp. -- São Paulo : Vestígio, 2024.

    Título original: Histoires de l'alimentation
    ISBN 978-65-86551-35-8

    1. Alimentação 2. Alimentos - História 3. Desigualdade social 4. Gastronomia 5. Hábitos alimentares 6. Nutrição 7. Veganismo I. Título.

21-63378   CDD-613.2

Índices para catálogo sistemático:

1. Hábitos alimentares : Promoção da saúde 613.2

Maria Alice Ferreira - Bibliotecária - CRB-8/7964

A **VESTÍGIO** É UMA EDITORA DO **GRUPO AUTÊNTICA**

São Paulo
Av. Paulista, 2.073 . Conjunto Nacional
Horsa I . Salas 404-406 . Bela Vista
01311-940 . São Paulo . SP
Tel.: (55 11) 3034 4468

Belo Horizonte
Rua Carlos Turner, 420
Silveira . 31140-520
Belo Horizonte . MG
Tel.: (55 31) 3465 4500

www.editoravestigio.com.br
SAC: atendimentoleitor@grupoautentica.com.br

À minha mãe,
cuja cozinha se resumia a palavras de amor.

Sumário

Introdução 13

● CAPÍTULO 1

Viver do mundo, caminhando 21
Do animal ao homem: mastigar caminhando 22
Os *Homo habilis, ergaster, erectus*: comer cru e grunhindo 23
Do cru ao cozido: conversar ao comer 26
O homem de Neandertal, o primeiro europeu:
um comedor de carne injustamente depreciado 27
O *Homo sapiens*, ou aquele que faz do alimento
um assunto de conversa 28
Comer todo o planeta 29

● CAPÍTULO 2

Dominar a natureza para comê-la 31
No Oriente Médio, se instalar para plantar 31
Meteorologia, astronomia, astrologia: do céu às safras 33
Na Europa, o canibalismo ainda faz das suas 34
E em outros lugares, o arroz face ao trigo 34
Na Mesopotâmia: primeiros cereais, primeiros impérios 36
Primeiros banquetes: conversar para melhor reinar 38
Na China, a primeira dietética 40
Na Índia, começo do vegetarianismo 42
Os impérios mesoamericanos, ainda antropófagos à sua maneira 44
No Egito, comer e falar são a mesma coisa 45
Na África subsaariana, a abundância natural

atrasa o nascimento dos impérios 48
Em toda parte ainda, o canibalismo 49
Com o judaísmo: "comer o Livro" 50
Grécia: comer para governar 54
Roma: comer para dominar 59

● CAPÍTULO 3

Nascimento e glória da refeição europeia 63
O revés cristão: comer Deus 64
Na Alta Idade Média: Carnaval e Quaresma 66
No Islá: comer é uma benção de Deus 67
Ao final da Idade Média: especiarias e Paraíso Perdido 70
Hotéis, albergues: comer durante a viagem 72
Do século XIV ao século XVI, o triunfo da cozinha italiana 73
A exceção francesa 77
No século XVII, a França fica por cima 78
A revolução vinda da América: batata, milho, chocolate 80

● CAPÍTULO 4

A refeição francesa, glória e fome 85
A mesa do Rei Sol, o arquétipo da especificidade francesa 85
A "cozinha burguesa" anuncia a Revolução 89
Bebam refrigerante, não álcool 91
Enquanto isso, na Ásia, banquetes e fome 92
Na América, os colonos se alimentam
melhor do que os ingleses 93
Em Paris, primeiros restaurantes, locais de
conversa e de subversão 94
Fomes, revoltas e revolução 96
Revoluções e banquetes burgueses 98
Diplomacia gastronômica 99

● CAPÍTULO 5

Gastronomia palaciana e alimentação industrial 101
A industrialização começa pela alimentação 102
Adubo e pasteurização 105
Alimentar as crianças 108
Desembarques norte-americanos:

refrigerantes e máquinas de venda automáticas 109

Quando Ritz e Escoffier inventam o *palace* 111

Para o povo europeu: ainda o pão e as batatas 115

No restante do mundo: a diversidade persiste 116

● CAPÍTULO 6

A dietética a serviço do capitalismo alimentar 119

Uma malícia do capitalismo norte-americano: a dietética 120

Calorias e *corn-flakes* 122

Fazer com que a mesa seja esquecida para favorecer

o capitalismo 124

Disfarçar o gosto 125

As cadeias de produção começam nos abatedouros de Chicago 126

Produzir alimentos em série 127

Comer rápido, *fast-food* 129

A América desembarca em todas as cozinhas do mundo 132

Fomes e geopolítica no século XX 134

Combater a fome custe o que custar 136

Uma indústria agroalimentar mundial cada vez mais poderosa 139

Trocar de açúcar 140

Comer mais, e pior 141

O combate impossível dos consumidores contra o açúcar 142

Quanto menos refeições fazemos, mais consumimos 143

A França, sozinha, ainda resiste: "*la Nouvelle Cuisine*" 145

● CAPÍTULO 7

Hoje: os ricos, os pobres, a fome no mundo 147

A situação da agricultura e da indústria agroalimentar mundial 147

Até mesmo os ricos desertaram a mesa 151

As classes médias comem alimentos miscigenados 152

Os mais pobres continuam morrendo de fome,

ou por causa daquilo que comem 154

A refeição em família quase desapareceu 156

Os alimentos dos bebês 158

Comer na escola 159

Comer no trabalho 160

O veganismo se torna mundial 161

Comer religiosamente 163

Comer insetos 163
O caso particular francês persiste 166
O açúcar, a obesidade e a morte 167
Não é só o açúcar que mata 169
Uma produção excessiva de vegetais, de carne e de peixe 172
Alimentar-se produz excesso de gás de efeito estufa 174
Destroem-se os solos 175
Redução da diversidade dos seres vivos 177
O grande segredo 178
A conscientização 180
Os adolescentes anunciam que o melhor talvez seja possível 181

● CAPÍTULO 8

Em trinta anos, insetos, robôs e homens 193
Primeiro, as necessidades 194
Será possível alimentar 9 bilhões de seres humanos? 195
Os riquíssimos comerão cada vez melhor, e cada vez menos 197
Escolhas culturais: cada vez mais asiáticas e miscigenadas 198
Menos carne e menos peixe 199
Vegetariano de outro modo 201
Mais insetos 202
Menos açúcar 206
Comer para tratar a saúde 207
Imitar a natureza 209
Artefatos alimentando-se de artefatos 210

● CAPÍTULO 9

Comer sozinho em um silêncio vigiado 213
Para acabar com a cozinha 214
Acondicionamentos nômades: refeições em pó 216
A caminho de uma solidão alimentar 217
A sociedade do silêncio vigiado 220
No entanto, os problemas persistirão, cada vez piores 221

● CAPÍTULO 10

Comer deveria ser o quê? 225
A melhor agricultura para todos será responsabilidade
dos pequenos proprietários bem capacitados 226

Impor à indústria alimentar mundial regras
muito mais rígidas 231
O melhor regime alimentar para cada um:
o altruísmo alimentar 233
Comer muito menos carne e muito mais legumes 235
Comer muito menos açúcar 237
Comer produtos locais 238
Comer mais lentamente 239
Conhecer o que se come 240
Por uma educação alimentar 241
Comer muito menos 243
Uma "cozinha positiva" para uma vida e um planeta positivos .. 244
Redescobrir o prazer de falar/comer juntos 245

Anexos 249
O paladar 249
As necessidades alimentares humanas 250
O intestino 253
Em que a alimentação influi em nosso cérebro? 254
O que influencia nosso apetite? 256
A alimentação nos objetivos ecológicos internacionais 256
Quadro 1 258
Quadro 2 259
Quadro 3 259

Referências 261
Créditos fotográficos 299
Agradecimentos 301

Introdução

Eu adoro o tempo que se passa compartilhando uma refeição com pessoas queridas, aproveitando esses momentos para reinventar o mundo, debatendo horas e horas sobre uma ou outra receita, um ingrediente ou um fornecedor, descobrindo novos restaurantes, viajando virtualmente pelas culinárias de outros lugares e do passado, conversando horas a fio. Adoro esses jantares intermináveis entre amigos, durante os quais idealizamos a vida, rimos, discutimos e nos reconciliamos. Admiro os cozinheiros e as cozinheiras, seja quando preparam as refeições em suas casas para as próprias famílias ou quando trabalham em grandes restaurantes para sua freguesia rica; artesãos ou artistas, gênios humildes ou narcisos absolutos; viciados em seus afazeres, preocupados em dar prazer às pessoas que, por vezes, sequer conhecem e que, raramente, passarão mais de uma hora consumindo aquilo que foi pensado, reunido, preparado ao longo de dias; e mesmo milhares de dias, se contarmos o tempo necessário para criar os animais, cultivar os legumes, transportar as especiarias, imaginar e aperfeiçoar as receitas.

E, no entanto, eu geralmente termino a maior parte das minhas refeições em algumas dezenas de minutos.

Escrevendo isso, não me considero original: a maioria das pessoas, em toda parte do mundo, quando não está passando fome e dentro dos limites de seus recursos, gosta de compartilhar com as outras uma refeição saudável, sem pressa. Elas apreciam cozinhar, receber e ser recebidas pelos amigos. Aproveitar o tempo para conversar, viver plenamente essa pausa bem-vinda em dias muitas vezes tão difíceis.

E, contudo, em todo canto do mundo, as pessoas comem cada vez mais apressadamente.

Por que nós nos privamos assim de um prazer tão simples, essencial e vital? Por que as refeições são cada vez menos feitas em grupo? Por que as últimas refeições que prosperam são as refeições de negócios? Por que comemos apenas, e em poucos minutos (exceto os mais ricos dos seres humanos), alimentos industrializados, entupidos de açúcar e gordura? Será o desaparecimento dos grupos de pessoas à mesa, das salas de jantar e até das cozinhas, o sinal do deslocamento das relações entre os seres humanos? É possível imaginar que, um dia, nos alimentaremos sozinhos e nômades, unicamente de legumes poluídos, carnes insalubres, produtos industrializados?

O que era o ato de comer? O que ele é hoje? O que será amanhã?

A resposta a todas essas perguntas nos revelará bastante sobre o que somos, o que nos ameaça e o que podemos reconquistar.

Porque somos apenas o produto daquilo que comemos, bebemos, ouvimos, vemos, lemos, tocamos, cheiramos, sentimos. Talvez, também, sejamos somente a maneira como imaginamos ser comidos.

E se muitas coisas foram escritas sobre o modo como somos moldados pelo tato, a visão e a audição, aos poucos se foi esquecendo que somos igualmente e sobretudo forjados pelo paladar e pelo olfato. Esquecemos também que nada de sexual, religioso, social, político, tecnológico, geopolítico, ideológico, sensual, cultural pode ser explicado sem a necessidade que os homens sentem de se alimentar e de consagrar algum tempo para fazê-lo na companhia de outros. E pouco importa a forma como tudo isso foi ritualizado, organizado e hierarquizado.

Esquecemos que a criança já começa a comer no ventre de sua mãe; que tudo, ou quase, que o homem faz passa pela sua boca: comer, beber, falar, gritar, suplicar, rir, beijar, insultar, amar, vomitar.

Esquecemos também que falar e comer são inseparáveis e nos remetem ao essencial: o poder e a sexualidade, a morte e a vida.

O alimento é, desde tempos remotos, muito mais do que uma necessidade vital. É também uma fonte de prazer, o fundamento da linguagem, uma dimensão social do erotismo, uma atividade econômica importante, um ambiente de trocas, um elemento-chave da organização das sociedades. Ele estabelece nossas relações com outras pessoas, com a natureza e com os animais. É a mais perfeita medida da estranheza de nossa condição e da natureza das relações entre os sexos.

É possível morrer por falta de alimento, ou por excesso. Só podemos sobreviver se as conversas das quais ele é o suporte puderem acontecer. Ele é essencial à constituição de uma cultura e à sua evolução: nenhuma sociedade sobrevive se a organização de sua agricultura, de sua gastronomia e de suas refeições não constituírem as bases de um cimento social duradouro.

Essa relação intensa, até mesmo cósmica, dos homens com sua alimentação encontra-se, na verdade, na origem do surgimento gradual do *Homo sapiens* a partir de espécies animais anteriores. Torna-se, depois, a fonte da maioria das mutações importantes da espécie humana, desde o surgimento da linguagem até a domesticação do fogo, e também de suas inovações subsequentes: a alavanca, o arco, a roda, a agricultura, a criação de animais e tantas mais, justificam-se pela necessidade de se alimentar. Em seguida, explica amplamente a tomada de poder de certa cidade, de certo império, de certa nação: a história e a geopolítica são, antes de tudo, histórias da alimentação.

Durante milênios, os homens se dedicaram à natureza, depois às divindades que a representavam, para conseguirem se abastecer de provisões sem que eles mesmos as produzissem; e isso os levou a se unir. Em seguida, confiaram nos representantes dos deuses sobre a terra, padres e príncipes, astrólogos e meteorologistas. Depois, quando eles mesmos começaram a produzir o que comiam, cultivando a terra e criando animais, entregaram o poder sobre suas vidas aos senhores. Depois, aos mercadores, aos chefes de indústrias e, em breve, talvez, aos robôs. Até, quem sabe, se tornarem eles mesmos robôs alimentando-se de artefatos.

Durante milênios, as potências religiosas buscaram impor proibições alimentares, associá-las às proibições sexuais ou mesmo designar aqueles com quem se tinha o direito de compartilhar uma refeição. Durante milênios, os homens inventaram armas para matar os animais, que lhes serviram também para matar outros homens, que, por vezes, também eram comidos: alimentar-se e guerrear derivam dos mesmos meios e têm os mesmos objetivos.

Durante milênios, comeu-se qualquer coisa e a qualquer momento, quando o alimento estava disponível; depois, passou-se a horários cada vez mais regulares, em função da chegada do dia ou da noite. Como se a regularidade dos horários de refeição estivesse ligada ao sedentarismo.

Durante milênios, os homens esperaram que as mulheres lhes preparassem sua refeição a partir de suas caças e colheitas, sem que fizessem outra coisa senão protestar contra a qualidade dos pratos ou do serviço, ou de ambos. Passou-se a associar também, às vezes explicitamente, alimento, pureza e sexualidade: a busca pelo alimento afrodisíaco, em particular, tornou-se rapidamente uma obsessão universal.

Durante milênios, a identidade dos povos foi definida por seus territórios, suas paisagens, suas floras e suas faunas. E também por suas receitas e seus modos à mesa.

E principalmente, durante milênios, a alimentação estabeleceu as regras das conversas e as estruturas das relações sociais. Havia aqueles que podiam jantar com os deuses; aqueles que podiam cear com os reis; aqueles que almoçavam em família; aqueles que mendigavam suas refeições e aqueles que nada comiam. Havia aqueles que produziam seus alimentos e aqueles que só os obtinham através dos outros.

Era ao longo das refeições que se determinava o essencial da organização dos impérios, dos reinos, das nações, das empresas, das famílias. Dos banquetes com deuses às refeições de negócios, tudo foi decidido, e tudo ainda se decide, para comer e enquanto se come.

Durante milênios, alguns seres humanos morreram por comer demais, e um bocado deles por não comer o suficiente. E quando estes últimos descobriam sua força, passaram a se rebelar contra aqueles cujas refeições fabulosas eles imaginavam ou sonhavam.

Assim, o alimento reflete todos os desafios do dia: ele representa nosso respeito por nós mesmos, nossa capacidade de conversar com os outros, nossa atenção com os mais fracos, as relações entre os sexos, nossa abertura para o mundo, o nível de nossas leis, nossa relação com o trabalho, com a natureza, com o clima e com o mundo animal. Ele nos revela, mais do que tudo, as desigualdades entre aqueles, raríssimos, que ainda podem se alimentar saudavelmente, e os outros.

A alimentação está, assim, mais do que qualquer outra dimensão da atividade humana, no coração de nossa história. Então, para compreender e agir sobre o futuro, é preciso poder responder a todos os enigmas que a envolvem.

As refeições continuarão sendo um momento de encontro, conversas, criação, rebelião, regulação social? Ou nos tornaremos narcisistas apáticos, indiferentes, que comem, sozinhos, em silêncio, a qualquer momento, alimentos industrializados? Perderemos até mesmo a memória do que a agricultura e a cozinha representam hoje em dia, como já esquecemos o que foi a alimentação dos príncipes da Idade Média, ou a dos imperadores chineses, ou ainda a dos sultões otomanos? Esqueceremos para sempre os tão longos banquetes provincianos, nos quais se organizavam a vida familiar, política e social? Seremos ainda, por muito tempo, envenenados pelas refeições prontas que nos apresentam como prazeres indulgentes? As pessoas terão mais acesso aos produtos que hoje são reservados a alguns poucos? Ou esses pratos serão um dia proibidos a todo mundo, por razões ambientais? Continuaremos vendo diminuir o número de espécies vegetais consumíveis? Seremos assassinados pela nossa alimentação? Deveremos nos submeter ainda por muito tempo às proibições religiosas, às convenções sociais ou às regras sexuais, ou seremos em breve submetidos à ditadura de uma inteligência artificial, que nos imporá aquilo que temos o direito e o dever de comer? Conseguiremos refletir sobre a fronteira entre o ser humano e o restante das espécies vivas? Poderemos, sem destruir o planeta e a vida, alimentar de modo saudável 10 bilhões de seres humanos? O que acontecerá com os camponeses do mundo, cada vez mais raros? Teremos ainda por muito tempo a possibilidade ou o desejo de nos alimentarmos na companhia de outros seres vivos? Seremos todos, em breve, salvo poucas exceções, como já ocorre a um terço da humanidade, obrigados a comer insetos? Carnes artificiais? Ou mil outros artefatos industriais? Enfrentaremos em pouco tempo uma rebelião alimentar ou uma revolta da fome, como aquelas que outrora abalaram a história das civilizações? E por fim, conseguirá a minha França conservar seu modelo magnífico, único, no qual a qualidade do alimento se alia ao tempo que dedicamos a comê-lo? Poderá ela servir de modelo, de exemplo, de pioneira?

Todas essas perguntas são frequentemente esquecidas, já que muitos interesses financeiros e políticos preferem censurá-las: a economia quer que comamos rapidamente produtos cada vez mais industrializados e que dediquemos a menor quantia de dinheiro possível, para que ainda sobre para comprar todos os outros produtos que propõe a sociedade de consumo. E a política busca nos orientar na direção de outras questões e de outros medos, a fim de controlar nossas reivindicações.

E, contudo, se quisermos que a humanidade sobreviva, se pretendemos levar uma vida plena, natural, uma vida verdadeiramente humana, precisamos decifrar o modo como as gerações anteriores se alimentaram, o tempo que dedicavam a isso, as relações sociais que foram assim criadas, o dinheiro que investiram, o poder que foi assim forjado e desfeito. É necessário que a alimentação seja, para todos, uma fonte de prazer, de compartilhamento, de criação, de alegria, de superação. E é preciso igualmente encontrar um jeito de salvar o planeta e a vida.

Creio já ter demonstrado em vários outros tópicos que, sem conhecimento erudito e detalhado do passado, não há teoria alguma do presente nem previsão do futuro que valha.

Da mesma forma, após ter estudado e contado muitas outras longas histórias (as da música, da medicina, da medida do tempo, da propriedade, do nomadismo, do amor, da morte, da geopolítica, da tecnologia, do judaísmo, da modernidade, dos labirintos, da previsão, do mar) e de ter procurado, através dessas histórias, mil saberes, mil culturas, tentando adivinhar nosso futuro, eu empreendo aqui a mesma viagem acerca da maneira como os homens se alimentaram e se alimentam.

Para tanto, é necessário que eu reúna inúmeros conhecimentos, com muita frequência espalhados por respeitáveis trabalhos de especialistas. É através da compilação e do detalhe que nasce o novo. É do confronto desses fatos minuciosos, no tempo e no espaço, que surge uma história realmente global, uma história capaz de dar sentido ao futuro.

Comecemos essa viagem, e vejamos aonde ela nos levará.

CAPÍTULO 1

Viver do mundo, caminhando

Nunca saberemos de verdade como e do que se alimentavam os mais remotos ancestrais dos homens, aqueles primatas nômades que viveram na África há milhares de séculos. Examinando os rastros de vegetais e animais presentes nos locais onde foram encontrados alguns de seus primeiros vestígios e a dentição de seus esqueletos,[*, 206, 207] é possível determinar se alguma dessas espécies pré-humanas era vegetariana, carnívora ou onívora; e é possível deduzir o que comiam com base na fauna e na flora dos arredores de onde viviam.

Podemos pensar que esses seres encontravam sozinhos, separadamente, aquilo que precisavam para se alimentar, e que comiam sozinhos, ainda que seja certo que a busca por alimento é uma das fontes daquilo que se chamará, bem mais tarde, de linguagem, um dos primeiros assuntos de conversa e de reunião de famílias e tribos.

---

* As notas explicativas e de tradução, indicadas no texto por um asterisco, estão localizadas no rodapé, enquanto as notas bibliográficas, numéricas, estão reunidas ao final deste volume. [N.E.]

Do animal ao homem: mastigar caminhando

Há 10 milhões de anos, os primeiros ancestrais (todos africanos) dos seres humanos e dos grandes símios são nômades que se deslocam de árvore em árvore. Eles se alimentam de frutas e insetos encontrados nelas. Crus: eles ainda não dispõem de fogo nem de linguagem.[36, 90]

Um pouco mais tarde, obrigados a descerem das árvores em função da desertificação da África, onde ainda se encontram confinados, esses primatas começam a se alimentar também de frutas caídas no chão, às vezes fermentadas. Uma mutação genética lhes permite então metabolizar o etanol bem mais rapidamente do que antes, o que lhes facilita a digestão e a conservação de gorduras.

Entre 10 e 6 milhões de anos antes da nossa era, na segunda metade do Mioceno, quando ocorre a separação entre aquela que se tornará a linhagem dos chimpanzés e a que se tornará a linhagem humana,[19] esses antropoides começam a se deslocar para outros continentes: no sul da Europa, foram encontrados restos de um *Oreopithecus bambolii* de 7 milhões de anos.

Sem dúvida, é também esse o momento do aparecimento dos primeiros sinais do que resultará, milhões de anos mais tarde, na linguagem: como os animais, esses primatas se comunicam sobre o que comem, o que encontram, o que compartilham, o que disputam.[125]

No Plioceno, ou seja, há 7 milhões de anos, os primatas se dividem entre a linhagem de *Paninas* (chimpanzé) e o gênero *Homo* (hominídeos). Surgem na África os australopitecos, gênero pertencente à subtribo de grandes símios hominídeos.[28] Contrariamente aos primatas anteriores, os australopitecos andam, mesmo que ainda não sejam estritamente bípedes e que se desloquem de árvore em árvore. As estruturas de seus crânios são próximas daquelas dos grandes símios anteriores; eles se dividem em várias espécies (*Australopithecus anamensis, A. afarensis, A. africanus, A. bahrelghazali, A. garhi, A. robustus, A. aethiopicus* e *A. boisei*). Os mais antigos fósseis do hominídeo bípede conhecido em nossos dias, "Toumaï", ou *Sahelanthropus tchadensis*, encontrado no deserto de Djurab, ao norte de N'Djamena, data de 7 milhões de anos. Toumaï mede cerca de 1,10 m, pesa cerca de 30 kg e tem uma capacidade craniana de 360 cm³ (muito insuficiente para formular a linguagem). Com mãos bem semelhantes às nossas, talvez fossem capazes de talhar a pedra ou efetuar tranças. Eles ainda se alimentam unicamente de legumes, frutas e pequenos animais crus ou cadáveres encontrados.[11, 325, 326]

O nomadismo é, então, e ainda será por vários milhões de anos, uma necessidade alimentar: o australopiteco se desloca por todo o continente africano a fim de encontrar o que comer. Consome tubérculos, plantas, insetos, pequenos animais e carcaças abandonadas pelas hienas. Sem dúvida, ele começa a matar animais para comer. Com as mãos nuas. Com pedradas. Sem dúvida, ele aperfeiçoa também o esboço do que ainda não é uma linguagem.

Há 3 milhões de anos, grande evolução: a desertificação da África Oriental provoca um recuo das florestas e um avanço das savanas africanas, que levam os australopitecos a se reagruparem.[28] Como certos símios de hoje cujos cérebros têm o mesmo tamanho, eles se reúnem em pequenos grupos, comem folhas, frutas, ovos, insetos; guardam juntos os produtos de suas caçadas e de suas colheitas, e compartilham refeições. Isso leva a um desenvolvimento de suas faculdades intelectuais e cooperativas.[28] Certamente, a partir desse momento, os mais fortes comem melhor do que os mais fracos; e, em particular, os homens comem melhor do que as crianças e as mulheres. Eles ainda comem cru. São antropófagos? Ninguém sabe; e raros são aqueles que, como eu, ousam pensar que sim.

Há 3 milhões de anos, é possível estimar (comparando-os aos comportamentos atuais dos macacos na ilha de Hashima, no Japão, cujo tamanho do cérebro é próximo ao deles) que eles começam a lavar seus alimentos. Alguns se organizam para estocar cadáveres de animais perto de onde escondem suas ferramentas.

◼ Os *Homo habilis*, *ergaster* e *erectus*: comer cru e grunhindo

Há 2,3 milhões de anos, no início do Pleistoceno, aparece na Etiópia a primeira espécie considerada humana: o *Homo habilis*.

Comparado aos australopitecos, eles têm os maxilares menos proeminentes, dentes molares e caninos menores e incisivos maiores, além de um crânio e, portanto, um cérebro mais volumoso (entre 550 e 700 cm^3 contra 400 a 500 cm^3 nos australopitecos).[101]

O que o distingue dos australopitecos e de outras espécies é sua capacidade de manejar utensílios e, sem dúvida, de se comunicar um pouco melhor utilizando algo que ainda não é uma linguagem. O *Homo habilis* é provavelmente onívoro: ele come folhas, frutas, grãos e animais crus, capturados em pântanos (como a tartaruga), e os primeiros mamíferos, especialmente macacos e hienas.[28] Talvez se alimente também de peixes crus, pescados nos rios e afluentes, ou no mar. Ele ainda não come cereais nem laticínios.

Foram encontradas na África Oriental, perto de esqueletos de australopitecos e de *Homo habilis*, ferramentas de pedra e ossadas de tartarugas e mesmo de elefantes, sugerindo uma verdadeira capacidade de caça, mesmo que ainda sem nenhuma arma de arremesso.

No mesmo período, há cerca de 2 milhões de anos, ainda na África, aparece o *Homo ergaster* ("o homem artesão").[212] Ao que parece, ele vive inicialmente em uma região do atual Quênia, onde o excepcional valor nutritivo dos alimentos (que diminui a quantidade a ser ingerida e a energia gasta para digeri-los) permite reduzir o tamanho dos intestinos, acarretando um estreitamento torácico e pélvico e dando ao cérebro a possibilidade de aproveitar esse excedente de energia para se desenvolver. O *Homo ergaster* se torna então um bípede de grande estatura (cerca de 1,70 m) com um volume craniano maior (em média 850 cm^3)[101] do que o de outros hominídeos que com ele coexistem. Ele dispõe agora das características necessárias para adquirir a linguagem. É possível que já utilize o fogo, sem ser ainda capaz de produzi-lo.

Há 1,7 milhão de anos, ainda na África Oriental, aparecem os primeiros bifaces,[317] fabricados pelo *Homo ergaster* a partir de lascas de pedra (frequentemente rochas vulcânicas, quartzo ou sílex) e utilizados para cortar os animais após a caça: comer, falar, caçar, uma mesma aventura.

Ainda há 1,7 milhão de anos, quando o *Homo habilis* desaparece, surge o *Homo erectus*, também na África Oriental.[319] Ele é prognata, possui mandíbulas fortes, uma crista sagital (osso frontal) mais delineada e um crânio em forma de tenda. Mede entre 1,50 e 1,65 m e tem uma capacidade craniana de 900 a 1.200 cm^3, consequentemente, adequado à formação de uma linguagem que ainda não domina. Ele é coletor-caçador.

Trata-se da primeira espécie de hominídeo a deixar a África e alcançar a Eurásia, após passar pelo Istmo de Suez para seguir em direção à Jordânia. Ele prossegue rumo ao leste. Na Judeia, descobre as vinhas.

Há 1 milhão de anos, o *Homo erectus* chega à China, onde encontra uma planta particular, um ancestral do que se tornará o arroz, *Oryza rufipogon*.[122]. Depois, por terra, ele atravessa a Indonésia e aprende a utilizar o bambu.

Simultaneamente, outros *Homo erectus* se dirigem para a Europa, onde o clima se tornou mais temperado, e os contrastes sazonais, mais importantes. Sua alimentação muda: menos vegetais e mais carnes (elefante, rinoceronte, urso), ainda cruas, às vezes cozidas de modo acidental durante um incêndio.[28]

Como faziam, sem dúvida, os primatas anteriores, ele consome carne humana: existem em Altamira, na Espanha, ossadas dessa época, cujas estrias e fraturas levam a crer que os *Homo erectus* tenham sido comidos pelos seus semelhantes. Esse consumo seria mais cultural do que alimentar: é provável que, antes de uma longa caminhada, esses *Homo erectus* tenham desejado assim se apropriar da força de outros indivíduos. É provável também que isso tenha acontecido muito antes, por razões culturais e alimentares.

A presença da antropofagia é, pode-se dizer, uma importante recorrência na alimentação dos primeiros homens.

Na Europa, há 700 mil anos, o clima esfriou novamente; a tundra e a taiga se estenderam por vastas regiões.[126] Para resistir ao frio, os *Homo erectus* que se encontram nesses lugares devem se alimentar principalmente de carne: eles comem, ainda crus, rinocerontes, cavalos, bisões, veados e renas; às vezes, peixes de água doce e frutos do mar;[319] e também os cadáveres de seus semelhantes. Quando comem algo cozido, é unicamente porque algum incêndio queimou as carcaças.

■ Do cru ao cozido: conversar ao comer

Ao que parece, foi na China, por volta de 550 mil anos antes da nossa era, que teve início a domesticação do fogo.[17] Em Zhoukoudian, próximo de Pequim, foram descobertos vestígios de uma fogueira usada por aquele que chamamos de "o homem de Pequim", um *Homo erectus* datando de 450 mil anos.

A domesticação do fogo constitui uma imensa transformação: os alimentos se tornam mais facilmente assimiláveis, o que permite aumentar ainda mais a quantidade de energia disponível para o cérebro[101] e tornar comestíveis vegetais até então tóxicos. Também possibilita residir em regiões de clima mais frio, alimentar-se de uma culinária mais elaborada e eliminar germes e bactérias. Finalmente, isso torna possível a prolongação do dia, das reuniões noturnas em torno do fogo: a fogueira irá favorecer as conversas e a emergência da linguagem e dos mitos.

Pode-se pensar que, ao menos nesse momento, o homem começa a ritualizar sua relação com os alimentos, assim como sua relação com a morte. Ele deve rezar para os deuses lhe darem do que se alimentar e também para ser perdoado por ter sido obrigado a matar para comer. Alguns desses deuses comem entre si ou com os homens. Ele observa as estrelas para saber em que momento caçar, colher, viajar. Começa a compreender que a ingestão de certas plantas pode tratá-lo e curá-lo. Surgem rituais que dizem o que é autorizado comer e o que é proibido. Sem dúvida, a partir desse momento, os mais fortes, chefes de bandos e tribos, e os primeiros sacerdotes ou xamás, fazem com que essas regras sejam respeitadas, garantem a alimentação de seus súditos e demonstram sua capacidade de esbanjar. É possível que os homens comam melhor do que as crianças e as mulheres, que geralmente ainda são separadas dos homens durante as refeições que elas preparam.

Nesse ponto aparece também o conceito de propriedade: a de suas mulheres, de suas colheitas, daquilo que encontra, do que caça e do que se cozinha. E, certamente, os primeiros sinais do que se tornará a linguagem.

■ O homem de Neandertal,[*] o primeiro europeu: um comedor de carne injustamente depreciado

Cem mil anos após o fogo ser domesticado na China – quando aparece na Sibéria aquele que chamaremos de "o homem de Denisova",[324] sobre o qual quase nada se sabe –, surge na Europa "o homem de Neandertal".

Ele é então o único *Homo* na Europa, onde o *Homo erectus* desapareceu. Vivendo sobretudo em regiões frias e desérticas, é provavelmente o mais carnívoro dos membros da linhagem humana: seu regime alimentar é constituído 80% de carne (de mamute, rinoceronte-lanudo, pombo e pequenos animais[207]) e 20% de matérias vegetais.[320] Ele também domina o fogo e o sílex, o que lhe permite produzir progressivamente novas ferramentas destinadas à caça. O Neandertal é capaz de utilizar lanças de madeira[323] e pesca golfinhos e focas. É capaz de desenvolver uma rede subterrânea para esconder suas reservas, mas ainda não domina a linguagem.[321]

Os sítios arqueológicos de Saint-Brelade, em Jersey (250 mil anos), e de Biache-Saint-Vaast, em Passo de Calais (Estreito de Dover), atestam a caça de grandes animais por esses homens de Neandertal. Uma lança de madeira, chamada de "teixo de Beringen", com 2,4 metros de comprimento, teria sido fincada no corpo de um elefante há 125 mil anos por um homem de Neandertal: é o primeiro vestígio de uma caçada ativa de animais de tamanho importante;[211] trata-se ainda de uma "caçada casual", sem preparação anterior, perseguição ou busca.[62]

---

* Ver *Neandertal, nosso irmão: Uma breve história do homem*, de Silvana Condemi e François Savatier (Editora Vestígio, 2018). [N.E.]

Sem dúvida, ele deixa o continente europeu: a análise genética de um hominídeo morto há 270 mil anos que vivia no continente africano revela vestígios de hibridização do *Homo erectus* com o Neandertal, o que leva a pensar que o Neandertal poderia ter ido para a África, mas isso ainda não foi confirmado pela comunidade científica. Supõe-se também sua presença na Arábia e no vale do Rio Nilo.[322]

O *Homo sapiens*, ou aquele que faz do alimento um assunto de conversa

O *Homo sapiens* aparece, segundo as mais recentes pesquisas, no chamado Saara verde (atual Marrocos), há pelo menos 300 mil anos. Possui um cérebro maior do que o do *Homo erectus* (1.300-1.500 cm^3 contra 800-100 cm^3)[101] e tem dentes e mandíbulas menores. É menos prognata e suas arcadas superciliares são menores.[318, 324]

Ele precisa de 3 mil calorias por dia e consome três vezes mais proteínas do que os homens de nossos dias. Seu regime alimentar é extremamente variado (legumes, frutas, crustáceos, caças miúdas e, mais tarde, produtos lácteos e grãos). Os vegetais representam dois terços de sua alimentação, fornecendo lipídios e carboidratos. O cozimento dos alimentos lhe permite eliminar certas operações anteriormente realizadas pelos intestinos e reduzir o gasto energético do esforço digestivo, aumentando assim o tamanho do cérebro.[101] Graças ao domínio do fogo e dos alimentos, domina melhor a linguagem.

Ele não come mais somente quando encontra alimento; seus horários tornam-se mais regulares. As mulheres ainda cozinham, exceto quando se faz necessário cozinhar para uma grande quantidade de indivíduos, o que em geral, e ao que tudo indica, é reservado aos homens. Os homens caçam com as mãos nuas e também com lanças e machados de pedra. Moluscos e crustáceos são utilizados como colher, faca e garfo.

O *Homo sapiens* teria colonizado todo o continente africano durante 130 mil anos, antes de sair de lá, há somente 170 mil anos, pelo Mar Vermelho. Essas datações ainda são muito incertas: o mais antigo *Homo sapiens* fora da África conhecido até hoje data de 177 mil anos atrás e foi encontrado em Israel.[429] É provável que o primeiro encontro entre o homem de Neandertal e o *Homo sapiens* tenha ocorrido então no vale do Rio Nilo ou na Península Árabe. O *Homo sapiens* e o Neandertal teriam lutado um contra o outro e, depois, "se miscigenado" também.

Em seguida, o homem de Neandertal desaparece: os restos do mais recente deles datam de 32 mil anos atrás e foram encontrados em Vindija, na Croácia. Não se conhece ainda a razão de seu desaparecimento: condições climáticas desfavoráveis? Uma escassez de carne, mais vital para ele do que para o *Homo sapiens*? Mistério.

Seja como for, entre 1,6% e 3% do homem de Neandertal ainda estão presentes em nosso genoma.

■ Comer todo o planeta

Há aproximadamente 80 mil anos (quando toda a população humana ainda não soma um milhão de indivíduos), o *Homo sapiens* passa do Irã para a Índia e para a China. Ele carrega seus alimentos e, em particular, gramíneas, como ervas para tempero (*Elymus repens*, hoje similares às ervas daninhas) e *Vigna* (espécie de feijão e ervilha). Acrescenta a seus víveres o inhame da China e uma espécie de *cucurbitaceae* (abóbora, melão, melancia, pepino). Outras milhares de variedades vegetais e de espécies animais, incluindo insetos, são então igualmente consumidas ao acaso das colheitas.

Na Ásia, ele encontra outro ramo de hominídeos, chamado "o homem de Denisova", um contemporâneo, conforme vimos, do *Homo erectus* presente na Ásia há centenas de milhares de anos. Eles se miscigenam, depois os homens de Denisova desaparecem, como os de Neandertal antes deles, por razões igualmente misteriosas, mas sem dúvida por causa de certas características superiores do *Homo sapiens*: tamanho do cérebro mais expressivo, domínio da linguagem, melhor cooperação entre os indivíduos não aparentados.[324]

E a natureza dos alimentos, que ajuda no desenvolvimento da linguagem, deve-se muito à vitória do *Homo sapiens* sobre todas as espécies anteriores.

Há aproximadamente 40 mil anos, na Ásia, ao final do Paleolítico médio, o clima se torna um pouco mais seco e um bocado mais frio.[124, 125] Assim, as carnes se conservam por mais tempo através de diversas técnicas: congeladas em fossas subterrâneas, defumadas, salgadas, ressecadas, embrulhadas em uma camada de gordura. Alguns alimentos são armazenados para fabricar sopas, mingaus e panquecas. Algumas carnes são grelhadas em espetos de madeira ou cozidas sobre as pedras.[28]

Por volta de 30 mil anos atrás, duas imensas inovações: na Ásia Central, aparecem as primeiras culturas de cereais; o homem domestica o cavalo, *Equus caballus*, conforme atestam as pinturas rupestres representando cavalos equipados com arreios. Ele ainda é nômade durante uma parte do ano.

Entre 30 e 20 mil anos atrás, nessa mesma região, o homem aperfeiçoa seus métodos de caça: surge o propulsor,[210] com alcance de uma centena de metros, arma muito eficaz para a caçada na planície. O caçador também utiliza armadilhas. Para pescar, esculpe arpões.

Ainda que saiba cultivar cereais, o *Homo sapiens* continua viajando em busca de alimento. Ele atravessa o Estreito de Bering a partir da Sibéria e se aventura pela América. Os arqueólogos consideraram por muito tempo o sítio de Clóvis, no Novo México, como o vestígio mais antigo de presença humana na América (cerca de 13500 a.C.), mas outros sítios descobertos bem recentemente fazem com que se date a presença humana na região há pelo menos 20 mil anos.

No mesmo momento, a prática da caça leva o *Homo sapiens*, agora presente em todo o planeta, a aperfeiçoar seus métodos a fim de acertar, a distância, mamutes, bisões e javalis.[62]

A população humana cresce: os homens somam agora alguns milhões no planeta. Para se alimentar, não podem mais se contentar em colher aquilo que a natureza lhes oferece; é preciso que produzam seus alimentos, e, para isso, que se tornem sedentários. A sedentarização é, portanto, a consequência natural do crescimento demográfico e das necessidades alimentares que dele decorrem. O *Homo sapiens* não será mais um parasita da natureza: ele quer ser o seu dono.

CAPÍTULO 2

Dominar a natureza
para comê-la

Os homens são muito numerosos para se contentarem com os frutos de suas colheitas; eles precisarão produzir os próprios alimentos para não mais dependerem unicamente do que encontram pelo caminho.

No Oriente Médio, se instalar para plantar

Há aproximadamente 12 mil anos, quando a população mundial provavelmente ultrapassa os 3 milhões de pessoas, o clima esquenta na Europa e no Oriente Médio. Os grandes mamíferos, como o mamute, migram para o Grande Norte e a Sibéria, deixando lugar na Europa e no Oriente Médio às espécies menores, como o veado e o coelho.

Cerca de 10 mil anos atrás, alguns milhares de *Homo sapiens* instalam-se próximo aos rios do Oriente Médio, o Tigre e o Eufrates, que regularmente transbordam de seus leitos; ali, as terras são férteis, as florestas plenas de caças e as águas de peixes. Os homens viajam menos, e não mais apenas para encontrar alimentos. Eles domesticam as oito plantas matrizes da agricultura: o farro (um ancestral do trigo), esperta (café-do-mato), cevada comum, lentilha comum, lentilha cultivada, grão de bico, ervilha cultivada e linhaça cultivada. Em seguida, plantam cenouras e cercefi (barba-de-bode).

No entanto, eles não abandonam a colheita, principalmente depois que ela foi aperfeiçoada com as ferramentas de pedra talhada. Perto do mar, eles comem crustáceos, moluscos e peixes, graças às novas técnicas de pesca (com o aparecimento dos primeiros barcos, podem sair ao mar em busca de alimentos[11]). São também os primeiros a domesticar os animais, especialmente o ancestral do cão, há aproximadamente 10 mil anos.[36]

O início da agricultura e da pecuária introduzem igualmente mudanças ideológicas: a terra é abençoada como fonte nutritiva. Muda, também, a percepção da fecundidade: a arte parietal representa em grande maioria divindades femininas, das quais a mais importante é uma rainha-mãe provedora.[4]

Os primeiros grupos tornam-se mais desiguais do que os anteriores, como se deduz pelos rituais funerários.[198] O sedentarismo favorece a acumulação de riquezas de todos os tipos: fazendas, terras, gado, filhos, colheitas. Os indivíduos mais poderosos da comunidade começam a se reunir entre si. E como o alimento cria a ocasião da palavra e da autoafirmação, os festins dos poderosos são assim organizados, ancestrais dos banquetes posteriores. Os ricos conversam entre si a fim de fortalecer e manter o poder.[4]

Há aproximadamente 10 mil anos, a seleção humana das melhores espécies de cereal (por hibridação entre os melhores trigos selvagens e os melhores trigos cultivados) faz nascer um trigo macio, tal como conhecemos hoje em dia. Encontram-se então, nessa época, os primeiros vestígios de pão, mas ainda sem fermento.[114]

A alimentação de alguns homens torna-se mais variada: vegetais, peixes, moluscos, aves, veados, javalis, corças, insetos, algas.[4, 28]

O homem come em horários cada vez mais regulares, em função da chegada do dia ou da noite. O arco é utilizado para caçar e combater, para se alimentar e vencer os inimigos. São encontrados na Dinamarca, na Alemanha e na Suécia;[78] e nas pinturas rupestres da atual Espanha, datando de 10 mil anos atrás.[90]

Nos Montes Zagros, no atual Irã, há cerca de 10 mil anos, são encontrados os primeiros vestígios de domesticação da cabra. A pecuária surge como uma invenção de sedentários.

No mesmo período, no sudeste da Anatólia, aparece a cerveja (fabricada a partir de um mingau de cevada abandonado ao ar livre).

Depois, o homem domestica a vinha: os primeiríssimos vinhos foram identificados dentro de cerâmicas iranianas datando de 5400 a.C.

Ao final, passamos de sociedades de abundância nômades para sociedades de escassez sedentárias. O sistema imunológico deverá se acostumar a novas carências. Surgem germes e novas doenças.[28]

Resumindo, no Oriente Médio, ao se sedentarizar, o *Homo sapiens* teria perdido aproximadamente dez anos de expectativa de vida.

Meteorologia, astronomia, astrologia: do céu às safras

As famílias se instalam e vivem mais tempo nos locais em que enterram seus mortos. Os laços com o passado tornam-se mais importantes; os anciãos podem se tornar mestres, protetores e até mesmo deuses.

Constituem-se também as primeiras aldeias em volta das plantações, dentro de zonas férteis. Nesse ponto aparece, sem dúvida, o conceito de propriedade do solo, que devia, até então, se limitar unicamente aos túmulos. Certamente há uma ligação entre a sedentarização para as necessidades alimentares e a emergência, no mesmo período, das primeiras religiões estruturadas, sobre as quais ainda hoje se conhece pouquíssimo. Para determinar o momento da semeadura, é preciso conhecer as estações e as datas em que ocorrem as cheias dos rios. É o papel dos astrônomos, que também são meteorologistas, astrólogos e sacerdotes.

Começa a ser organizado o armazenamento de reservas, muito mais importantes do que aquelas que o nômade podia transportar. Mulheres, campos, gado e reservas se encontram agora sob a ameaça dos nômades. Cada um deve organizar sua defesa. Para isso, é preciso que haja tropas tão profissionais quanto possível.

Três deuses se instalam no ápice de todos os panteões: o das armas, o dos alimentos e o do poder. E o poder gera a escassez.

Na Europa, o canibalismo ainda faz das suas

Na Europa, entre 9 e 6 mil anos atrás, o clima se estabiliza, as florestas aumentam e a caça e a colheita se aperfeiçoam. O trigo é primeiramente colhido em estado selvagem, antes de ser plantado e cultivado, no que é bastante favorecido pelo aparecimento da cerâmica, há aproximadamente 8 mil anos, para conservá-lo. É sem dúvida nesse momento que também começa a se fabricar uma mistura que se tornará, um pouco mais tarde, a levedura ou o fermento.

Cerca de 5 mil anos atrás, quando a população mundial ultrapassa os 10 milhões de seres humanos, cultivam-se cereais e leguminosas (principalmente o trigo, o centeio e as ervilhas) e criam-se animais (porco, boi, carneiro). Tais carnes e cereais são apenas complementos para os mais ricos. Os recursos selvagens ainda constituem o essencial da alimentação dos homens.

Aproximadamente em 4700 a.C., quando uma grave crise climática esfria a Europa Central, o canibalismo ainda se faz presente: datando desse período, são encontradas no sítio de Herxheim, na Alemanha, em uma área superior a 5 hectares, ossadas animais, cerâmicas (dentre as quais, algumas provenientes de regiões distantes de até 450 quilômetros), ferramentas de pedra e vários milhares de ossadas humanas provenientes de pelo menos 500 indivíduos de origens geográficas remotas; apresentam vestígios de cortes e mordidas, como se houvesse ocorrido um ato de canibalismo institucionalizado no qual as vítimas, involuntárias ou voluntarias, teriam sido sacrificadas e comidas a fim de conjurar essa crise e impedir o fim do mundo.[123]

E em outros lugares, o arroz face ao trigo

Na Ásia, há cerca de 10 mil anos, surge a cerâmica, primeiro no Japáo, para atender a uma dupla necessidade alimentar: a conservação dos grãos e a intensificação do consumo de mingau. Na China, tem início a criação de porcos, cães e frangos para comer. São consumidos também insetos e algas.

Entre 10 e 7 mil anos atrás, a cultura do arroz começa na Índia e na China (as duas explorações são independentes). Em seguida, os nômades a propagam em todo o sudoeste asiático antes de chegar ao Japão, Coreia, Filipinas e Indonésia.[122]

Há cerca de 7 mil anos, são recenseados na China focos de semissedentarização mesclando a agricultura com tentativas de pecuária, próximos aos rios Amarelo, ao norte, e Yangzi Jiang, ao sul.

À época, a população da Ásia se alimenta de carne (porcos, frangos e cães), vegetais (raízes de lotus, castanhas d'água, palmas...) e arroz. São fabricadas as primeiras colheres em cerâmica. Aparecem também os primeiros sinais do que poderia ser uma escrita, mas ainda bem sumária.[308]

Há aproximadamente 7 mil anos, é encontrado em Jiahu, um sítio da província de Honã, na China, indícios da primeira bebida com fermentação controlada: resíduos de uvas selvagens, bagas de espinheiro branco, arroz e mel. Para transformar o amido em açúcar e dar início à fermentação, os homens teriam mascado os cereais, sem saber que uma enzima específica presente na saliva favorece a fermentação.

Há 6 mil anos, migrantes chegam à Índia, vindos de Zagros, no atual Irã (onde a cabra foi domesticada um pouco antes). Trazem consigo a agricultura e a pecuária. E criam, com os primeiros habitantes do continente, a civilização Harapa, no vale do Rio Indo, no começo da Idade do Bronze.

Por volta de 4500 a.C., um pônei, diferente dos *Equus caballus* anteriores e próximo dos cavalos de tração atuais, é domesticado no Cáucaso do Norte e difunde-se na China, na Península Árabe e na Eurásia. Há cerca de 2 mil anos, o homem da Ásia começa a cavalgá-lo, uma revolução na organização desses povos; eles podem agora transportar fardos pesados, estender o comércio para longas distâncias, caçar e combater a cavalo.

Em outros lugares do mundo, nas regiões equatoriais da África, América e Ásia, a caça e a colheita bastam para alimentar as esparsas populações; assim, a necessidade de dominação das espécies e da agricultura surge mais lentamente. A cultura do arroz africano (*Oryza glaberrima*) nasce há cerca de 4 mil anos, próxima ao delta do Rio Níger e no Mali.

Na América do Sul, a batata aparece em estado selvagem há 10 mil anos, sendo cultivada, há 8 mil anos, por caçadores-coletores (especialmente no Peru e na Bolívia, na Cordilheira dos Andes);[214] é uma das raras culturas possíveis nesse clima inóspito. A moranga também é cultivada há cerca de 13 mil anos no Peru. Nos Andes e no México, o milho é igualmente cultivado nessa época,[218, 219] assim como o feijão e o abacate; há criações de cães, preás e lhamas; em seguida, desenvolve-se a cultura do algodão e do tabaco. A pimenta-vermelha encontra-se presente na alimentação americana há pelo menos 9 mil anos. Há aproximadamente 8 mil anos, o milho aparece no México e é domesticado pelas populações ameríndias. Lá, a cultura do feijão teria começado há cerca de 6 mil anos. E o cacau é utilizado pela primeira vez na alimentação por volta de 2500 a.C., pelos olmecas. Os maias (que aparecem aproximadamente em 2600 a.C.) utilizam as favas de cacau a partir de 1000 a.C. como sopa, como moeda de troca e unidade para as contas, para cerimônias religiosas ou ainda para fins terapêuticos.[220]

Para alimentar os seres humanos, cada vez mais numerosos, é preciso produzir mais alimentos. Isso exige uma nova forma de organização: o império.

Na Mesopotâmia: primeiros cereais, primeiros impérios

Milênios antes da nossa era, conforme vimos, os homens da Mesopotâmia começam a se organizar. Eles domesticam as plantas mais fundamentais e realizam milhares de invenções importantes: por volta de 3500 a.C. (quando a população mundial ultrapassa os 30 milhões), desenvolvem a roda de madeira, a carroça sobre rodas e a primeira escrita completa, que é cuneiforme (em forma de cunha).[309]

Alimentação, linguagem e escrita evoluem juntas.

Há aproximadamente 6 mil anos, para melhor sobreviver às inundações e produzir ainda mais, os camponeses mesopotâmicos organizam represas e constroem canais de irrigação. A fim de melhor realizar essas obras, faz-se necessário que eles se reúnam em conjuntos mais vastos, que em breve serão impérios, e que correspondem a uma necessidade alimentar; podem assim desenvolver produções agrícolas capazes de alimentar, por sua natureza, grupos humanos muito mais numerosos; a cevada, a escândea (trigo-durázio), a espelta (trigo-vermelho), o trigo amidonado e o milhete. Isso possibilita a geração de excedentes, a concentração de riquezas, o financiamento e a alimentação dos exércitos.

Diversas cidades se impõem então como capitais desses impérios, antes de perderem sua influência e se tornarem novamente cidades como as outras: de 2340 a.C. a cerca de 2200 a.C., Acádia, cidade-estado fundada por Sargão, conquista outros reinos e ergue um império. Por volta de 2200 a.C., os herdeiros de Sargão são vencidos pelos invasores, os Gútios, e seu império se divide em vários pequenos reinos, dominados inicialmente pela dinastia de Gudea, soberano da cidade-estado de Lagas, no extremo sul da Mesopotâmia. Depois, de 2110 a aproximadamente 2005 a.C., Ur, fundada por Ur-Namu, domina os principados vizinhos. De 2005 a 1595 a.C., mais ou menos, vários reinos amoritas (entre eles a Babilônia) dominam sucessivamente a região. Em seguida, é a vez dos reinos de Isim e de Larsa, ao sul. De 1792 a 1750 a.C., Hamurabi reina sobre a Babilônia e estende sua influência para o norte. Em 1595 a.C., o reino babilônico cai nas mãos dos hititas.[15, 59]

Como já ocorria antes e em outras partes, o chefe desses impérios é aquele capaz de alimentar seus habitantes. Quanto maior sua capacidade de alimentar as pessoas, mais poderoso será.

Entre os pobres, o pão (ainda não fermentado) é a base da alimentação (por sinal, o mesmo ideograma denomina "pão" e "alimentação"). Contam-se então até 200 tipos de pão, condimentados de mel, especiarias, frutas.

Os mesopotâmicos mais afortunados consomem carne suína, acompanhada de alho, cebola, alho-poró, assim como fruta (maçãs, figos, uvas e tâmaras).[327]

Alimentam-se também de cervídeos, cordeiros, galináceos, peixes de água doce, ovos de avestruz, cogumelos, legumes, pistache e bolos à base de mel.

No segundo milênio antes da nossa era, eles consomem vinho e, sobretudo, cerveja, uma mistura fermentada de tâmaras e cevada Para os babilônicos, o vinho chega a se tornar um instrumento ritual, descrito na *Epopeia de Gilgámesh*.* No sítio arqueológico de Tell Bazi, no norte da Síria, com 3.400 anos, cada morada possui uma "microcervejaria": jarras de argila (200 litros) conservam vestígios de oxalato, sedimento químico produzido pela cevada quando em contato com a água.[81]

▊ Primeiros banquetes: conversar para melhor reinar

Conforme vimos, o alimento é inseparável do nascimento da linguagem. É um assunto de conversa, ao mesmo tempo que uma refeição é uma ocasião para conversar. Falar e compartilhar alimentos é também um sinal de paz. Por outro lado, a recusa em partilhá-lo é considerada, nessas sociedades, um gesto de hostilidade, ou indício de uma tentativa de envenenamento.

É na Mesopotâmia que começa a se encontrar vestígios escritos sobre a importância que os homens concedem, sem dúvida há muito tempo, aos alimentos consumidos em comum.

Da mesma forma, quando os impérios se tornam mais explícitos, também deixam mais evidente o laço entre o alimento e a linguagem: algumas refeições feitas em comum, que serão chamadas bem mais tarde de "banquetes" (em referência ao banco em que se sentavam os convivas), transformam-se em ocasiões essenciais à organização social. E o alimento é somente um suporte do essencial, que está em outro lugar.

---

* Ver *Epopeia de Gilgámesh*, de Jacyntho Lins Brandão (Editora Autêntica, 2021). [N.E.]

Esses banquetes são preparados em cozinhas. Pode-se arriscar a hipótese de que os cozinheiros dessas grandes refeições (os *chefs*), que devem comandar um esquadrão, são, em geral, homens.

Surgem profissões específicas, associadas aos templos, especializados em diferentes aspectos do preparo desses alimentos.

Os primeiros banquetes são inicialmente servidos às estátuas de uma divindade principal, cercada por sua corte. No começo do terceiro milênio antes da nossa era, na Suméria, quatro refeições são servidas cotidianamente aos deuses dentro dos templos: uma refeição farta e outra modesta pela manhã; uma refeição farta e outra modesta à noite.

Alguns banquetes reúnem, em seguida, convivas divinos e humanos. Na cosmogonia babilônica, tal comilança serve para designar o campeão que irá lutar contra a deusa do mar, Tiamat: "Diante de Ansar, eles penetram, [...] juntam-se ao banquete, comem cereais, bebem cerveja forte e cerveja suave, enchem suas taças", conta a *Epopeia de Gilgámesh*.[28]

Os monarcas também organizam banquetes entre seres humanos – organização esta baseada na dos banquetes divinos. Pretendem celebrar uma vitória militar, comemorar a inauguração de um templo ou de um novo palácio, ou ainda agradecer àqueles que trabalham para seu bem-estar.[28] Nesses banquetes, as cozinhas devem ser gigantescas, e são dirigidas por homens. Os convidados sentam-se no chão; somente aqueles aos quais o rei deseja honrar têm, como ele, direito a uma cadeira.[4] Os convivas são dispostos segundo seus níveis e status, e por país de origem, no caso dos embaixadores. O rei é o primeiro a ser servido; se deseja honrar um convidado em particular, oferece-lhe o prato que foi servido para ele. O banquete é animado por músicos, malabaristas, saltimbancos. Fala-se sobre tudo, à condição de que o príncipe tolere.

Essas comilanças são impressionantes. Em meados do século IX a.C., ao norte do atual Iraque, a fim de festejar o final das obras do palácio de Kalhu, o rei Assurnasirpal II (monarca assírio que reunificou pela conquista toda a Alta Mesopotâmia; viveu de 883 a

859 a.C.) realiza um banquete de dez dias para 69.574 pessoas; são consumidos 14 mil carneiros, mil bois, mil cordeiros, 20 mil pombos, 10 mil ovos e 10 mil gerbos.[4, 330] Pode-se imaginar a organização logística das cozinhas e de seu abastecimento.

De modo mais geral, os mesopotâmicos de origem humilde também organizam banquetes a fim de celebrar um casamento, uma promessa de venda imobiliária, o aluguel de um barco, um tratado de paz, uma aliança. Isso permite que haja tempo para debater e concluir o negócio diante de testemunhas.[28]

No segundo milênio antes da nossa era, os mesopotâmicos são os primeiros a escrever receitas culinárias. Nessa época, surgem também os primeiros albergues, que oferecem alimentação proveniente das hortas adjacentes e cerveja de tâmara fermentada. Esses albergues são mencionados no Código do rei Hamurabi, escrito por volta de 1760 a.C.

A cana-de-açúcar, originária da Nova Guiné, migrou para o oeste. Os persas de Dario, *o Grande*, a descobriram ao final do século VI a.C., durante uma expedição no vale do Rio Indo, e a qualificaram como "bambu que dá mel sem precisar de abelhas".

Durante milênios, o açúcar seguirá sendo um produto raro e custoso.

Em alguns desses impérios mesopotâmicos, como o dos assírios, o canibalismo ainda existe: consumir o corpo de um inimigo permite absorver sua alma. E come-se até mesmo o corpo de seus próximos, em tempos de penúria alimentar: há vestígios em Borgia, cidade sumeriana sitiada por dois anos, de 650 a 648 a.C., ao longo de um conflito entre Samassumauquim, rei da Babilônia, e seu irmão Assurbanípal.[327]

Na China, a primeira dietética

Como na Mesopotâmia, é próximo aos grandes rios, na China, que o povo se organiza para melhor tirar proveito das terras aluviais. Visando se precaver o máximo possível contra as inundações e para alimentar uma população crescente, criam-se represas, algo que exige, como na Mesopotâmia, que as aldeias se agrupem em conjuntos mais vastos, os impérios.

Segundo a historiografia mítica chinesa, o período imperial da China começaria por volta de 2800 a.C. com os três Augustos; um primeiro soberano chamado Shennong ("o divino lavrador") teria então inventado a agricultura e fabricado as primeiras cerâmicas necessárias ao cozimento dos alimentos. Um segundo imperador, Huangdi ("o imperador amarelo"), teria em seguida inventado o cozimento a vapor dos cereais (arroz e milhete) e foi o primeiro a obter o sal, deixando secar a água do mar. Houri, um mítico ministro da agricultura, teria, por sua vez, desenvolvido as primeiras bebidas alcoolizadas à base de arroz e de sorgo.

De forma menos imaginativa, no segundo milênio antes da nossa era são encontradas na China as primeiras colheres feitas a partir de ossos de animais; servem principalmente para comer arroz. Os pauzinhos aparecerão por volta do século XIII a.C.; primeiro para cozinhar, antes de se tornarem o principal utensílio para comer no século III a.C. O chá aparece três séculos antes da nossa era, ainda que lendas datem seu descobrimento no imaginário chinês em 2737 a.C.[430]

A dinastia Chou (que reina sobre parte da China de 1046 a 256 a.C.) come sentada no chão, sobre um tapete de palha e com os pratos repousados no solo; os recipientes têm uma base ou pés para serem erguidos (vasos trípodes). O essencial da louça é em bronze.[403] São servidos em ordem os peixes, as carnes (cordeiro assado, porco cozido) e os legumes acompanhados de diversos molhos, e, para terminar, cereais (frequentemente cozidos no vapor). O *Livro dos Ritos*, popular entre os confucianos, preconiza que se coloquem os líquidos (vinhos e sopas) à direita dos convidados, ao passo que os pratos devem ser postos à esquerda. Por fim, o frescor dos alimentos e a maneira como o anfitrião os apresenta são importantíssimos e dão prova de seu respeito pelos convidados.

Para o restante da população, a alimentação nessa época parece diferenciar-se segundo o sexo: os homens comem bastante carne, enquanto as mulheres se alimentam sobretudo de trigo, cevada e soja, alimentos então considerados inferiores: o estudo de esqueletos datando do período Chou revela que as mulheres sofrem mais de desnutrição do que os homens.[408]

De fato, a China só pode ser considerada imperial após sua unificação, em 220 a.C., pelo primeiro imperador cuja existência é verificada, Qin Shi Huang. A "dinastia" dura apenas o tempo do reinado de seu fundador e de seu filho, e termina em 206 a.C. A dinastia seguinte é a dos Han, que dura de 206 a.C. a 220 d.C. Esse império se mantém graças às novas armas: o arco recurvo, a flecha com ponta de bronze, o estribo e os primeiros machados de ferro.

Come-se então mingau de cereais, arroz, legumes e carne gorda. Foi encontrado chá no túmulo de um imperador Han no século II a.C.; e um texto escrito em 59 a.C. relata a colheita do chá.

A China então conecta estritamente a alimentação à saúde. No início do século II a.C., um médico, Zou Yan, desenvolve a teoria dos cinco elementos (metal, madeira, água, fogo e terra),[50, 86] à qual a composição de cada objeto do universo passa a ser associada, inclusive dos órgãos humanos. Assim, o fígado é madeira e morno; o coração é fogo e quente; o estômago é terra e úmido. A medicina chinesa também divide os alimentos entre *yin* e *yang*. Os alimentos "quentes" e "mornos" são *yang*, ao passo que os alimentos frios, ácidos, amargos ou salgados são *yin*. Um prato refinado deve estabelecer constantemente um equilíbrio entre os dois. Para tratar uma febre (doença quente), é recomendável consumir alimentos frios. Na mesma época, o médico Zhang Zhongjing reúne tudo isso no tratado de *Jin Gui Yao Lue*, que desaconselha, por exemplo, beber água fria ao comer carne gorda acompanhada de mingau de cereais. "Tudo que se bebe ou se come deve satisfazer ao paladar e ser vantajoso para a vida. No entanto, os alimentos também podem ser nocivos: não é melhor evitá-los a ter que tomar remédios?[50]"

▮ Na Índia, o começo do vegetarianismo

Na Índia, em 2000 a.C., uma segunda migração vinda do atual Cazaquistão traz o sânscrito, o cavalo e os rituais sacrificatórios. Ela constitui a base da cultura hindu e védica. Entre 600 e 500 a.C., a prática do vegetarianismo tem início no vale do Rio Indo com o desenvolvimento do jainismo, religião fundada sobre o princípio da Ahimsa, de respeito e não violência para com a totalidade dos seres vivos (incluindo insetos e vegetais). Para respeitar esse princípio, os jainistas não consomem carne, peixe, ovos ou mel. Não comem frutas que contêm muitas sementes ou legumes que são colhidos com as raízes, a fim de não ferir seres vivos microscópicos.[409] Eles consomem leite, à condição de que tenha sido ordenhado de forma respeitosa ao animal e de que pelo menos um terço da ordenha seja reservado à sua progenitura.[77]

A *ayurveda*, etimologicamente "ciência da vida", tem por objetivo a realização individual, estado de harmonia que se apoia na autocura. A dieta ayurvédica extrai seus ensinamentos dos *Vedas*, conjunto de textos do hinduísmo. Em relação aos alimentos "sátvicos" (do sânscrito *sattva*, significando existência, realidade, natureza, inteligência, consciência, verdade, equilíbrio), como frutas, legumes, laticínios, nozes, grãos, mel, ervas, que devem ser consumidos prioritariamente, se opõem os alimentos "rajásicos" (estimulantes, como condimentos, temperos, café, peixe) e "tamásicos" (sedativos, como a carne). É recomendado cozinhá-los em uma atmosfera calma e apaziguante, pois a qualidade das preparações é enormemente influenciada pelo temperamento do cozinheiro e pela atenção que ele lhe dedica. Os restos, considerados demasiadamente tamásicos, são proscritos. A moderação é, como em vários outros modos de pensamento, a mãe de todas as virtudes. No *Hatha Pradipika*, manual de ioga sânscrito tardio, o "regime moderado" consiste em alimentos "agradáveis" e "macios". Metade do estômago é dedicada ao alimento, um quarto à água e o último quarto deve permanecer vazio. Certos alimentos (alho, óleo, álcool, temperos, mostarda, peixe e carne), acusados de aumentar a temperatura do corpo, são desaconselhados. O amargo, o azedo e o salgado devem ser evitados. Ao contrário, o consumo de cereais, açúcar, mel, hortaliças e gengibre seco é encorajado, sempre com moderação. E todo alimento deve ser misturado ao leite ou à manteiga, favoráveis ao desenvolvimento do corpo, especialmente do sangue, dos ossos, da medula espinhal e do esperma.[77] Trata-se de uma das primeiras civilizações nas quais temos certeza de que foi pesquisada uma ligação entre alimento e erotismo, entre apetite sexual e alimento.

Por volta do século V a.C., na Índia, tem início o budismo, que proíbe o consumo de todo tipo de carne, que são como "a carne de nossos próprios filhos", diz Krishna em *Mahabharata*. Particularmente, a vaca, mãe universal, que dá leite aos seus filhos e aos dos homens, não pode ser consumida.

Os budismos chinês e tibetano exigem um vegetarianismo ainda mais estrito. O budismo japonês autoriza o consumo moderado de carne e condena o consumo de elefante, tigre, pantera e cão.

■ Os impérios mesoamericanos, ainda antropófagos à sua maneira

No sudoeste da América do Norte (atuais estados do Colorado, Utah, Arizona...), vivem, seguramente há mais de 2 mil anos antes da nossa era, aqueles que mais tarde serão chamados de anasazis e, depois, hopis. Chegaram pela Sibéria. Sedentarizados nessas zonas montanhosas e áridas, desenvolvem uma civilização de caçadores-coletores, e em seguida de agricultores organizados em *pueblos*. Suas pinturas rupestres mostram que a caça ocupa um lugar importantíssimo em sua alimentação. O milho, o feijão e os cucurbitáceos são suas principais culturas. Para isso, eles desenvolvem um sistema de irrigação muito sofisticado. Sua cosmogonia, extremamente complexa, baseia-se de forma integral na agricultura e na pecuária, na água e no vento, e inspirará todas as cosmogonias ameríndias.

Na América Central, em aproximadamente 2500 a.C., a civilização dos olmecas, inspirada nos anasazis, e da qual saíram todas as demais, instala-se no litoral do golfo do México, na bacia do México e ao longo da costa do Pacífico. Sua mitologia é fundada sobre a fertilidade da terra, da água e do vento. O jaguar representa a terra e o poder da vida; a serpente representa a água, a chuva e os rios; e a águia representa o vento. O alimento básico dos ameríndios é a batata, da qual existem na região centenas de variedades bem distintas. Para serem comidos, esses tubérculos são cozidos ou transformados em sopa. O milho é igualmente um ingrediente fundamental, considerado nobre. Deste fazem-se os páes.

Esses impérios, organizados de modo a alimentar populações consideráveis e defender os locais religiosos de grande amplitude, têm, em sua maioria, uma dimensão antropofágica: entre os maias, os prisioneiros de guerra são sacrificados para alimentar os deuses.[14] Entre os astecas, o deus da morte, Tezcatlipoca, exige igualmente o sacrifício humano;[84] a deusa da terra, Tlaltecuhtli, precisa de corações humanos para sobreviver;[148] as coxas das vítimas são reservadas ao imperador, os corações aos sacerdotes e as outras partes do corpo são dadas aos animais, considerados encarnações das divindades.[41] Sem dúvida, para alguns deles, o pretexto é também de reforçar a virilidade.

Na floresta amazônica, os tupinambás também comem seus inimigos para obter suas forças.[7] Às vezes, como ocorre entre os inuítes,* com o aval de um próximo, não é condenável comê-lo se isso for necessário para sobreviver.

No Egito: comer e falar são a mesma coisa.

No Egito, como na Mesopotâmia e na China, é à beira dos rios que começa a vida sedentária: por volta de 8000 a.C.,[205] nas margens muito férteis do Rio Nilo, homens vindos de outros cantos na África e do Oriente Médio sedentarizam-se; eles plantam trigo, cevada, frutas, vinhas, legumes, cebola, alho e alho-poró.

Rapidamente, os egípcios conscientizam-se de que, no primeiro dia de cheia do Nilo, a estrela Sótis aparece ao mesmo tempo que o Sol. Essa estrela, hoje chamada Sirius, é a maior da constelação do Cão Maior; vista da Terra, é a estrela mais brilhante depois do Sol.[281] Fixou-se nesse dia o primeiro dia do ano (o 1° Tote) da aurora helíaca de Sótis. Astronomia, astrologia e meteorologia se misturam por muito tempo.

---

* Membros da nação indígena esquimó que habitam as regiões árticas do Canadá, do Alasca e da Groenlândia. [N.E.]

No quinto milênio antes da nossa era, o ano agrícola egípcio se divide em três grandes estações: *akhet* (período de cheia do Nilo), *peret* (a semeadura e o crescimento) e *shemu* (a colheita).[281]

No quarto milênio antes da nossa era, os egípcios se organizam unicamente em aldeias independentes.[205] Eles queimam as florestas para utilizar as cinzas como adubo para suas culturas.

Eles são os primeiros a cozinhar seus alimentos com óleo, que se supõe ser de origem vegetal,[28] e, principalmente, a desenvolver o primeiro pão fermentado, e não em papa, como nas civilizações mesopotâmicas contemporâneas. Trata-se de uma importante revolução! Esse rico alimento logo tomará parte na dominação dos egípcios sobre os outros povos do vale do Nilo.

A alimentação de cada aldeia depende de sua safra anual, sujeita à pilhagem por parte dos nômades. Os chefes parecem bem conscientes da importância de garantir uma alimentação suficiente para cada um de seus aldeões. Um escriba do terceiro milênio antes da nossa era, Ptahotep, escreve: "O homem que tem a barriga vazia é um traidor em potencial."[28] Como os mesopotâmicos, eles constroem represas a fim de se proteger das inundações.

O primeiro império, chamado Antigo Império, estende-se de 2600 a 2200 a.C. Devemos-lhe especialmente a construção das pirâmides da planície de Gizé. São dados aos mortos os meios de continuar se alimentando; por exemplo, no túmulo de uma mulher, na pirâmide de Sacará, foram achados pães de cevada, queijo e peixe.[28] A partir de 2500 a.C., os egípcios desenvolvem arados, ancestrais da charrua, e locais de armazenamento.

Por volta de 2200 a.C., as lacunas no controle das cheias do Nilo reduzem as safras, engendrando revoltas. O faraó Actoés (2160 a.C.) aconselha seu filho Mericaré: "Um pobre pode se tornar um inimigo, um homem que vive na necessidade pode se tornar um rebelde. Acalma-se uma multidão que se revolta com alimento; quando o povo está furioso, que ele seja levado ao celeiro".[28] O Antigo Império se dissolve em uma série de principados independentes.

Aproximadamente em 1550 a.C., organiza-se em todo o território do Egito um Novo Império, capaz de garantir a alimentação de seus habitantes.[205] Ele começa com o faraó Amósis I, depois Aquenáton, Tutancâmon e os Ramsés. Seus alimentos são conhecidos a partir do que é encontrado dentro dos túmulos: em 1400 a.C., um túmulo principesco é enchido de pão, vinho, farinha, laticínios e carne salgada.

A Bíblia, que conta a história do cativeiro egípcio do povo judeu, na época, é testemunho da importância política da disponibilidade do alimento na história política do Egito, particularmente pela célebre interpretação que José fez de um sonho do faraó, que remete à necessidade de armazenamento de víveres contra a fome[4]: "Sete anos de grande abundância ocorrem em todo o país do Egito, sete anos de fome virão em seguida; e toda a abundância será esquecida, e a fome consumirá o país[65]" (Gênesis, 41:28-36).

No século XIV a.C., sobre o túmulo de Merneptá, décimo terceiro filho de Ramsés II, foram encontrados inúmeros afrescos representando peixes e patos; e, dentro de seu templo funerário, um afresco celebra a vitória do faraó sobre os povos levantinos e cananeus, dentre os quais Israel: "Israel está destruída, nem mesmo sua semente existe mais".[61]

Com a morte de Merneptá, uma guerra fratricida eclode entre os outros filhos do faraó, provocando uma reviravolta no regime. Uma nova dinastia nasce com Ramsés III, que reina de 1183 a 1152 a.C. Sob seu reinado, problemas climáticos geram crises agrícolas ao norte e a leste da bacia do Mediterrâneo, causando uma importante onda de migrações para o Egito através de Anatólia e do Levante.

Esses migrantes, chamados de "povo do Mar",[11] chegam em massa ao Egito, armados e com suas famílias, e atacam o delta do Nilo. Trabalhadores em greve reivindicam mais víveres. É o final do Novo Império que se reconstituirá, mil anos mais tarde, dentro da orbita romana.[204]

No primeiro milênio antes da nossa era, os nobres egípcios comem sentados em cadeiras ou agachados sobre esteiras em torno das mesas. Vem daí essa prática que reencontraremos, em seguida, entre fenícios, gregos e romanos, que devem tê-la presenciado no Egito.

A alimentação dos egípcios ricos é, durante os dois milênios que precedem nossa era, bem diversificada: carnes de boi, carneiro e pequenos animais são as mais consumidas. Eles também comem ganso, pato, codornas, e consomem peixes de água doce. Começam a importar óleo da Síria e do Chipre, e vinho da Judeia. Nas receitas egípcias dessa época também há açafrão (o Papiro Ebers, um dos mais antigos tratados médicos conhecidos até hoje, escrito entre os séculos XVI e XV a.C., o menciona)[434]. Alguns de seus alimentos, como os frutos do mar, o açafrão e a pimenta, já são conhecidos por suas virtudes afrodisíacas.

Os egípcios ricos consideram que o alimento em abundância é o melhor meio de se manter em boa saúde. Eles lavam as mãos entre cada prato. Utilizam colheres de marfim ou em ardósia, sobre algumas das quais há motivos religiosos gravados.

Os pobres se contentam com cereais e legumes, o que provoca carências essenciais, especialmente em proteínas. Isso sem contar os diversos períodos de fome, que afetam os camponeses quando as inundações são fortes demais ou a seca demasiadamente severa. A expectativa de vida dos pobres no Egito não excedia os 30 anos.

A ligação com a linguagem torna-se mais nítida do que nunca: na codificação da escrita egípcia pelo egiptólogo britânico Gardiner, o hieroglifo chamado "A2" representa um homem sentado com as mãos na boca, significando ao mesmo tempo "comer, beber, falar, calar-se, pensar, amar, odiar", segundo a disposição dos outros símbolos que se encontram presentes.[31] Não é possível ser mais explícito.

Na África subsaariana, a abundância natural atrasa o nascimento dos impérios

A alimentação africana subsaariana de 3 mil anos atrás é bem diferente de uma região para outra. Fora isso, praticamente todos os africanos se tornaram sedentários, à exceção dos fulas, dos massais e de alguns outros raros. Em toda parte onde se encontram, os alimentos abundam e estão facilmente disponíveis.

Os principais cereais são o sorgo (originário da Etiópia) e o milhete (frequentemente assimilado ao sorgo, é cultivado há pelo menos 2 mil anos no Sahel). Eles são com frequência reduzidos em papas ou farinhas, a fim de fabricar biscoitos e uma espécie de polenta. Existe também uma variedade de arroz (*Oryza glaberrima*) específica da África Oriental e Central.

Os principais legumes são o feijão-bambara e o feijão-fradinho; incluem-se também "folhas-legumes", diretamente extraídas de árvores como o baobá.

Algumas cascas de árvores, como a ioimbina, são conhecidas na África Ocidental nessa época por suas virtudes afrodisíacas.

Os bovinos e os ovinos, originários do Saara, teriam migrado progressivamente para o sul por causa da seca na região. Eles são consumidos na África Ocidental. Em regiões de floresta, a carne mais consumida é, geralmente, a de pequenos animais – antílopes, algumas variedades de macacos, lebres, esquilos. Mais resistente aos parasitas, as aves, particularmente a galinha, também faz parte dessa alimentação e acrescenta um valor simbólico mais importante: o galináceo é utilizado em diversos rituais africanos.[333]

Consomem-se poucos laticínios, exceto alguns entre raros povos pastorais da África, como os fulas a oeste e os massais a leste, que bebem leite de zebu e de vaca. Alguns desses nômades, como os fulas, estabelecem proibições alimentares em função dos parasitas. Em toda parte, consomem-se também certos insetos.

Bebe-se vinho de palma (produzido a partir da fermentação da seiva da palmeira, que tem um gosto semelhante ao da cidra) e cerveja de milhete.[333]

E como tudo é abundante, é desnecessário administrar a escassez. Portanto, não há ainda a necessidade de se organizar impérios.

Em toda parte ainda, o canibalismo

O canibalismo não desapareceu totalmente. Ainda está presente, onde há rituais ou necessidade.

Vários povos do Oriente Médio e do Oriente Próximo (especialmente os citas e os trácios) consomem seus mortos. Os hititas empalam, assam e comem os chefes inimigos a fim de aterrorizar seus exércitos.

Na África, em torno da bacia do Congo e do Níger, o consumo de carne ou órgãos humanos é destinado a fortalecer a alma e a virilidade de quem os come e garantir a eternidade à do defunto. É realizado através de rituais estabelecidos por estruturas complexas que determinam a parte de cada um, segundo o sexo. Um jovem que come a carne de uma pessoa idosa obtém sabedoria, e inversamente, um velho que come o cérebro de um jovem obtém vigor físico e sexual.[49]

Na China, ainda que o confucionismo, o taoísmo e o budismo (nascidos quase ao mesmo tempo no século VI a.C.) proíbam implícita ou explicitamente o canibalismo, a antropofagia também é praticada em caso de fome ou guerra. Segundo uma lenda, Qi Huan Gong, soberano do século VII a.C., teria desejado provar carne humana, e seu cozinheiro teria sacrificado então seu próprio filho e servido partes de seu corpo ao imperador.[144]

■ Com o judaísmo: "comer o Livro"

O alimento se encontra no coração da narrativa bíblica, do qual se pode datar os primeiros esboços historicamente seguros há mil anos antes da nossa era.

A linguagem e o alimento se encontram aí intimamente associados. Em primeiro lugar porque, diferentemente das divindades das religiões precedentes, o Deus dos judeus, que criou os homens, não come: comer é, no judaísmo, próprio às criaturas de Deus; é inclusive o que O distingue dos homens.

Sob a ordem de Deus (Gênesis, 1:19), Adão, criatura de Deus, é vegetariano (como o eram sem dúvida, conforme já vimos, os mais distantes ancestrais dos humanos, algo que evidentemente não se sabia no momento em que a Bíblia foi escrita). O homem é, afinal, guardião da Criação inteira (Gênesis, 2:15); ele pode consumir todos os vegetais, exceto, durante as primeiras horas após sua criação, o fruto da árvore do conhecimento do bem e do mal. Quando transgride a proibição e consome o fruto dessa árvore sem aguardar o prazo estabelecido, seu castigo é a obrigação de trabalhar para produzir seu alimento, que segue sendo vegetariano.

É só após o dilúvio que Noé e seus descendentes podem dispor à vontade dos animais que salvaram: "Tudo o que se move e que vive lhes servirá de alimento, como a erva verde, eu lhes dei tudo isso"[65] (Gênesis, 9:3). Nesse momento, o Eterno autoriza o homem a consumir carne animal.

Em seguida, a relação com o alimento continua estruturando a narrativa bíblica, desde o sacrifício de Isaac até o maná (alimento que Deus faz cair do céu para alimentar os hebreus no deserto após a saída do Egito), passando pela interpretação de José do sonho do faraó a fim de proteger seu povo da fome.

Quando fogem do Egito para a Terra Prometida, esta é associada à abundância alimentar: "Um país transbordando de leite e de mel".[65] E ainda: "O país por onde irão passar para possuí-lo é um país de montanhas e vales, que bebe as águas da chuva dos céus"[65] (Deuteronômio, 11:11).

Por volta de 1200 a.C., quando os hebreus alcançam a Judeia, encontram lá os mesmos alimentos que no Egito e na Mesopotâmia: frutas, vinho, óleo, ervilha, lentilha, favas, grão-de-bico, alho-poró, pepino, alho e cebola. A região também recebe trigo e cevada vindos do Egito pelo mar, a partir da cidade de Tiro. Esses cereais são comidos em forma de biscoitos, pães ou mingaus, como na Mesopotâmia. Os peixes são conservados graças ao sal. Como no Egito e na Mesopotâmia, o boi, o carneiro e os produtos da caça são reservados aos mais ricos; como em outras civilizações anteriores, as refeições também são uma oportunidade para se comunicar com o divino, que observa tudo de dentro do templo de Jerusalém; certas porções do animal sacrificado no templo são consumidas pelos sacerdotes.

A ligação entre a palavra e o alimento é constante nos textos bíblicos. Para começar, o maná vem do céu, como a palavra; o termo que a designa em hebreu ("o páo vem do céu") remete, por sinal, aos sonhos (palavra que se escreve com as mesmas letras que a palavra "páo"), que são, para os hebreus, o primeiro alimento do espírito: alimentam-se de seus sonhos. O maná também absorve o gosto escolhido, o gosto sonhado. Por fim, é um alimento sem resíduos.

Em seguida, o profeta Ezequiel (Ezequiel, 3:1-4) diz explicitamente que é preciso comer as palavras de Deus: "Ele me diz: 'Filho do homem, coma o que encontrar, coma esse rolo de pergaminho e vá falar na casa de Israel!'. Abri a boca, e ele me fez comer esse rolo. Ele me disse: 'Filho do homem, alimente teu ventre e encha tuas entranhas com esse rolo que te dou!'. Eu o comi e ele pareceu doce como o mel em minha boca. Ele me disse: 'Filho do homem, vá na direção da casa de Israel e transmita-lhes minhas palavras!'".[65]

E ainda, outro profeta, Amos (8:11): "Eis aqui, os dias que vêm, disse o Senhor, o Eterno, quando enviarei a fome ao país. Não pela carência de páo e a sede de água, mas a fome e a sede de ouvir as palavras do Eterno".[65]

Daí decorre que, na vida cotidiana, tudo o que se come é uma expressão da palavra divina. A mesa da refeição é, ela mesma, um símbolo do Templo; é um altar.

Não se come somente por comer, mas para ter uma ocasião para estudar juntos. Várias bençãos (entre dez e vinte) acompanham cada refeição, e os rabinos discutem eternamente sobre a ordem dessas bençãos. A refeição também é o momento de estudo, e estudando "come-se a Torá". A mesa é tão impregnada da presença divina que a tradição quer que os sábios sejam enterrados na madeira de sua mesa.

A refeição também é uma oportunidade para respeitar certo número de proibições, extremamente precisas, visando preservar as espécies e não cometer atos cruéis. É proibido, por exemplo, comer qualquer produto do mar que não possua escamas ou barbatanas (portanto, em particular, todos os invertebrados: moluscos, crustáceos e outros frutos do mar). É proibido ingerir qualquer mamífero carnívoro. Todos os mamíferos consumíveis são herbívoros: galinha, ganso,

52 | HISTÓRIAS DA ALIMENTAÇÃO

pato, peru, perdiz, codorna, pombo, galinha d'angola. É proibido todo animal que não rumine e não tenha o casco fendido (Levítico, 11:1-8), que é o caso de apenas quatro animais citados na Bíblia: o camelo, a lebre, a jerboa e o porco. A Torá também fornece uma lista de vinte e quatro animais voadores proibidos (aves de rapina). Todos os insetos são proibidos, à exceção de quatro espécies de gafanhotos: "Poderão comer, entre os insetos alados com quatro patas, aquele que tem em cima de seus pés articulações através das quais ele pode saltar no chão"[65] (Levítico, 11:21-22).

É proibido comer frutas e legumes produzidos durante o sétimo ano, a fim de respeitar as condições do pousio (período sem semeadura). É igualmente proibido consumir partes de um animal ainda vivo (Gênesis, 5:4); matar uma mãe e seus filhotes no mesmo dia (Levítico, 22:48); consumir o sangue dos mamíferos e das aves (Gênesis, 2:4), "pois a alma de toda carne está no sangue"[65] (Levítico, 17:11); consumir produtos lácteos e de carne ao mesmo tempo (Êxodo, 34), pois o leite é símbolo da vida; e alimentar-se antes de ter alimentado seu gado. Finalmente, o abate ritual tem por objetivo limitar o sofrimento do animal.

De modo mais geral, deve-se desconfiar do alimento: comer demais prejudica o espírito. O jejum é uma ferramenta de reequilíbrio do corpo. Sete dias são reservados ao jejum durante o ano.

No limiar da nossa era, após a destruição do segundo Templo, no ano 70, a refeição permanece sendo, nas comunidades judaicas dispersas, um momento essencial de socialização, estabilidade e transmissão. É quando se encontra a família, ao menos nas noites de Sabá. É quando se dá a educação das crianças. É quando se organiza a vida comunitária. É quando os viajantes vêm trazer notícias de outras comunidades e do mundo. É quando a criança faz todas as perguntas e aprende (contrariamente às outras tradições, no judaísmo não se determina que "as crianças se calem à mesa", mas, ao contrário, elas são encorajadas a falar). Essa característica é vista particularmente nas refeições de sexta-feira e nas refeições do *Pessach* (durante as quais os judeus celebram o dia em que o sangue de um cordeiro, derramado à porta de sua casa, conseguiu repelir os flagelos enviados por Deus), de *Rosh Hashaná* (que marca o começo do ano) e do *Kipur* (o jejum mais importante); cada uma dessas refeições sendo dotada de uma finalidade bem particular, cada prato dispondo de uma forte simbologia, cada conversa seguindo um assunto específico. Depois disso, a refeição do Sabá continuou, e continua ainda, sendo o ponto de convergência entre o alimento e a conversa, entre a família e a comunidade.

Várias tradições judaicas posteriores ainda associam o alimento à língua. Assim, come-se coisas cujo significado simbólico, pelas letras que compõem a palavra que as designa, remete a votos ocultos, em particular durante as refeições do *Pessach*. Em certas tradições judaicas, por exemplo, cozinham-se biscoitos ("folhas de mel") com alimentos muito específicos, cujas letras que compõem as palavras que os designam traduzem votos bem precisos.

Grécia: comer para governar

Na mitologia grega, os relatos também priorizam a relação com o alimento e, para começar, com a antropofagia: o rei dos Titãs, Cronos, devora seus filhos; cenas de canibalismo são contadas na *Odisseia* de Homero.[28] Essas narrativas também ressaltam a importância da conversa, verdadeira razão de ser das refeições.

Segundo a mitologia, no início dos tempos, os deuses fazem suas refeições juntos. Não consomem vinho nem alimento humano; bebem néctar e comem ambrosia (sem dúvida mel selvagem), da qual se servem igualmente para untar os corpos dos mortais que desejam proteger (como fez Afrodite com Heitor).

Nos tempos mais antigos, diz a mitologia, os deuses compartilhavam algumas de suas refeições com os homens, dos quais eles não são os criadores e cujos destinos os divertem.[28]

Até que um certo Prometeu (filho de um dos Titãs chamado Jápeto) dá aos homens a melhor parte de um animal sacrificado, enganando Zeus, incitando-o a escolher ossos recobertos de gordura apetitosa. Zeus, humilhado, resolve castigar os homens privando-os do fogo, o que torna os sacrifícios impossíveis, pois é preciso cozinhar a carne. Prometeu vem então roubar o fogo e entregá-lo aos homens. Para se vingar, Zeus envia a primeira mulher, Pandora, para abrir uma caixa, liberando os males humanos (morte, doença, trabalho...). Por fim, ele amarra Prometeu a uma rocha no Cáucaso, onde uma águia vai todos os dias devorar seu fígado.[143]

Os homens são então privados do alimento dos deuses; estão sozinhos e devem se comunicar entre si. Dessa maneira, eles utilizam, na vida real, como as demais civilizações, as refeições como local de poder.

Nas constituições mais arcaicas, as das cidades de Creta e Esparta, no século VIII a.C., reencontramos a tradição mesopotâmica e egípcia dos banquetes entre os homens de poder. Mas, nesse caso, são todos os cidadãos (escolhidos por cooptação entre as famílias mais ricas) que devem fazer suas refeições juntos, a fim de resolver os problemas da cidade. Para ser admitido a essa refeição, cada conviva deve fornecer 39 litros de vinho, 3 quilos de queijo, figos e cevada, o que evidentemente limita a participação aos mais ricos. Em Esparta, essas refeições são cotidianas e obrigatórias; e pessoas mais jovens são gradualmente convidadas, de modo a realizar sua integração ao grupo dos dirigentes.[4]

Em seguida, esse sistema perde sua força: a refeição comum dos cidadãos não é mais cotidiana; em Atenas, na época clássica, somente cinquenta prítanes (magistrados oriundos dos Quinhentos de Bulé, que representam a cidade durante um décimo do ano) devem, via delegação por parte do conjunto dos cidadãos, almoçar juntos todos os dias em um prédio circular de Tolo, vizinho à ágora. No século V, alguns homens políticos atenienses (Címon, Nícias ou Alcibíades) tomam a iniciativa de convidar para esses banquetes todos ou parte dos outros cidadãos, e até mesmo alguns homens livres que não são cidadãos.

Nesses banquetes, geralmente preparados pelas mulheres, sob a direção de sacerdotes, os convivas são instalados em um retângulo, deitados em divãs diante dos quais se encontram mesas portáteis; o cotovelo se apoia sobre almofadas e come-se com as mãos. Há somente homens em volta da mesa. O banquete, como nas sociedades anteriores, é um momento de troca, de hospitalidade (xênia) e de emoção (causada pela embriaguez).[1]

Todo banquete começa por um sacrifício, que visa remendar o laço rompido com os deuses; este consiste na decapitação de um ou vários animais (do galo ao bovino) pelo *boutopos* (o açougueiro), que faz o sangue jorrar em direção ao céu (aos deuses), e depois sobre o chão (a fim de purificar os homens). Após o sacrifício, o banquete se divide em duas etapas: o momento em que se come (*deipnon*) e em que se conversa; depois, o momento em que se bebe (*symposion*) vinho misturado à água.[1] Os gregos distinguem três estados de embriaguez: o primeiro, que desinibe e liberta a palavra; o segundo, que corresponde ao momento da lucidez; o terceiro, o estado de ebriedade, considerado um estado de criatividade e reservado aos homens acima de 40 anos. Os jovens com menos de 18 anos não bebem.[4]

Nas famílias pobres, as mulheres cuidam do serviço, ao passo que, nas famílias ricas, elas se põem à mesa, mas em silêncio. Os escravos cuidam do serviço, às vezes com a ajuda das crianças. Os gregos utilizam colheres de madeira, especialmente para comer ovos.

Os cereais (trigo, cevada e espelta) fornecem 80% do aporte calórico total. O pão de trigo, o vinho, o azeite de oliva e o queijo (obtido graças ao coalho do leite e sua fermentação com ramos de figueira) são considerados alimentos nobres, reservados aos ricos. O pão é feito no forno de argila. A cevada é igualmente utilizada para produzir pão (especialmente para os exércitos), que é acompanhado de mel ou queijo. O pão é o símbolo de uma sociedade capaz de produzir sozinha seus recursos, o símbolo do sedentarismo em oposição ao nômade bárbaro: na língua de Homero, o "comedor de pão" é sinônimo de homem civilizado, ou seja, o grego.[4]

Até o século V a.C., a carne e as frutas são, em sua maioria, utilizadas para sacrifícios e oferendas aos deuses.[4] Os animais são usados principalmente como meio de produção: os carneiros são criados por sua lá e seu leite, que servirá à fabricação de queijo; os bovinos, extremamente raros, são utilizados como animais de tração e só são comidos quando alcançam idade muito avançada, não podendo mais trabalhar.[28]

Em Atenas, no século V a.C., produz-se uma mudança nos regimes alimentares: as frutas secas e as sopas de legumes, já habituais para o povo, tornam-se alimentos comuns a todos. Ao mesmo tempo, os gregos aperfeiçoam os moinhos para triturar os grãos. Os soldados consomem ainda o "caldo espartano", mistura de sangue, gordura e vinagre.

A medicina grega, como a medicina chinesa no mesmo momento, se interessa bastante pelo alimento. O primeiro princípio da dietética grega, assim como da chinesa, é a moderação. Em um modelo bem próximo do *yin* e *yang* chineses, fica estabelecido que certos alimentos melhoram a saúde, enquanto outros provocam doenças. O homem saudável deve comer variedades, em quantidades modestas, e alimentos de fácil digestão. Hipócrates (460 a 370 a.C.) recomenda um jejum frequente: "Quanto mais vocês alimentarem os corpos, mais os prejudicarão".[28] Ele observa o valor diurético da cenoura e do hidromel para dores de garganta. Os médicos gregos procuram distinguir, entre os alimentos e as bebidas, aqueles que são secos e quentes, secos e frios, úmidos e quente, úmidos e frios (ou seja, as mesmas características que se supõe ser da bílis, atrabílis, sangue e fleuma). Os alimentos úmidos e quentes são considerados menos nutritivos que os outros. Os médicos gregos preconizam o consumo de alimentos quentes e secos (trigo e carnes) no inverno e alimentos frios e úmidos (legumes verdes, pão completo) no verão. Como o sexo masculino é considerado seco e frio, o homem deve comer alimentos úmidos e quentes, ao passo que a mulher deve comer seco e frio, pois seu sexo é tido como úmido e quente. É recomendável não misturar leite e peixe. Idosos devem evitar o queijo, os moluscos, as lentilhas, o pão sem sal, os ovos cozidos.[28] Alguns desses alimentos são conhecidos e designados por suas virtudes afrodisíacas.

Os filósofos gregos tomam partido em relação ao alimento em sentidos opostos: Pitágoras é vegetariano por rejeitar o sofrimento animal, e, visto que a alma humana pode reencarnar em um corpo animal, também se opõe ao uso de lã e de couro, e aos sacrifícios de animais. Seus discípulos chegam a se opor aos sacrifícios de animais pelas divindades.[28] Ao contrário, Aristóteles, preceptor de Alexandre *o Grande*, em sua obra *História dos animais*, estabelece uma escala dos seres, que autoriza o consumo de animais em função de suas carências morais. Em sua *scala naturae*, ou "cadeia dos seres", afirma que o homem está no ápice de uma cadeia, na qual se sucedem continuamente ("sem hiato") os animais (quadrúpedes, vivíparos, cetáceos, animais sanguíneos ovíparos, cefalópodes, crustáceos, animais "segmentados" e moluscos com conchas), depois os zoófitos (classe intermediária entre animais e vegetais à qual pertencem os corais e as esponjas marinhas) e as plantas. Para ele, a posição dentro dessa escala traduz o "grau de vida" (movimento, inteligência, sensibilidade...) de uma espécie.[5]

A partir do século IV a.C., surgem os hotéis na Grécia; aliviam assim os cidadãos, que deviam anteriormente garantir a hospitalidade aos estrangeiros, além de servirem de tabernas.

Por volta de 330 a.C., Alexandre, *o Grande* traz de suas conquistas orientais os principais alimentos do futuro: o arroz, o açafrão, o gengibre (utilizado sobretudo como antídoto aos venenos e como afrodisíaco), a pimenta-vermelha (proveniente da costa do Malabar, no sudoeste da Índia, onde seria utilizada há 4.000 anos para temperar o arroz)[213] e, por fim, o açúcar, que encontra na Pérsia e que permanece sendo um alimento luxuosíssimo.

Para os gregos, os povos que não praticam a agricultura, não comem pão e não bebem vinho são "bárbaros"; aqueles que não praticam o banquete também são necessariamente selvagens, pois a refeição é, antes de tudo, uma ocasião de conversa. E o alimento está associado à língua.

Assim, os citas, que só realizam banquetes durante os funerais e que, sobretudo, bebem vinho puro, são considerados bárbaros pelos gregos. Segundo Heródoto, os persas são "monstros", pois comem demais e não sacrificam animais para os deuses. Para Diodore Sículo, os habitantes da costa marítima tirrena, que comem baleias, não são gregos, pois os gregos não comem um ser morto naturalmente e não sacrificado para os deuses. Do mesmo modo, aqueles que comem de maneira desordenada, que comem cru, os orfistas (que comem ovos), não podem ser considerados civilizados. Em suas *Histórias*, Heródoto menciona algumas práticas de canibalismo por diversos povos vizinhos dos gregos (os citas, os trácios, os padeanos, os issedones...).[83]

▪ Em Roma, comer para dominar

Quando Roma começa a se tornar uma potência, como ocorreu com os gregos, o sacrifício de um animal oferecido aos deuses é a estrutura simbólica da vida social e política, a pedra angular da religião do Estado. Os eventos "sociais", como o recenseamento da população (o período de cinco anos que os separa, o "lustro", designa por extensão a cerimônia de purificação que ocorre nesse momento), são sistematicamente associados ao sacrifício de um touro e de uma ovelha. Uma procissão precede o sacrifício para exibir uma ordem social apaziguada. O sacrifício é seguido por um banquete, que reúne os cidadãos. Esses banquetes religiosos perdem sua importância ao longo da República e, depois, sob o Império.[331]

Em seguida, os banquetes tornam-se essencialmente privados, na casa dos ricos; e em Roma, como em outros lugares, a conversa, mais do que o alimento, é sua razão de ser. Eles são servidos no *triclinium* (sala de refeição composta de três leitos para a família e os convidados, e uma bancada para o serviço). Sob a República, nas grandes vilas dos poderosos, as mulheres sentam-se aos pés dos homens; sob o Império, elas podem se deitar sobre os bancos, o que devia servir para evitar amargas discussões entre os homens sobre a política ou a guerra.[332]

A qualidade de um banquete é avaliada pela presença de condimentos, pratos exóticos como novas frutas (cerejas, pêssegos, amoras...)

e carnes que não eram consumidas até então (flamingo, cabrito, pavão...). Fazem uso de garfos de duas pontas e colheres circulares, das quais algumas foram encontradas em Pompeia. Esses banquetes são acompanhados de diversões de todos os tipos (cantores, harpistas, acrobatas, imitadores). O imperador Cláudio legou a imagem de *bon vivant* fazendo com que quantidades astronômicas de alimentos fossem servidas durante seus banquetes. No século II, o imperador Heliogábalo organiza refeições com vinte e dois serviços. Marcus Gavius Apicius, nobre rico e gastrônomo romano que viveu na corte de Tibério, aplica toda sua fortuna para descobrir, experimentar e compartilhar os sabores culinários. Ele tem, principalmente, a ideia de cozinhar línguas de flamingos.[431]

Exceto por esses raros banquetes, os romanos fazem apenas uma refeição de verdade por dia: o café da manhã (*jentaculum*) é frugal, restrito a um copo d'água e um pedaço de pão, queijo e algumas azeitonas para os mais ricos; o almoço (*prandium*) é facultativo; o jantar (*cena*), por sua vez, é consumido por volta das 15 horas e é uma refeição completa.[28]

No século V a.C., o alimento do povo de Roma é bem parecido com o que achamos na mesma época na Grécia: o pão (cevada, trigo, trigo-candial) é ainda o alimento básico, com apenas um pouco mais de carne do que na Grécia; e também azeite de oliva e vinho.[332]

A partir do século II a.C., o alimento popular em Roma evolui, com quantidades gradualmente maiores de legumes fervidos, como repolho, erva-doce, pepino e castanhas.[3]

Diferentemente da Grécia, a carne assada é o prato do homem-forte e, portanto, dos poderosos. A carne mais consumida em Roma é o porco: herdada dos etruscos, a criação de suínos permite o aporte de proteínas ausentes na Grécia; para Cícero, em *De natura deorum*, é na verdade o único animal consumível, já que o boi e o carneiro são proibidos por conta de sua utilidade social. Os romanos mais afortunados consomem também produtos da caça (faisão, perdiz, javali). O peixe é um prato particularmente apreciado, e pode vir dos rios ou do mar.[3]

Excepcionalmente, os imperadores distribuem gratuitamente porco e pão ao povo, a fim de preservar a ordem social. Sob Augusto, existem mais de trezentas padarias em Roma. Esse pão é com frequência acompanhado de azeitonas ou figos.

Ao contrário dos soldados gregos, os legionários romanos comem carne seca e queijo, mas o racionamento provoca importantes carências alimentares.[79]

Os romanos não cozinham. Se são ricos, têm cozinhas e cozinheiros dentro de suas vilas. Se não o são, moram, em geral, alojados em imóveis de vários andares.[70] A maioria dos apartamentos não dispõe de cozinha;[310] para comer, recorrem aos mercadores que cozinham nas ruas: peixe frito, espetos de carne, aves assadas. Os vendedores de vinho, os hoteleiros e as tabernas são inúmeros. São frequentados somente por pobres e marinheiros, e a polícia vigia rigorosamente o que se diz nesses lugares.[79] Por sinal, é proibido a um senador casar-se com a filha de um dono desses estabelecimentos.

Os navios mercantes que chegam aos portos de Óstia ou do Emporium trazem para Roma trigo africano, especiarias da Ásia, vinho grego, carne espanhola, charcutaria gaulesa, açafrão, açúcar, pimenta, gengibre. Para esses produtos vindos de longe, o principal receio é o apodrecimento e as doenças que podem causar. Encontram-se vestígios de defumação especialmente nas azeitonas, legumes e peixes.

Os soldados romanos descobrem na Síria que a alimentação lá é considerada uma arte. Eles trazem especiarias, muito apreciadas pelos ricos – a palavra "especiaria" viria do latim *species*, que significa "mercadoria destinada ao consumo alimentar" ou "drogas". Em particular, trazem a pimenta-vermelha, tão cara que será por muito tempo utilizada como moeda.[432] Além disso, é uma especiaria considerada afrodisíaca.

A medicina romana, como a medicina grega antes dela, interessa-se pelos alimentos. Para os médicos romanos, o pão é o equilíbrio perfeito dos diferentes componentes existentes na natureza (calor, frio, seco, úmido). De Aulus Cornelius Celsus (cerca de 29 a.C. a cerca de 37), enciclopedista romano, conhece-se o *De re medica*, que compila os ensinamentos médicos gregos e romanos desde Hipócrates e classifica as doenças em três categorias: aquelas relacionadas ao regime alimentar e à nutrição; aquelas cuja cura necessita de remédios; e aquelas que devem ser tratadas por cirurgia. Ele escreve, no Livro II desta obra, que "o pão contém mais matéria nutritiva do que qualquer outro alimento". "Mingaus, água misturada com mel, da qual três taças bastam no inverno e quatro no verão."[28] Ainda se pratica a antropofagia para supostas virtudes médicas e tonificantes. Plínio, *o Antigo* explica que epiléticos bebem o sangue de um gladiador agonizante ou morto recentemente. Cenas de antropofagia são igualmente relatadas durante os bacanais, festas em honra do deus Baco.

CAPÍTULO 3

Nascimento e glória da refeição europeia

Do século I à metade do século XVII

A refeição europeia se desenvolve em cerca de quinze séculos como uma confluência de mil e uma práticas que ela devora e incorpora. Primeiro a grega, depois a romana, em seguida a árabe, a italiana, depois a francesa; ao incorporar inúmeras técnicas ou produtos vindos de longe, ela se instala progressivamente como o arquétipo do que mais tarde se tornará o modelo da refeição mundial, organizando, para todos, os locais de conversa que torna possíveis.

Antes da chegada dos romanos, os gauleses* comem mais carne do que qualquer outra população europeia. São particularmente conhecidos no continente pela qualidade de sua charcutaria. Políbio, um historiador grego do século II a.C., descreve-os assinalando que "comem somente carne, praticam somente a guerra e a pecuária, levam uma vida primitiva".[149] De fato, eles comem sobretudo porcos; e um pouco de javali, símbolo de força e coragem, ora caçando-os, ora criando-os, mas cuja importância no regime alimentar foi superestimada.[351] O porco também é utilizado como unidade de medida

---

* Conjunto de populações celtas que habitava a Gália, isto é, o território que corresponde hoje, *grosso modo*, à França, à Bélgica e à Itália [N.E.]

para as trocas. As farinhas dos gauleses não lhes permitem assar o pão feito com massa fermentada, apenas mingaus e panquecas. Conhecem o vinho, o *foie gras* (fígado de ganso) e comem quatro vezes por dia.

O chefe gaulês, como outros chefes antes dele, estabelece seu poder oferecendo enormes quantidades de alimento e bebida a seu povo em fabulosas refeições, nas quais os convidados sentam-se ao longo de uma mesa comprida. Os banquetes desempenham o mesmo papel de sociabilidade e de governança social que ocupavam nas civilizações anteriores.

Quando os romanos se instalam em Gália, a população gaulesa muda seus hábitos alimentares: como em Roma, agora come-se principalmente pão, em apenas uma refeição diária e, na maior parte do tempo, na cama. Reciprocamente, os romanos também adotam alimentos gauleses: um queijo produzido em Nîmes (o futuro roquefort) é mencionado por Plínio, *o Antigo*; o *foie gras* de ganso é aperfeiçoado pelos romanos no sudoeste de Gália. Os romanos exportam a vinha para Provença e para o Languedoc; e quando os vinhos gauleses seduzem também Roma, por volta do ano 90, os viticultores italianos pedem – em vão – ao imperador Domiciano que determine a destruição das vinhas gaulesas.

No oriente do Império Romano, a refeição ainda se assemelha à dos gregos: cereais (trigo, frumento, cevada e centeio), frutas e legumes frescos e secos, peixe, queijo, mel e manteiga. O azeite acompanha todos os pratos. A carne (frango, carneiro, cordeiro e porco) é reservada aos muito ricos.[102] O açúcar de cana, importado do vale do Rio Indo, é ainda reservado aos grupos mais privilegiados.

■ O revés cristão: comer Deus

Quando a religião cristã se instala em Roma, e depois no essencial do Império Romano, ela recupera diversos ritos e práticas da religião romana e do judaísmo.

Em conformidade com as regras do judaísmo, o cristianismo substitui o sacrifício sangrento dos romanos por uma benção ao pão e ao vinho, embora com menos orações do que o judaísmo exige.

No início, como no judaísmo, a Igreja proíbe que se comam animais que não foram sangrados ou que não foram mortos pelo homem, assim como certas espécies consideradas perigosas, tais quais raposas, ratos e lebres. O porco não é proibido. Depois, como na religião romana, e ao contrário da religião judaica, ela anula progressivamente todas as proibições alimentares. "Nada que é exterior ao homem pode sujá-lo ao penetrá-lo; por outro lado, o que sai do homem, isso sim o suja"[65] (Mateus, 7:15).

Ela se inspira também no culto de Mitra (associado ao zoroastrismo, corrente religiosa nascida no século VII a.C., na Índia, e que coabita com o cristianismo no Império Romano, antes de desaparecer), que celebra seu deus através da oferenda de pão e vinho: "Aquele que sorve meu sangue permanece em mim e eu permaneço nele". Tertuliano e Justino de Nablus observam que os sacramentos cristãos assemelham-se mais àqueles do culto de Mitra do que àqueles da Páscoa judaica.

A moderação e o jejum também são encorajados; a gula é um dos sete pecados capitais; a carne e o álcool são desaconselhados às quartas e sextas-feiras, e proibidos durante a Quaresma. No século II, no tempo de Santo Irineu, bispo de Lyon, a Quaresma dura um ou dois dias. Na Alexandria, em meados do século III, jejua-se durante toda a Semana Santa. No século IV, são encontrados vestígios da Quaresma em um cânone do concílio de Niceia (325) que fala em quarenta dias de jejum; ao longo de todo esse período, os fiéis só devem fazer uma refeição por dia, composta de pão, água e legumes. Ao final do século IV, a Igreja de Jerusalém substitui os quarenta dias de jejum por uma Quaresma de oito dias. No século V, em Roma, depois em Gália, jejua-se aos sábados durante seis semanas.[396, 397] A proibição de carne às sextas-feiras é um costume tardio estabelecido por motivos de saúde e penitência. Quanto ao consumo de peixe às sextas-feiras, este é ainda mais recente. Se a refeição da Última Ceia é classicamente representada com o peixe, nenhum dos Evangelhos menciona outra coisa senão pão e vinho: o peixe é provavelmente mais uma reinterpretação baseada no episódio da multiplicação dos peixes por Jesus a fim de alimentar uma população faminta, e no simbolismo cristão do peixe, cujas iniciais em grego correspondem às de "Jesus, Filho de Deus, o Redentor".

Em 866, o papa Nicolau I, em sua *Responsa ad consulta Bulgarorum*, reconhece o direito de comer, exceto às sextas-feiras, todo tipo de carne, acabando assim com as proibições alimentares do judaísmo. Para se aproximar dos camponeses e dos pobres, os monges se recusam a comer carne. Os eremitas consomem principalmente plantas selvagens, imagem de um Éden perdido.

A Igreja também proíbe aos membros do clero hospedar-se ou frequentar as tabernas, salvo quando em viagem e em caso de absoluta necessidade.

Na Alta Idade Média: Carnaval e Quaresma

A partir do século VI, os banquetes permitem aos primeiros reis itinerantes da dinastia merovíngia reunir, ao seu redor, a nobreza e os camponeses ricos das aldeias que visitam. Diferentemente dos galo-romanos, que comem deitados, os senhores merovíngios, tal qual os gauleses, comem sentados; os alimentos lhes são servidos em pranchas de madeira colocadas sobre cavaletes.[4] Às vezes, utilizam facas para não se servirem demasiadamente com as mãos, consideradas impuras. Os homens, as mulheres e as crianças comem à mesma mesa.[4]

Como em Roma, a Alta Idade Média europeia vê na carne assada um prato dos poderosos. Entre os ricos, a carne é servida sobre uma tábua talhada com uma grande fatia de pão embebida em molho; os restos são distribuídos aos pobres e aos cães que se precipitam à porta das residências.[247]

A partir do século VIII, em Gália, o porco está de novo presente em inúmeros pratos: com coentro, com molho ao vinho, marinado, com tomilho ou grelhado; eles também o comem cru, ou na forma de toucinho defumado e charcutarias. O porco se torna uma unidade de medida para as trocas.[4] Os senhores comem igualmente caças pequenas, assadas ou grelhadas, ao passo que os camponeses raramente comem carne, que é sempre cozida na água.[28]

O castigo de um vassalo imposto por seu senhor ou pela Igreja pode ser proibir-lhe de consumir carne durante algum tempo ou por toda a vida. Na época carolíngia,* tal proibição é especialmente aplicada aos homens que não serviram nas forças armadas.[147]

Come-se peixe, pelo menos às sextas-feiras: peixes de rio, de lago ou do alto-mar; os pescadores vão procurar espécies cada vez mais distantes; os bascos chegam a subir até o Mar do Norte para encontrar bacalhau, peixe muito solicitado pelos carolíngios ricos. O arenque pescado no Mar do Norte e no Báltico permite que várias crises de desnutrição sejam evitadas.

Por terra, importam-se também da Ásia, para os ricos, pimenta-vermelha, açúcar, gengibre, cravo, noz-moscada. O itinerário segue até a China, passando pela Índia, Egito, Pérsia e pelo mundo árabe, trazendo produtos dessas regiões. A rota da seda é, antes, a rota das especiarias.

A antropofagia provavelmente ainda é praticada, considerando que, em 789, Carlos Magno ainda a punia com pena de morte.

▊No Islã: comer é uma benção de Deus

No mundo árabe, antes da chegada do Islã, a alimentação de base consiste em leite de camela e de cabra, além de tâmaras. A preferência é por alimentos espessos, bem cozidos, com molhos e sabores fortes, tais como *harissa* e *isfidbadj*.**, [28] Os árabes guardam a carne para os dias de festa; eles a obtêm graças à caça de cabras selvagens, búfalos, zebras, gazelas, avestruzes, lebres, perdizes, lagartos e gafanhotos.[248] A carne de camelo também é muito utilizada. Os bovinos servem à lavoura. Os legumes ocupam um lugar importante na alimentação de pessoas modestas, substituindo os cereais em tempos de escassez. No

---

* Relativo à dinastia de Carlos Magno (742-814). [N.E.]

** *Harissa* designa uma espécie de pasta de pimenta utilizada como condimento na cozinha tunisiana. *Isfidbadj* é uma iguaria com frango ou peixe, de consistência gelatinosa. [N.T.]

Egito, consomem-se principalmente lentilhas, favas, grãos-de-bico. O cuscuz (feito com semolina de trigo) aparece no século II a.C., no reino dos berberes, e expande-se rapidamente em todo o mundo árabe. Nessa época, os árabes também consomem bastante álcool.

Com o início do Islã, o alimento passa a ser considerado uma benção de Deus, que deve ser consumido com moderação. A nova religião pede aos fiéis que façam uma prece antes da refeição e outra depois. Os alimentos crus são proibidos, assim como o porco, o cavalo, os animais domésticos (como cães e gatos) e os animais não sacrificados em nome de Deus. Antes de consumir um animal, é necessário garantir que ele tenha sido abatido segundo regras precisas. Tudo que provém do mar é autorizado (*halal*), mas aos peixes é atribuído um fraco valor nutricional e gastronômico.[28] O Profeta proíbe o álcool, que pode tornar os fiéis belicosos e provocar disputas. De maneira geral, o fiel deve evitar o consumo de produtos perigosos para sua saúde.

Em 642, os árabes tomam o porto de Alexandria, por onde passa, há séculos, grande parte do comércio de especiarias e de açúcar. Alguns desses produtos vêm da Indonésia ou da China. A maior parte deles é proveniente do subcontinente indiano e transita pela Pérsia, trazida por comerciantes árabes instalados particularmente na Somália. Entre essas mercadorias, há o almíscar, para os mais ricos, e a água de rosas, mais acessível, além do açafrão, da canela, do cravo e do cardamomo.

A berinjela, que vem da Índia e da China, é introduzida pelos árabes no Oriente Médio no século IX, chegando depois à Europa.[98] O azeite é produzido no Magrebe, na Andaluzia e na Síria.[28] Os árabes fazem vir o arroz da Ásia. Eles também consomem frutas secas, como tâmaras, uvas, amêndoas, nozes e pistache.

Há, sobretudo, o açúcar e o mel, ainda raros e custosos. Os árabes desenvolvem assim uma gastronomia bastante criativa, muito refinada, baseada na associação de sabores desconhecidos dos europeus. Os autores árabes da época classificam os ingredientes em várias categorias: as especiarias, os grãos, os legumes, o sal e a pimenta-preta (do reino). Nas residências dos ricos da região, as frutas secas são

68 | HISTÓRIAS DA ALIMENTAÇÃO

muito apreciadas; são importados, para os príncipes de Damasco, uvas, ameixas e melões dentro de caixas de chumbo cheias de gelo.[28] Biscoitos (à base de semolina de trigo, de amêndoa, de pistache e de nozes) e bolinhos (entre eles, de canela, de mel, de açafrão, de açúcar, de tâmaras, de água de rosas) servem de provisão para os viajantes. Fabricam-se também nugás à base de mel e de avelã, e bolos à base de amido, chamados de *loukoums*,[28] ou manjar turco.

As bebidas à base de frutas e de açúcar são muito apreciadas. No começo do século XII, documentos provenientes da Geniza do Cairo atestam o comércio, em todo o Egito, de *qatarmizat* (limonada), bebida adocicada à base de suco de limão.[243] Bebe-se igualmente água de rosas.

Os cereais e o arroz são frequentemente armazenados dentro de silos subterrâneos; a conservação das carnes é feita por secagem; o peixe é salgado; a defumação não é um método muito utilizado. Os produtos são protegidos do ar por meio de um revestimento de gordura, mel ou açúcar.[28]

Nas famílias mais modestas, é a mulher que cozinha. Nas residências dos príncipes, um mestre cozinheiro cuida da qualidade dos produtos; cabe a ele evitar roubos e desperdícios, e sobretudo controlar o medo do seu senhor de ser envenenado.

A partir do século VIII, os árabes utilizam facas e garfos para cortar seus alimentos, consumidos em um único prato, e em seguida os levam à boca com as mãos. Por volta do século IX, eles utilizam ocasionalmente uma colher de sopa.

Privar-se de alimentos em intervalos regulares é, no Islã, assim como nas religiões precedentes, um sinal de devoção. A palavra *ramadan* (que significa, em árabe, "grande calor") designa o nono mês do calendário muçulmano, período durante o qual o Alcorão foi revelado ao profeta Maomé: "As folhas de Ibrahim foram trazidas na primeira noite do ramadã, a *Tawrah* (Torá) seis noites após o ramadã, o Evangelho treze dias depois do ramadã e o Alcorão vinte e quatro dias após o ramadã" (hádice do profeta Maomé, extraído de Al-Mu'jam al-Kabir de Al-Tabarani).

Ao final da Idade Média: especiarias e Paraíso Perdido

No século XI, aproximadamente, quando os europeus entram em contato com a cozinha árabe, eles a adoram e levam suas receitas para a Europa.

O arroz chega à Europa no século XI, após os mouros o importarem em Al-Andalus. A limonada se torna conhecida a partir do Império Otomano, onde é imensamente popular.[242] As especiarias, como o açúcar, encantam os europeus no momento das cruzadas.

Os cruzados importam igualmente o açafrão da Terra Santa, chegando a identificá-la por isso como Paraíso Perdido. Joinville escreve em *La vie de Saint-Louis*: "Quando amanhece, eles encontram essas mercadorias vendidas por peso, que são trazidas para cá, ou seja, o gengibre, o ruibarbo, a babosa e a canela. E dizem que essas coisas vêm do paraíso terreno, onde o vento as derruba das árvores, à maneira como se abate a madeira seca nas florestas de nossas regiões".[435] O gengibre é então a especiaria mais usada na Europa. O alho, a cebola e a cebolinha-branca também são considerados especiarias. A pimenta-preta, sempre associada a outras especiarias, é ainda pouco utilizada nas receitas culinárias europeias, pois é considerada perigosa. Os árabes também inspiram aos europeus o uso de massas, que tomaram emprestado dos chineses. A cozinha árabe se torna então a mais influente do mundo, e em particular na Europa.

Por outro lado, os talheres, oriundos do mundo árabe, custam a se impor no mundo cristão: o garfo é considerado um objeto não viril e pequeno demais para ser útil. Em 1004, no seu casamento com o filho do doge de Veneza, a sobrinha do imperador de Bizâncio, Maria Argyropoulina, utiliza pela primeira vez um garfo para levar a comida à boca. Padres católicos, escandalizados com tal espetáculo, dizem que "Deus deu ao homem as mãos como garfos naturais"; e quando, três anos mais tarde, a princesa morre de peste, eles explicam sua morte como um castigo por esse pecado. Ao fim da Idade Média, o garfo chega à Itália, passando por Constantinopla, e se expande pelo restante da Europa.[28]

É devido às necessidades da alimentação que surgem então as primeiras inovações do momento: o pousio trienal (período sem semeadura) para o cultivo das terras, o moinho de vento[34] para moer grãos, o leme de popa para facilitar o comércio marítimo do trigo ao longo dos portos bálticos.[11]

Os camponeses ainda comem feijão, favas, repolho, couve-rábano, bolachas, pão, nabo. O arroz, trazido pelos árabes, é inicialmente cultivado em Castela, na Andaluzia e na Catalunha. Nas ocasiões importantes, comem galináceos, vacas que já não amamentam nem procriam, ovos, leite coalhado, peixe salgado. Eles criam inúmeros pratos (chouriço de tripas, patês, salsichas) utilizando todas as partes dos raros animais aos quais têm acesso. A caça ilegal continua sendo punida com morte. Come-se peixe frito no litoral, particularmente na Espanha e em Portugal. Na Inglaterra do século XV, existem receitas de peixes fritos empanados à base de pão, considerado capaz de conservar a carne, que derivam do pescado frito importado pelos imigrantes judeus portugueses e espanhóis que fugiram das perseguições da Inquisição católica. Bem mais tarde, isso resultará no *fish and chips* (peixe com batatas fritas).[311]

Cada aldeia, cada monastério produz o próprio queijo.

Como no passado, quanto mais do alto vem o alimento, mais ele é "reservado" à alta sociedade: as aves são mais estimadas pelos ricos do que o boi ou o carneiro; as caças miúdas são o alimento dos nobres por excelência; o pavão se torna o alimento essencial dos cavaleiros. Os senhores são os únicos autorizados a caçar grous, cervos, javalis, cabritos, abetardas. As elites europeias fazem pleno uso das especiarias, cujo comércio é ainda dominado pelos negociantes árabes, que as levam à Veneza, Gênova, Barcelona e Marselha.[28]

As novas bebidas exigem o uso de açúcar, que permanece um produto de luxo. Trazido da Ásia Menor pelos cruzados, ainda é considerado uma especiaria e utilizado nos mesmos molhos que o sal.[28] Aqueles que não têm recursos para comprá-lo utilizam o mel.

Qualquer que seja a classe social, os horários das refeições são notoriamente os mesmos: almoço (um copo d'água ou nada) às 9 horas, jantar no meio do dia, ceia ao cair da noite.

A conservação dos alimentos começa a ser desenvolvida; ao contrário de antes, as carnes não são mais consumidas no mesmo dia do abate. Várias técnicas de conservação são empregadas: sal, vinagre, óleo; a defumação é praticada pelos caçadores em um processo que dura horas, antes de a carne ser levada para a aldeia. Métodos mais elaborados de salgadura do peixe são desenvolvidos pelos pescadores hanseáticos, depois utilizados em todos os portos europeus e, por fim, mundiais. Para o peixe, o "surgimento" consiste em expô-lo a um fogo de faia.

Depois, a busca por especiarias, assim como por ouro e prata, lançará os europeus mais longe, à conquista da Ásia, pelas rotas da seda. Inicialmente, os venezianos e genoveses por terra, depois pelo mar. Em seguida, sempre pelo mar, os portugueses e espanhóis, seguidos pelos holandeses e ingleses.[11]

Hotéis, albergues: comer durante a viagem

Em todas as partes do mundo, o ato de comer é sempre uma ocasião de encontros e conversas, sobretudo durante as viagens.

Na China, no século XI, sob a dinastia Song, o talharim, alimento outrora reservado à alta sociedade aristocrática, é servido em todos os albergues que se proliferam no país inteiro.[33] As cidades europeias em plena expansão, como Paris, também veem surgir um grande número de estabelecimentos comerciais que oferecem tortas, flans e pães, particularmente apreciados pelos peregrinos.[18]

Na Europa, a partir do século XII, a palavra "hotel" aparece com as instituições religiosas, voltadas à hospitalidade. Ao longo das estradas de comunicação, ainda muito perigosas, as tabernas oferecem alimentação e abrigo; residências particulares se transformam em hospedarias. Às vezes, aldeias se desenvolvem em torno delas. Na França e na Itália, esses primeiros hotéis são reconhecíveis através de símbolos particulares: coroas, ramos verdes, círculos de tonéis e bandeirolas e, algumas vezes, os Reis Magos. Propõem vinho e cerveja, comércio sobre os quais as autoridades, que definem o preço e o volume permitidos, cobram impostos.[28]

Esses estabelecimentos hoteleiros são inicialmente bastante rudimentares e só oferecem dormitórios coletivos. Os hospedeiros devem respeitar um limite no número de clientes em função do número de leitos e prestar contas às autoridades sobre o nome dos hóspedes que lá pernoitam.[28] A polícia real vigia esses locais, onde as pessoas podem falar com muita liberdade.

A partir do século XIV, na França, na Itália e na Inglaterra, os hotéis começam a propor quartos individuais fechados à chave (com leitos e armários), salas de estar e salas de jantar. Os menores têm entre dez e vinte quartos; os maiores, uns sessenta. Existem entre dois e dez estabelecimentos assim nas aldeias mais importantes, cerca de vinte nas cidades de médio porte e até cem nas grandes cidades.[28]

Até o final da Idade Média, as refeições propostas nesses hotéis são frugais (queijo, pão, um pouco de carne). Em 1335, o rei da Noruega ordena a criação de tabernas nas cidades e ao longo das estradas de comunicação entre elas.[28]

■ Do século XIV ao século XVI, o triunfo da cozinha italiana

A Itália desperta. Veneza e Gênova se tornam imensas potências.

No século XIV, a cozinha dominante na Europa é ainda amplamente de influência árabe. O primeiro grande livro de receitas da Europa, o *Liber de Coquina*, é publicado por volta de 1300; seu autor, desconhecido, é provavelmente originário da corte dos angevinos do reino de Nápoles; trata-se, como tudo indica, da cópia de um tratado dietético redigido no começo do século XIII pelo médico e filósofo Théodore d'Antioche na corte da Sicília do imperador Frederico II, enormemente inspirado pelos árabes.[398]

A palavra "banquete" aparece na França nesse momento, derivada do italiano *banchetto*, que significa "festim", e que por sua vez deriva de *banco*, o "banquinho". (Banquete e banco têm a mesma origem etimológica.) É um sinal da influência crescente da gastronomia italiana, que retoma as fontes da cozinha latina e utiliza o que aprendeu com a cozinha árabe.

No início do século XIV, o tratado de Apicius (*De re coquinaria*), único grande livro de receitas da Antiguidade romana, é ainda uma referência, particularmente entre os doges de Veneza.

Os nutricionistas italianos do século XIV, como os gregos e os latinos, classificam os alimentos segundo suas características físicas (quente, frio, temperado, úmido, seco). O mais influente dentre eles, Magninus de Milão, cita, em seu *Opusculum de saporibus*, os princípios de cozimento das carnes, peixes e aves conforme suas características físicas. As carnes gordas (portanto úmidas) devem ser assadas, pois isso as resseca, ao passo que as carnes magras (portanto secas) devem ser fervidas. A carne de boi, seca, deve então ser consumida após cozida, e acompanhada de um molho "quente" (como um molho de pimenta com açafrão).[28] Em seu *Regimen sanitatis*, ele acrescenta que um prato é mais bem digerido quando é bom. Para ele, certos alimentos precisam de mais sal do que outros: "Os alimentos úmidos e excrementosos, e além disso bestiais [como o porco], precisam de mais sal".[28] O sal tem um valor "purgativo, constringente ou adstringente"; permite também a conservação de carnes e peixes. As substâncias que não têm sabores frios ou quentes só podem servir como remédios ou condimentos. Segundo Joseph Duchesne, as frutas devem ser consumidas numa ordem estrita: como entrada, as frutas leves (damascos, cerejas, pêssegos, etc.) e as frutas frias e/ou perecíveis (cerejas doces, ameixas, abricós, pêssegos, figos); maçãs, peras e castanhas devem ser consumidas ao final da refeição, pois considera-se que são capazes de impedir que os outros alimentos subam de volta à boca. As maçãs e as peras devem ser cozidas e temperadas. O melão, reputado como a fruta mais perigosa, deve ser comido com queijo, ou com uma carne salgada ou adocicada, mas nunca sozinho.[28]

Um pouco mais tarde, a imprensa e a Reforma Protestante (que está ligada a ela) rompem com a unidade alimentar da Idade Média, ainda mantida pelas regulamentações eclesiásticas. Assim, elas passam a participar intensamente da criação de identidades alimentares nacionais, e também da promoção de todas as outras dimensões das culturas nacionais.

Tratados culinários escritos por cozinheiros profissionais e usados nas residências aristocráticas são impressos e difundidos na Inglaterra, França e Itália. As influências árabes, espanholas, italianas e francesas se confundem e se combatem.

O primeiro livro de cozinha impresso, *Le viandier* (1846), foi escrito em francês por um certo Guillaume Tirel, conhecido pelo nome de Taillevent, cozinheiro do rei francês Carlos V. Ele respeita as proibições ditadas pelos dietistas gregos e latinos, como a de não misturar leite com peixe, interdição também mencionada à mesma época pelo médico espanhol Petro Flageola em *Régimen condit*. Ele se distingue das receitas da Alta Idade Média por retomar as receitas italianas.[28]

Carlos V, por sua vez, mantém-se fiel às regras monásticas mais rigorosas: onde quer que esteja, ele ceia com os monges e zomba das tradições culinárias francesas e, em particular, do costume de fazer três refeições (que diz tratar-se do modelo alimentar das crianças).[4]

A influência árabe ainda está bem presente: até a metade do século XVI, dois terços das receitas ainda trazem vestígios da influência oriental e utilizam especiarias, cuja natureza ainda é uma distinção de status social: quanto mais diversas forem as especiarias de um prato, mais elevada é a posição. O vinagre também é utilizado (entre 21% e 31% das receitas, segundo as compilações), assim como o agraço (entre 33% e 43%). O vinagre é menos utilizado para a carne de abate (entre 18% e 36%) do que para as vísceras (entre 40% e 100%); misturado com açúcar, ele supostamente ajuda a digestão.[28]

Aos poucos, a Itália (aquela de Veneza, Roma, Nápoles, Gênova e Milão) oferece aos povos da Europa as pizzas (vinda não se sabe de onde) e as massas (vindas da China pela Arábia); e oferece aos ricos a nova referência gastronômica: propõe *crépines* (membranas) de fígado de bezerro, bolinhos de alcachofra, bolachas, trufas de Alba, cristas-de-galo. Um dos livros de cozinha mais importantes da época é o de Bartolomeo Scappi, cozinheiro dos papas Pio IV e Pio V, em 1570. Ele descreve em particular o parmesão como o "melhor queijo do mundo".[28]

Alguns provérbios italianos, franceses e ingleses ainda repetem proibições antiquíssimas que continuam moldando a dietética europeia. Eles advertem sobre o peixe, considerado frio e úmido: "Deus jamais realizou tal matrimônio como o da pera com o queijo" (século XIII); "Após a pera, o vinho" (século XV). O queijo envelhecido, considerado quente e de difícil digestão: *"Cheese digests all things but itself"* [O queijo ajuda a digerir tudo, exceto ele mesmo], em 1566. "Com a pera, beber vinho", em 1577; *"Chair fait chair et poisson poison"* [Carne é carne, peixe é veneno], em 1578; "O peixe que nasce na água deve morrer no óleo", em 1578. As saladas (alfaces) são julgadas frias e difíceis de "cozinhar": *"De la salade et de paillarde, si tu es sage donne t'en garde"* [Se você é esperto, tome cuidado com a vulgaridade da alface], por Meurier em 1578; *"Qui vin ne boit pas après salade est en risque d'être malade"* [Quem vinho não consome após a alface corre o risco de ficar doente], em 1579. Contra as frutas: *"De bon fruit, méchant vent et bruit"* [A boa fruta traz vento e barulho]; *"After the pear, wine or priest"* [Depois de comer uma pera, peça vinho ou chame o padre], em 1584. E: *"After cheese comes nothing"* [Depois do queijo, não coma mais nada], em 1623.[28]

Durante esse tempo, as condições de produção agrícola se modificam em praticamente toda a Europa; a transformação dos métodos de produção, a supressão do pousio, as culturas periódicas da alfafa e das plantas forrageiras aumentam a produtividade agrícola.

Na Inglaterra, os grandes proprietários rurais juntam seus lotes de terra, apropriam-se daqueles que pertencem à comunidade, cercam os melhores pastos para criar seus rebanhos e produzir plantas para a indústria têxtil, mais lucrativo do que a alimentar. A aristocracia inglesa confia a administração de suas terras a camponeses assalariados. Os outros, expulsos pelos grandes proprietários, se espalham pelas cidades. Ocorrem então diversas revoltas. Em 1549, em Norfolk, um agitador, Robert Kett, reúne 16 mil pessoas e toma Norwich, segunda cidade da Inglaterra. Ele elabora 29 reivindicações, entre as quais o fim das cercas, a diminuição das rendas e a possibilidade

76 | HISTÓRIAS DA ALIMENTAÇÃO

para todos desfrutarem dos bens comuns. A repressão deixa 3.500 mortos, e Robert Kett é enforcado.

A Grã-Bretanha vai agora importar o essencial de seus alimentos, como vários outros países europeus, que decidem cada vez mais utilizar suas terras agrícolas para produções não alimentares. Exceto a França.

A exceção francesa

A França segue sendo, mais do que nunca, uma nação rural e agrícola. A prioridade de sua agricultura é produzir alimentos. A mesa francesa, que se inspira nas ideias do racionalismo e do humanismo trazidos pelo Renascimento, então se distingue simultaneamente das tradições católicas e das de seus vizinhos protestantes: na França, a mesa espanhola é considerada demasiadamente religiosa, especialmente durante o reinado de Carlos V, e a mesa inglesa é, ao mesmo tempo, rejeitada por conta da política anticlerical da monarquia inglesa e devido às suas estranhas associações de sabores.

A refeição real francesa é um exemplo extremo disso, um modelo tanto para os ricos quanto para os pobres do reino. Na centralidade francesa é onde tudo tem início. No começo do século VI, Luís XII inicia suas refeições com frutas cozidas, depois massas, sopas, peixes, carnes assadas (seis diferentes), frutas cristalizadas. Seu sucessor, Francisco I, alimenta-se de todos os legumes e de todos os animais que se erguem na direção do céu, como pavões e caças pequenas, Também come alcachofras, peras, peixes de água doce, carnes assadas. Como sobremesa (chamada então de "saída da mesa"), frutas cristalizadas, bolos de medula de boi e doces com amêndoas e mel. Há também morangos parecidos com os que conhecemos hoje em dia (e bem maiores que os morangos silvestres consumidos desde a pré-história); a partir do século XIV, 12 mil morangueiros são plantados no jardim do palácio do Louvre, onde residem os reis.

As refeições ainda são uma ocasião para realizar importantes negociações. Assim, durante a conferência do Campo do Pano de

Ouro (Camp du Drap d'Or) entre Francisco I e Henrique VIII, respectivamente reis da França e da Inglaterra, de 7 a 24 de junho de 1520, assiste-se a um encadeamento de banquetes. Ao longo das primeiras 48 horas, são servidos 248 pratos. 2 mil carneiros, 700 enguias do mar, 50 garças, vinhos Clairet, de Bordeaux, da Malvasia e de Borgonha são consumidos durante o encontro.[278]

O açúcar ainda é um sinal de luxo. Nostradamus o apresenta, em seu *Traité des confitures*, como um remédio. Os nobres bebem *hypocras*, uma bebida constituída de cravo, flor de laranjeira, canela e açúcar. Bebe-se vinho misturado à água.

Sob o reinado de Henrique II, depois de Henrique III, o uso do garfo se torna comum, pois já não se suporta mais servir-se da comida em que os outros põem as mãos.

Um pouco mais tarde, em 17 de dezembro de 1600, a refeição que acompanha o casamento de Maria de Médici na catedral Saint-Jean, em Lyon, apresenta quatro serviços intermináveis: as entradas (patês, tortas, massas salgadas); as sopas e as carnes cozidas; as carnes assadas (capões, frangos, caças miúdas e patês); as sobremesas (geleias, cremes, massas de frutas...).[279]

À época, o jejum é considerado uma prática exagerada; inventa-se então o "jejum glutão" (dar ao corpo aquilo que ele precisa para funcionar).

Alimentar o povo continua sendo essencial, como no tempo dos faraós. E segundo a máxima atribuída a Henrique IV: "Se Deus ainda me der vida, farei com que não haja trabalhador algum em meu reino que seja incapaz de pôr um frango em sua panela".

A faca de mesa torna-se comum. O cardeal Richelieu, que detestava ver os convivas limparem os dentes com suas facas, baniu as pontiagudas, e o garfo se torna então ainda mais necessário.

No século XVII, a França fica por cima

Em 1650, os cozinheiros italianos são dispensados da corte do rei da França. No ano seguinte, Pierre de La Varenne, cozinheiro do marquês de Uxelles, em seu *Le cuisinier français*, manual contendo setecentas receitas, opõe-se à cozinha medieval, demasiadamente pesada, pomposa e insuficientemente autêntica, assim como a cozinha italiana e suas influências árabes, considerada pesada demais. Em particular, inventa o *roux*, uma mistura de farinha e gordura que servirá de base para incontáveis molhos e massas.

Um de seus discípulos, Nicolas de Bonnefons, escreve: "É preciso que uma sopa de repolho tenha inteiramente o aroma do repolho; se for de alho-poró, o aroma do alho-poró; as de nabo, o aroma do nabo, e assim por diante, deixando as composições para as cabras, as sopas de pão e outras fantasias que devemos provar, e não nos empanturrar".

Em 1662, também na França, é publicado o primeiro manual do mordomo (*Le nouveau et parfait maître d'hôtel royal*), escrito pelo cozinheiro do duque de Rohan, Pierre de Lune, que se considera capaz de dar "alma à mesa". Em 1668, ele publica *Le nouveau et parfait cuisinier*, que registra a organização extremamente hierarquizada e codificada das artes da mesa na França da época. Na mesma data, aparece o primeiro manual do *sommelier, L'escole parfaite des officiers de bouche.*[28]

Em 1686, é inaugurado em Paris o Café Procope por um siciliano chamado Francesco Procope dei Coltelli (naturalizado francês, dois anos antes, com o nome de Procope Couteau).[107]

Em 1709, um médico jansenista, Philippe Hecquet, escreve em seu *Traité des dispenses du Carême* a primeira advertência conhecida contra o açúcar: "Sua doçura traz perigo porque corrige quase todos os incômodos de qualquer alimento que seja; mas a armadilha é ainda mais terrível por ser agradável, e ocultar muita malignidade por ser doce e aprazível; depois, todo arsênico se torna bem insípido, e os mais mortais venenos não são mais desagradáveis ao paladar. Assim, deve-se temer bastante o açúcar; se ele causa boa impressão, é para melhor surpreender".[511]

Na Dinamarca, Suécia e Inglaterra, surgem inúmeras adaptações de livros de culinária francesa, por vezes escritas por cozinheiros de origem francesa que se instalaram nesses países.

A revolução vinda da América: batata, milho, chocolate

A descoberta e a colonização da América trazem às mesas europeias novos elementos que se tornarão progressivamente essenciais à sua alimentação.

Lá, os conquistadores descobrem de início alimentos totalmente desconhecidos para eles: no Peru, os incas comem uma espécie de batata, o *ullucus*; a carne, em particular a do porquinho-da-índia, é ressecada e depois salgada. Eles armazenam grandes quantidades de alimento a fim de se prepararem para possíveis catástrofes climáticas ou ataques de outros povos.

Assim que chegam, os conquistadores põem fim ao canibalismo: Bartolomeu de Las Casas estima que esses sacrifícios não superam cinquenta pessoas por ano. O pastor Jean de Léry, que viveu vários anos com os tupinambás, explica que a antropofagia tinha por objetivo aterrorizar os inimigos.

Em seguida, eles trazem para a Europa diversos vegetais que acabam de descobrir, e que logo se tornarão essenciais à cozinha europeia.

O milho, que Cristóvão Colombo descobre em Cuba em 1492, difunde-se na Europa a partir do começo do século XVI, de início em regiões quentes (Portugal, Espanha, sul da França), depois, progressivamente, em todo o continente. Ele é moído para fazer mingaus e pão.[91, 217]

A batata, proveniente do Peru, chega à Europa por volta de 1570; na Inglaterra, primeiramente, impõe-se na alimentação de animais, chegando depois à França sob o nome de "*cartoufle*".[214]

O feijão (*ayacolt*), que Cristóvão Colombo descobre em Cuba, aos poucos ganha lugar na gastronomia europeia. Em 1553, o cardeal Giulio de Medici, futuro Papa Clemente VII, faz com que o produto chegue a Catarina de Médici. A propagação então é ligeira, impulsionada por suas qualidades nutritivas (rico em proteína) e sua facilidade de cultivo (cresce rapidamente e não sofre ataques de um inseto chamado gorgulho).[215, 216]

O tomate, descoberto também por Cristóvão Colombo e trazido pelos conquistadores, seduz os italianos (que criam com ele uma nova espécie de pizza, a *rossa*). Na França, ele é inicialmente considerado tóxico e utilizado como ornamento de mesa.[329]

O abacaxi, descoberto por Cristóvão Colombo em Guadalupe, em 1493, é cultivado em estufas na Europa, especialmente nos Países Baixos e na Inglaterra, onde sua aparência próxima à da pinha deu-lhe o nome de *pineapple*.[352]

A quinoa, por sua vez, que serve de base à alimentação das civilizações pré-colombianas há mais de 5 mil anos, e que os incas celebram como "a mãe de todos os grãos", não é trazida à Europa pelos conquistadores espanhóis, pois a casca que envolve o grão é azeda e sua farinha não é "panificável" devido à ausência de glúten. Os espanhóis chegam a proibir aos nativos seu consumo e sua produção, a fim de substituí-la pela cultura do trigo.

O peru, ou "galinha-da-índia", descoberto no México por Hernán Cortés em 1520 (único animal comestível importado da América), é rapidamente adotado pelos aristocratas europeus (que já consomem pavões, cisnes e grous). Em 1549, durante um banquete oferecido em homenagem à rainha Catarina de Médici na diocese de Paris, são servidos 70 "galinhas-da-índia" e 7 "galos-da-índia".

A pimenta-vermelha, que Cristóvão Colombo traz à corte portuguesa ao retornar de sua primeira viagem, é logo considerada uma especiaria dos pobres.[28]

A cana-de-açúcar, que Colombo importa de São Domingos, aumenta sensivelmente a produção de açúcar, chegando até a Ásia. A baunilha é uma flor rapidamente importada do México e da Guatemala.[28]

O chocolate, descoberto no México em 1527 por Cortés, é, à época, consumido pelos maias e astecas como uma bebida misturada à pimenta-vermelha;[220] em 1585, o primeiro carregamento dessas favas chega à Espanha;[28] seu consumo se propaga na Península Ibérica durante todo o final do século XVI. Na virada desse mesmo século, torna-se uma bebida amplamente consumida na Espanha, misturada ao mel ou ao açúcar. Ana da Áustria, esposa de Luís XIII, e Maria Teresa da Áustria, esposa de Luís XIV, ambas vindas da Espanha, importam-na para a corte do rei da França.[28] No início, ela é proibida em período de Quaresma e em dias de abstinência. Em seguida, é acusada de se tratar de uma bebida afrodisíaca pela Igreja, que proíbe seu consumo. Em vão; em 1662, Nicolas de Blégny, médico do rei, escreve um livro sobre "o bom uso do chá, do café e do chocolate para a preservação física e para a cura de doenças".

Duas outras bebidas, que também se tornarão essenciais, chegam ao mesmo momento, vindas de longe: o café e o chá.

O café vem da Etiópia e do Iêmen.[28] A palavra "café" viria do termo árabe *qahwah* (que designa igualmente o vinho) ou da palavra *kaffa* (nome da província etíope de onde a planta é originária). A partir do século XII, ele é enviado do porto iemenita de Moca para as cortes do Cairo e de Bagdá. Suas virtudes estimulantes são logo reconhecidas. No século XVI, Constantinopla se enche de *kahwa-kanés*, os "cafés", que se tornam um local de reunião entre os homens letrados.

O café chega a Viena em 1570. Em Marselha, é introduzido em 1644 e, em seguida, encontrado em Paris, à mesa da alta sociedade, onde é misturado ao leite. Os holandeses e ingleses começam a importá-lo a partir de 1650.[28] Em 1686, é aberto o primeiro "café" de Paris pelo napolitano Francesco Capelli, na rua de Tournon. São consumidos café, chocolate, bolos e sorvetes. Ali, conversa-se sobre política e filosofia.[107] Mais do que nunca, o local ilustra a ligação entre a alimentação e a conversa.

O chá vem da China. É introduzido na Europa no século XVI, a partir da feitoria de Macau, pelos negociantes portugueses. Depois, a Companhia Holandesa das Índias Orientais retoma o comércio e o encaminha à Europa. Seu consumo é atestado a partir de 1637 na Holanda e, depois, na França.[28] Ele chega à Inglaterra por volta de 1730, tomando o lugar do café. No século XVIII, os ingleses se tornam os principais importadores e abrem várias feitorias na China, especialmente em Cantão. Entre 1760 e 1797, o chá representa

80% do valor dos carregamentos da Companhia Britânica das Índias Orientais.[28] A Índia só se torna um país produtor de chá a partir de sua colonização pelos ingleses,[37, 66] que pretendem assim garantir seu abastecimento.

Todas essas novidades exercem uma influência importante sobre a ideologia do momento: elas ajudam a valorizar o que vem do estrangeiro, o novo, a descoberta. As consequências disso serão vistas no século seguinte.

CAPÍTULO 4

A refeição francesa, glória e fome

Da metade do século XVII ao século XVIII

A partir da metade do século XVII, quando a população mundial atinge 550 milhões de pessoas, é a vez de a França estabelecer, para toda a Europa, as regras gastronômicas. Ela o faz, primeiramente, protegendo tanto quanto possível seu modelo agrícola, seus produtos e seus hábitos alimentares nos campos e nas cidades, nas fazendas e nos castelos. Em seguida, teoriza os princípios à imagem de sua identidade: a medida, o equilíbrio, a variedade e a qualidade.

E, como sempre ocorre na França, cabe inicialmente ao monarca fixar as regras.

A mesa do Rei Sol, o arquétipo da especificidade francesa

Poucos monarcas ritualizaram tanto sua relação com o alimento quanto o Rei Sol a partir de sua ascensão ao trono em 1643 e, principalmente, a partir de 1660. Ele considera que sua autoridade está fundamentada na ordem, na clareza, na simetria e na transparência, em todos os domínios. Consequentemente, quer que sua mesa seja um dos locais de expressão de seus valores e de manifestação de sua glória. Dessa forma, ele desenvolve, com o castelo de Versalhes, onde vai aos poucos se instalando, um fausto e uma excelência culinária bem distantes dos imperativos religiosos e dos costumes dos reis precedentes. Alça ao paroxismo a identidade francesa, que pretende levar ao conhecimento de seus súditos e do mundo.

Diferentemente de todos os outros monarcas, em todas as outras civilizações, na França e em toda parte, Luís XIV não faz de suas refeições uma ocasião de conversa com seus súditos, mas um local de espetáculo de sua submissão.[4]

Em Versalhes, ele faz de sua mesa um espaço sagrado, onde apodera-se do lugar de Cristo, opondo-se tanto ao protestantismo quanto ao jansenismo, à Igreja e aos grandes senhores.

A primeira refeição de Luís XIV, que acontece às 9 horas, é bem leve: infusão ou caldo de legumes. Às 13 horas, é o momento do *"Petit Couvert"* (pequena refeição), que o rei consome sozinho ou com um pequeno grupo (frequentemente com seu irmão Felipe). Por volta das 16 horas, um lanche e, enfim, às 22 horas, o *"Grand Couvert"* (farta refeição). Em período de Quaresma, somente uma refeição é servida, após a missa da noite.

Antes de começar o *Grand Couvert*, os cortesãos devem saudar uma peça de ourivesaria em forma de navio, contendo os guardanapos utilizados pelo rei. Até mesmo os móveis do rei se tornam objetos de culto: quando ele não está presente, os homens devem remover seus chapéus, e as mulheres, fazer reverência ao passar diante de sua mesa.

A refeição é realizada em sua residência ou na da rainha. Só comem nessa mesa os filhos e filhas da França, os netos e as netas da França. Os delfins têm cadeiras; os netos têm "direito aos bancos" (apenas para os duques). O rei come com as mãos, apesar da presença de um garfo à esquerda de seu prato. Os duques e os príncipes são seu porta-guardanapo e seu porta-faca.

Estão presentes cerca de trezentas pessoas, que assistem a tudo em silêncio. Em pé. Os nobres ali se sentem como em um purgatório, expiando seus erros através da humilhação. O *Grand Couvert* começa com sorvetes de frutas, geleias, licores, tudo açucarado (o que, sabe-se agora, têm a vantagem de cortar o apetite). Em seguida, são servidas frutas fora da estação. Depois a carne, que não é mais cozida no molho, agora acrescentado no último momento. Tampouco são assadas; o cozimento a deixa crocante. O molho holandês, inventado durante a guerra da Holanda, agora acompanha os peixes. Grande novidade: a maior parte das especiarias é suprimida, pois a consideram então uma "mentira culinária".

Jean-Baptiste de La Quintinie, agrônomo e fundador da horta real, atribui aos legumes um novo papel: até então utilizados sobretudo pelo povo em guisados ou sopas, a couve-flor, as ervilhas e os aspargos são agora introduzidos à mesa real inteiramente cozidos. Quintinie desenvolve o cultivo de morangos em março e de figos em junho; também aclimata os melões e as figueiras e cria novas estufas para as laranjas. Os *chefs* reais criam novas receitas de legumes salteados, fritos ou em bolinhos.

Todas as noites, enquanto encanta seus convivas e humilha os cortesãos, Luís XIV proíbe que os membros da nobreza de Versalhes comam juntos para romper suas solidariedades familiares naturais e suas eventuais alianças de conspiração.

O mundo inteiro, que só conhece dele aquilo que falam os que estão presentes, o critica. O Vaticano se choca com todo o desrespeito permanente às regras da Quaresma. Os protestantes e os anglicanos o caricaturam como um rei guloso, cercado de mulheres de virtude duvidosa, devorador de seu povo. Os burgueses reclamam diante dos desperdícios. O povo passa fome.

Alguns nobres, contudo, tentam rivalizar com o rei e apresentam-lhe o espetáculo. Erro imperdoável.

Em 17 de agosto de 1661, alguns meses após a morte de Mazarin, e enquanto está no ápice de seu poder, Fouquet, o superintendente das Finanças, faz com que sirvam ao jovem rei (ele tem 23 anos), em seu castelo de Vaux-le-Vicomte, uma suntuosa refeição de quatro serviços, preparada pelo seu intendente François Vatel. O primeiro serviço é constituído de cerca de quarenta entradas que vão de patês quentes e chouriços frios a tortas de carne e de peixe; o segundo inclui carne bovina, aves e caças miúdas assadas; o terceiro serviço é composto de legumes (aspargos, ervilhas, cogumelos e trufas); e o quarto, de sobremesas. Ainda maior do que a quantidade de alimentos é o fausto dos jardins e a representação de *Os importunos* de Molière, em conjunto com Lully,* que deixam o rei furioso. Um mês depois, Luís XIV manda prender Fouquet. A investigação, realizada por Colbert, revela a dimensão dos poderes que Fouquet estava acumulando. Fouquet é destituído e passará o resto de sua vida na cadeia, até morrer vinte anos mais tarde.

Dez anos depois, em 24 de abril de 1671, uma sexta-feira, uma recepção de três dias introduzida com um grande banquete é organizada para a inauguração, pelo príncipe de Condé, do seu castelo de Chantilly. Toda a corte é convidada, assim como o rei, com quem o príncipe de Condé, proprietário do castelo, pretende se reconciliar após ter participado da Fronda.** Ele não parece temer o mesmo destino de Fouquet: o rei é todo-poderoso e não teme nem um pouco os nobres. François Vatel, grande intendente e chefe das cozinhas do príncipe de Condé, após ter servido a Fouquet, prepara um banquete. Na primeira noite, acaba faltando assados para duas mesas (entre vinte e cinco), pois alguns convivas apareceram sem ser convidados. Ferido em sua honra e perfeccionismo, exaurido de cansaço (Marquesa de Sévigné conta que Vatel não teria dormido durante as doze noites que precederam o banquete), Vatel se desespera; o príncipe de Condé vai vê-lo na cozinha para tranquilizá-lo. No meio da noite, às 4 horas, Vatel se levanta para receber os víveres para a ceia do dia seguinte. A essa hora, haviam chegado somente duas cargas de peixe. Às 8 da manhã, vendo que o restante não chegaria, Vatel anuncia a seu "braço direito", Gourville, que sua honra está definitivamente destruída e que não conseguirá se recuperar. Gourville zomba dele, mas Vatel sobe para o quarto, bloqueia a porta com uma espada e, com três empalações, suicida-se. Enquanto isso, os peixes chegam

---

* Giovanni-Battista Lully, importante compositor e instrumentista durante o reinado de Luís XIV. [N.T.]

** Série de guerras civis ocorridas na França entre 1648 e 1653. [N.T.]

uns após os outros... Vatel é enterrado discretamente, sem que o submetam ao tratamento infame que a Igreja reserva aos suicidas.[150, 469]

A partir de 1690, por conta das dificuldades militares e dos invernos mais rigorosos, o clima em Versalhes se torna mais sombrio, mais pesado, mais devoto. As refeições do rei são menos disputadas. Os cortesãos deixam o castelo e vão se divertir em Paris, em Saint-Germain-en-Laye, nos hotéis do bairro de Marais.

Em 1710, o rei começa a adoecer. Ele emagrece. Torna-se difícil para os críticos retratá-lo como um obeso. As caricaturas se transformam: "O rei paga por sua gulodice".

A "cozinha burguesa" anuncia a Revolução

Durante a Regência, depois sob o reinado de Luís XV, Versalhes retoma suas pompas. Mas agora o rei não janta mais sozinho. Em 9 de fevereiro de 1747, a refeição de recepção, na corte da França, da nova delfina Maria Josefa da Saxônia, filha do rei da Polônia, Augusto III, é mais um exemplo disso: esse casamento permite à França formar uma aliança capaz de enfrentar a influência dos Habsburgo. São servidos quase 200 pratos: 10 entradas grandes, 12 terrinas, 48 entradas, 24 sobremesas médias, 24 pratos assados (cordeiro, perdiz, ganso, carneiro, boi, faisão, lebracho, bezerro), 24 saladas, 48 sobremesas pequenas.[470]

Em Paris, a nobreza ainda critica o novo rei, mas agora o imita sem temer represálias: as residências aristocráticas são dotadas de uma sala para refeições; os mais ricos têm um mordomo e um *chef* de cozinha, que tenta inovar e aperfeiçoar as receitas de Versalhes. O serviço à francesa assume uma forma estável: sopas e entradas no primeiro serviço; assado acompanhado de saladas e, às vezes, quitutes no segundo; e sobremesa ao final da refeição. Os convidados se servem livremente num prato comum.

Nas casas dos nobres, assim como em Versalhes, não se obedece mais as prescrições dos médicos da Idade Média: uma refeição não tem mais por objetivo satisfazer uma necessidade, mas a gulodice.

O doce e o salgado tornam-se princípios de classificação no lugar do ácido e do condimentado. As carnes de açougue, até então amplamente abandonadas em prol das aves e das caças miúdas, voltam à moda. Os legumes e as frutas experimentam um sucesso crescente. As azeitonas, as trufas e as alcachofras, consideradas até esse momento como frutas e consumidas ao final das refeições, tornam-se legumes; como em Versalhes, pomares se desenvolvem em volta das casas de campo dos burgueses e dos nobres. Peras amadurecem ao longo de todo o ano. Surge uma paixão pelas trufas e pelos cogumelos, antes sujeitos à desconfiança.

Por outro lado, anunciando uma nova classe social, oposta a essa grande gastronomia e suas extravagâncias, aparece em 1746 o conceito de "cozinha burguesa", com o livro *La Cuisinière bourgeoise*, de Menon, grande cozinheiro parisiense do momento, conhecido sobretudo por seus livros. *La Cuisinière bourgeoise* defende a simplicidade a partir de um trabalho concentrado nos sabores e nos produtos mais baratos. O sucesso é imenso: mais de sessenta reedições entre 1746 e o final do século XVIII. A burguesia potencializa sua cozinha, seu paladar, seus valores, o que come, o que lê e seus assuntos de conversa.[28]

Para o povo, isso é bem mais sumário: o pão permanece a base da alimentação; ele é feito com centeio, aveia, *méteil* (uma mistura de trigo e centeio), trigo sarraceno e pouquíssimo fermento. O centeio ainda representa 40% dos cereais consumidos na Europa no século XVIII. A chegada da batata ainda não revoluciona a subsistência popular. O povo toma também sopas de legumes, mingaus de cereais e, muito raramente, carne bovina salgada, em pequena quantidade.

Os horários das refeições do povo seguem estáveis, ao passo que os dos mais ricos são cada vez mais tardios. Em Paris, o jantar dos burgueses recua até as 18 horas. Na Inglaterra do século XVII, ocorre por volta das 11 horas; depois, na segunda metade do século XVIII, às 14 horas.

No restante da Europa, no norte e no leste, a refeição dos ricos é, como era o banquete grego, dividido em duas partes (o momento em que se come e aquele em que se bebe). Na Inglaterra, em particular, as mulheres deixam a mesa após o segundo copo ser servido aos homens.

▮ Bebam refrigerante, não álcool

A produção e a comercialização de bebidas não alcoólicas começam a se desenvolver na Europa com as limonadas vindas do mundo árabe.

Em 1676, Luís XIV cria a Companhia da Limonada e lhe confere o monopólio sobre as vendas da bebida. Os comerciantes percorrem as ruas da capital carregando um reservatório de limonada nas costas.[240]

Tem início a produção artesanal de água gaseificada artificialmente, cujas virtudes digestivas são conhecidas desde a Antiguidade. Essa produção está intimamente ligada à descoberta e ao controle do gás carbônico, que permite a gaseificação da água. Esse gás adota sucessivamente, segundo os químicos, o nome de "espírito selvagem" (Van Helmont), "ar elástico" (Venel), ou "ar fixo" (Black) antes de se tornar "gás carbônico" na nomenclatura de Lavoisier, em 1780. A palavra *soda* (refrigerante) designa o sódio, em inglês, e se refere ao carbonato de sódio, que permite obter o gás carbônico.

Em 1768, numa cervejaria em Leeds, um químico inglês, Joseph Priestley, observa que suspender uma tigela de água natural sobre uma cuba de cerveja permite dissolver o gás carbônico que se desprende da fermentação do malte, tornando-a gasosa. Em 1772, ele elabora e apresenta à Royal Society de Londres um método de obtenção do gás carbônico que consiste em verter gotas de "óleo de vitriol" (ácido sulfúrico) sobre pedaços de cal.[241]

Em 1783, a fim de organizar a aplicação industrial do procedimento de Priestley, o ourives alemão Johann Jacob Schweppe, auxiliado pelo farmacêutico genebrês Henri-Albert Gosse e pelo engenheiro suíço Nicolas Paul, funda em Genebra uma empresa chamada Schweppes, que é transferida para Londres em 1792. Ervas, especiarias e aromas são rapidamente incluídos na composição. A água de Schweppe, vendida em farmácias, é prescrita para tratar dos males dos rins e da vesícula, além de indigestões e da gota. O sucesso é imediato.[240, 242, 243] É a primeira soda. O primeiro refrigerante.

Enquanto isso, na Ásia, banquetes e fome

Os médicos chineses continuam criando invenções para utilizar o alimento de forma terapêutica.

Durante a dinastia de Yuan, no século XIV, um dietista do Império Mongol, Hu Zheng Qi Huei, é o primeiro a descrever claramente as doenças associadas às carências do corpo e o tratamento destas através de um regime alimentar. Em 1331, publica o *Compêndio da alimentação*, que recomenda que não se coma em excesso à noite e estabelece restrições alimentares específicas para mulheres grávidas. Um capítulo intitulado "Curar as doenças com os alimentos" apresenta 95 receitas e as doenças que elas são capazes de tratar.[33] Os alimentos são os mesmos: arroz, massas, legumes, peixes, insetos, um pouco de carne. Os casos de subnutrição ainda são frequentes.

Ao final do século XVII, a China ingressa numa era de estabilidade política que se traduz em um aumento da produção agrícola de cereais tradicionais (trigo, cevada, milhete, arroz), assim como na introdução de novas culturas (batata-doce, sorgo, milho), importadas pelos comerciantes europeus. A partir de então, é possível estender as colheitas ao longo de todo o ano e enfrentar o inverno com mais serenidade. As pecuárias porcina e avícola se desenvolvem; a psicultura, inventada na China no século V a.C., se expande pelas zonas irrigadas. Assim, os camponeses comem mais, e melhor.

Sob a dinastia dos Qing (1644-1912), as refeições cotidianas da família imperial são verdadeiros banquetes, com um desfile de mais de meia centena de pratos. Em 1720, um banquete destinado a celebrar a união entre dois povos, os manchu e os han, reúne centenas dos pratos mais raros das gastronomias dessas duas etnias, como lábios de orangotango, nariz de elefante, foca e pavão. Em 1761, à ocasião do quinquagésimo aniversário do imperador Qianlong, é organizado um festim com oitocentas mesas.[262]

Na Índia, a maioria dos camponeses só dispõe de cereais de baixo valor nutritivo (milhete ou "*ragi*") para seu sustento. Quando a monção não traz a quantidade de água esperada para cultivá-los, a fome varre esse frágil equilíbrio: entre 1769 e 1770, quase um terço da população de Bengala, 15 milhões de indivíduos, morrem de fome.[66]

▮ Na América, os colonos se alimentam melhor do que os ingleses

Quando os europeus se instalam no novo continente, os ameríndios de diferentes tribos do hemisfério norte se alimentam com feijões, milhos, abóboras e com os produtos de suas caças (bisão e cervo, defumado ou ressecado).

Nas regiões áridas do sudoeste do subcontinente, as tribos cultivam também a pimenta-vermelha, conhecida como *chili*; esses povos vivem nas proximidades da costa do Pacífico e comem igualmente coelho, salmão, mariscos e carne de baleia cinzenta. As tribos que vivem nas grandes planícies caçam bisões atraindo as manadas à beira de um penhasco. No litoral do Atlântico, pescam-se siris, salmões, ostras e lagostas.

Os primeiros colonos europeus na América do Norte trazem consigo seus hábitos alimentares e seus produtos. Os ingleses trazem legumes (cenoura, ervilha, repolho e cebola). Os suecos importam o nabo-amarelo, que se tornará a rutabaga. Os holandeses trazem o arenque, a enguia e os bolos secos, que se tronarão os *cookies*, e bolos de massa, que se tornarão os *donuts*.

No começo, a adaptação a esse novo ambiente é difícil para esses europeus: eles não sabem caçar, pois trata-se, na Europa, de uma atividade restrita à altíssima sociedade. A partir do final do século XVII, eles integram os produtos ameríndios a seu regime alimentar:

A REFEIÇÃO FRANCESA, GLÓRIA E FOME | 93

os colonos da Nova Inglaterra descobrem assim o robalo, o arenque, o salmão, o hadoque e o bacalhau.

Um século mais tarde, os colonos norte-americanos são muito mais bem-nutridos do que os ingleses e, à ocasião de sua revolta contra o poder britânico, os combatentes norte-americanos se revelam maiores e mais fortes do que seus aliados franceses e seus inimigos britânicos.

O doutor John Bell, da Filadélfia, escreve, em 1793, que os primeiros norte-americanos são "enormes glutões, pois viviam em meio à superabundância": de porcos, bois, legumes e milhos.

Em 1794, um primeiro restaurante é aberto em Boston, retomando os códigos parisienses tanto no serviço quanto nos alimentos servidos.

Em Paris, primeiros restaurantes, locais de conversa e de subversão

Na época em que os albergues europeus serviam um só prato a seus clientes, surge a ideia de servir pratos diferentes, com um cardápio sobre mesas individuais, em locais cada vez mais destinados aos ricos.

Em Londres, que se torna a primeira potência europeia, as tabernas se transformam em estabelecimentos bem-organizados, às vezes luxuosos. Na França, ao contrário, os albergues ainda são frequentados pelos pobres.[28] Isso não vai tardar a mudar: quanto mais livre é uma sociedade, mais as tabernas prosperam; elas são um dos sinais de progresso da democracia. E a França, cuja gastronomia – que ainda não é chamada assim – se torna dominante na Europa, toma emprestada dos ingleses a ideia de abrir albergues para os ricos: os "restaurantes".

O verbo "restaurar" provém do latim *staurare*, que significa "colocar de maneira estável, fortalecer, firmar, cercar", completado com o sufixo *re* ("novamente"). É possível achar sua origem no sânscrito *sthura*: "fixo, firme, forte".[229, 230]

O termo "restaurante" designa em primeiro lugar, no século XVIII, uma sopa espessa, com valor medicinal reconstituinte, servida a partir de 1765 por Boulanger, dono de um café parisiense na rua des Poulies. Em seguida, passa a designar o local onde ela é servida.

Um dos primeiros "restaurantes", Le Procope, torna-se ponto de encontro dos homens do Iluminismo, como Diderot e D'Alembert. Montesquieu o cita em suas cartas e Benjamin Franklin costuma frequentá-lo. Entre os temas das conversas que se ouvem ali, há o "vitalismo", para o qual o ser vivo é uma matéria animada irredutível às simples leis da física e da química porque uma "força vital" se adiciona às leis materiais. Inúmeros fatores, como uma má alimentação, podem prejudicar esse impulso vital.[312] Mais tarde, conforme veremos, o "vitalismo" influenciará consideravelmente a alimentação moderna.

A hotelaria se desenvolve ao mesmo tempo que os restaurantes. A *Encyclopédie* de Diderot e D'Alembert define, na metade do século XVIII, um hotel como "um edifício composto de aposentos, quartos, estábulos, pátio e outros locais necessários para hospedar e alimentar os viajantes, ou pessoas que fazem estadia numa cidade".

Ao final do século XVIII, em Paris, os restaurantes se tornam mais numerosos: os nobres e os burgueses (e não mais apenas os pobres) se dirigem a eles para comer e conversar em plena liberdade. São servidos pratos refinados sobre pequenas mesas cobertas por uma toalha. Esses pratos são descritos em uma folha de papel, que é apresentada aos clientes acompanhada de um "cartão de pagamento". Os cozinheiros mais célebres deixam as residências principescas que os empregam para abrir os próprios restaurantes.

Assim, em 1782, Antoine Beauvilliers, cozinheiro particular do príncipe de Condé, depois do conde de Provença, deixa seu patrão para criar, em Paris, o La Grande Taverne de Londres, onde propõe "uma refeição como se estivesse em Versalhes". Também publica *L'art du cuisinier*, que logo se torna um clássico da literatura culinária francesa. Em 1786, o estabelecimento parisiense mais reputado é o Les Trois Frères, na rua Helvétius (atual rua Sainte-Anne), onde se come bacalhau e *bouillabaisse* (cozido de peixe). Em 1789, existem mais de cem restaurantes em Paris.[28]

É nesse momento, na Inglaterra, que John Montagu, quarto conde de Sandwich, coloca entre duas fatias de pão a carne que os diplomatas e os homens de negócios comem num prato de frios. Um golpe fatal é assim desferido contra a arte da conversação. Só se saberá disso bem mais tarde.

Fomes, revoltas e revolução

A maneira de se alimentar irá, mais uma vez, influenciar a história e a geopolítica. E, mais uma vez também, a insuficiência da alimentação dos pobres e as conversas à mesa dos poderosos vão desencadear uma revolução.

Em 1709, na França, uma fome impiedosa associada a um inverno rigorosíssimo provoca 600 mil mortes, ou seja, 3% de sua população. Ela leva igualmente a multiplicar por dez o preço do pão, e revoltas eclodem em todo o país. Em 1725 (ano particularmente chuvoso, principalmente no norte da França), o povo, em vez de culpar a natureza, ataca os "apropriadores" e os "esfomeadores", que são, para eles, os padeiros, os agentes reais (perceptores) e o próprio rei. Os franceses estão convencidos de que o rei esconde os grãos em Versalhes. Circula na cidade uma caricatura intitulada "O pacto de fome" (em referência ao "Pacto de Família", que une as famílias Bourbon da Espanha e a da França). Em 1745, chega a correr em Paris o rumor de que Luís XV sequestra crianças de menos de 10 anos, as mata nos porões de Versalhes, bebe seu sangue e as come para rejuvenescer ou para tratar seu filho leproso.

Ao final do século XVIII, por conta do clima, das desordens e da apropriação das riquezas, a alimentação das classes populares da Europa se torna cada vez pior. Quase não consomem carne. Os abates de gado diminuem: em Nápoles, em 1770, são abatidos 21.800 bois para 400.000 habitantes, contra os 30.000 bois para 200.000 habitantes no século anterior.

Além disso, o isolamento dos mercados em função das barreiras alfandegárias provoca, devido ao fraco desenvolvimento dos meios de transportes, variações nos preços dos cereais, suscitando uma crise de escassez.

Por volta de 1770, Antoine Parmentier, farmacêutico e agrônomo convencido das propriedades nutritivas da batata, então ainda pouco utilizada, aconselha Luís XVI a plantar esse tubérculo ao redor de Paris e só vigiar a plantação durante o dia, a fim de que os habitantes se sintam tentados a roubá-las à noite. A batata entra então na alimentação dos trabalhadores e dos camponeses. Isso, contudo, não basta para reduzir a fome.[214]

Em 1774, Turgot, nomeado superintendente das Finanças, modifica a política: ele libera o preço dos grãos para tentar aumentar a quantidade produzida. Mas o inverno que se segue é o pior da segunda metade do século XVIII, e as safras são péssimas. O preço dos grãos explode. Novas rebeliões.

O ano de 1787 também é marcado por chuvas e inundações; no ano seguinte, o granizo sucede um grave período de seca, destruindo grande parte das colheitas. Isso provoca um novo aumento do preço do pão (mais 75% entre 1787 e 1789), como há dez anos. Tal aumento desencadeia novas revoltas nos campos da França.

No mês de junho de 1789, os preços do trigo estão em seu mais elevado patamar do século, o que catalisa novamente a cólera dos camponeses, que representam ainda três quartos da população francesa. Eles se aliam aos burgueses contra os dignitários do regime. Tem início a Revolução.

A fome não acaba com a tomada da Bastilha. Durante os anos da Revolução, as penúrias ainda transtornam a alimentação dos franceses. Come-se basicamente repolho, nabos, favas, cascas de toucinho e tripas de carneiro e de boi. Marat tenta enfim impor a batata fazendo com que seja plantada nos espaços verdes parisienses, inclusive no Jardim de Tuileries. Robespierre é contra, alegando uma pretensa nocividade, e faz com que as plantas sejam arrancadas.[273]

Em 1792, na Ilha de São Domingos (que, sozinha, produz mais da metade do açúcar mundial), a revolta dos escravos desencadeia uma interrupção no aprovisionamento de toda a Europa. Em Paris, o preço do quilo do açúcar aumenta 50% em um mês. Os negociantes de açúcar são acusados de organizar conscientemente essa penúria, assim como a do trigo. Em 23 de janeiro, a seção de Gobelins denuncia à Assembleia Nacional "a agiotagem insaciável que abriga o Tesouro da abundância para mostrar apenas o esqueleto medonho da escassez". A população parisiense se revolta contra os "apropriadores" e saqueiam as mercearias.[42, 71, 249, 250]

Revoluções e banquetes burgueses

As refeições continuam sendo os símbolos de um poder. De um novo poder.

Entre 1780 e 1790, quando a população global atinge 700 milhões de indivíduos, os holandeses dão o exemplo: sua revolta contra a família de Orange cria a oportunidade de organizar grandes banquetes, nos quais a elite burguesa manifesta sua oposição ao governador e seu apoio à República. Comer uma laranja se torna um gesto de revolta contra a família homônima.[115]

Esses banquetes revolucionários holandeses logo inspirarão os banquetes revolucionários franceses, explicitamente "burgueses": em 18 de julho de 1789, o marquês de Villette escreve em *La Chronique de Paris*: "Eu gostaria que todos os burgueses de Paris pusessem suas mesas em público e fizessem suas refeições diante de suas casas. O rico e o pobre se uniriam, e todas as classes seriam misturadas. [...] A nação seria bem servida".[99] Em 26 de julho de 1789, um banquete popular é realizado sobre as ruínas da Bastilha. No primeiro aniversário da tomada dessa prisão, o Parque de La Muette acolhe, à margem das festividades do Champs-de-Mars, um banquete para milhares de pessoas.[251]

Entretanto, esses banquetes se tornam rapidamente focos de revoltas que o poder, ainda instável, não consegue controlar. O escritor Louis-Sébastien Mercier vê nessas "ceias populares" uma tentativa canhestra e forçada de dissimular as desigualdades sociais: "Cada um, arriscando-se a se tornar suspeito, a se declarar inimigo da igualdade, vinha comer em família ao lado do homem que detestava ou desprezava. O rico empobrece o luxo de sua mesa tanto quanto pode; o pobre se arruína para esconder sua miséria. A inveja de um lado, as orgias do outro, transformaram em bacanais essas ceias pretensamente fraternais; o descontentamento era geral".[4] Em janeiro de 1794, Robespierre se inquieta, suspeita de uma rebelião contra ele e os proíbe pouco antes de cair.[251]

O final do Terror se traduz pela reabertura dos restaurantes para os ricos de Paris. O *savoir-faire* da cozinha aristocrática se encontra agora nos restaurantes de luxo, tais como o Café Riche ou o Café Anglais. O número de restaurantes em Paris passa de cem, em 1789, a seiscentos em 1800. Eles podem ser encontrados também na Praça Bellecour, em Lyon, e nas passagens de Tourny, em Bordeaux.[28]

■ Diplomacia gastronômica

A palavra "gastronomia" teria sido inventada por um certo Joseph Berchoux, em 1801, em sua obra *La gastronomie, ou L'homme des champs à table*.

Napoleão desteta perder tempo à mesa: permanece nela por apenas 15 minutos. Para ele, o tempo dado à alimentação é uma forma de "corrupção do poder". Aprecia somente pratos simples: sopas, frango em diferentes formas, batatas, lentilhas e massas com queijo. Ele bebe quase exclusivamente vinho Chambertin misturado com água.

O imperador confia a Talleyrand (e a seu cozinheiro Carême) o dever de cuidar de suas refeições diplomáticas. Carême desenvolve uma cozinha refinada, com molhos leves e menos condimentados do que no restante da Europa; é ele também que inventa a touca do *chef*. E quando Cambacérès, o segundo cônsul, faz com que lhe sejam entregues pratos bem sofisticados sob o pretexto de oferecê-los aos diplomatas e dirigentes estrangeiros, Napoleão lhe encoraja: "Sobretudo, receba-os bem; é em nome da França".[524]

Ironia absoluta: essa instrução napoleônica será ainda aplicada após Waterloo, em 1815, por Luís XVIII no Congresso de Viena, que selará a derrota da França. Talleyrand, ainda, enviado por Luís XVIII para negociar em seu nome junto aos vencedores, lhe diz: "Alteza, eu preciso mais de panelas do que de instruções".[282] Ao longo de todo o Congresso, enquanto os ingleses triunfam, seu *chef* apresenta orgulhosamente o conjunto da cozinha francesa: mais de cem entradas frias e quentes diferentes, sopas, frutos do mar (ostras e lagostas), carnes de todos os tipos, pudins, confeitarias (especialmente *pièces montées*, bolos recheados disposto em vários níveis na forma de um palácio), queijos. Talleyrand chega a organizar um concurso de melhor queijo da Europa, no qual o *brie* é coroado. Se a gastronomia é francesa, o serviço é à maneira russa: os pratos não são mais levados à mesa ao mesmo tempo, conforme ainda exigia o serviço à francesa, mas apresentados sucessivamente.[282]

É o apogeu da gastronomia europeia. E mesmo que a Grã-Bretanha ocupe uma posição dominante durante o século XIX, sua cozinha não deixará praticamente nenhum vestígio no mundo, exceto alguns poucos em suas colônias.

CAPÍTULO 5

Gastronomia palaciana e alimentação industrial

Século XIX

As primeiras ferramentas e as primeiras armas surgem, como vimos, para satisfazer as necessidades alimentares dos nômades. As refeições traduziam o poder e a miséria, a potência e a cólera. Ao menos desde a época em que o homem conseguiu dominar o fogo, a refeição é a ocasião essencial da conversa e da gestão das organizações sociais. De início, cumprindo as regras que as religiões fixam, depois outras, impostas pelos príncipes. E quando o homem se torna sedentário, ele o faz para melhorar as condições de produção de alimentos, desenvolvendo, para isso, o essencial das inovações: a lâmina, o arado, o moinho de vento, o leme de popa e tantas outras. Ele come em horas cada vez mais fixas, em função do movimento do sol e das estrelas.

Ao final do século XVIII, em toda parte da Europa, a burguesia passa a ter acesso a simulacros de refeição dos nobres mais ricos: os restaurantes são então substitutos das mesas dos príncipes. Pode-se falar com mais liberdade. Muitas ideias surgem daí.

Entre o povo, quando os homens começam a partir para trabalhar nas fábricas, o desenraizamento engendra um início de nomadismo alimentar e uma ruptura das solidariedades; as refeições irão progressivamente deixar de ser ocasiões de conversa.

Passa-se a uma produção industrial de bens agrícolas, depois alimentares, para uma massa cada vez maior de consumidores. Os poderes passam das mãos dos proprietários da terra para aquelas dos detentores do capital industrial, ainda que os proprietários rurais preservem um poder imenso.

Até que os norte-americanos, que se tornam gradualmente o coração da economia global, imponham a redução dos custos dos alimentos industrializando-os, a fim de levar as classes populares a reservar o essencial de seus salários para outros bens de consumo além dos alimentos, o que modifica profundamente a natureza da refeição e da conversa que a acompanha. E, consequentemente, a natureza da sociedade que ela estrutura.

A industrialização começa pela alimentação

Como sempre, é quando uma necessidade se torna premente que surgem as tecnologias que permitem uma resposta a ela.

No começo do século XIX, quando a população mundial atinge seu primeiro bilhão, a expansão demográfica da Europa, as movimentações das forças armadas, o desenvolvimento industrial e o aumento da produtividade agrícola levam enormes massas em direção às cidades. Elas precisam se alimentar fora de suas casas. Para isso, é preciso inventar meios de preparar os alimentos antecipadamente e de armazená-los; e essa situação logo será imposta ao mundo inteiro. Ao deixar o campo, os homens se alimentam mais precariamente e poluem mais, para aumentar ainda mais a produção. De certo modo, eles voltam a ser nômades.

Tudo isso começa com algumas invenções teóricas que levarão décadas para serem experimentadas e mais ainda para serem de fato postas em prática: em 1802, um médico russo, Osip Krichevsky, descobre um procedimento de redução através da pulverização sobre uma chapa quente, transformando o leite em pó;[57] no mesmo ano, um químico alemão, Zachäus Winzler, desenvolve o primeiro protótipo de fogão a gás.[69] Três anos mais tarde, na Filadélfia, o filho de um sapateiro e fabricante de carroças norte-americano, Oliver Evans, conceitualiza o primeiro refrigerador por compressão através da emissão de éter gasoso por meio de pistões a vapor d'água.[26] Será preciso ainda quase um século para que essas inovações se tornem realidades práticas e transformem, em todo o mundo, o modo de se alimentar.

Mais rapidamente, as necessidades das forças armadas europeias também vão conduzir a importantes evoluções da alimentação. Não apenas inventando meios de caçar (e os progressos do fuzil de caça ajudam ainda mais a evoluir o fuzil de guerra), mas colaborando para encontrar novos meios para alimentar os soldados em campanha. Com mais agilidade. Com mais eficácia.

Em 1810, o confeiteiro francês Nicolas Appert inventa um procedimento de conservação de alimentos: ele os esquenta dentro de baldes herméticos de vidro, o que elimina o oxigênio e os micro-organismos. Napoleão, que percebe o imenso interesse dessa invenção para alimentar seus exércitos, lhe concede um prêmio e uma recompensa de 12 mil francos.[388, 389] Atendendo a uma solicitação do Estado, ele detalha seu procedimento em *Le livre de tous les ménages, ou L'art de conserver pendant plusieurs années toutes les substances animales et végétales* [O livro de todas as famílias, ou A arte de preservar, por vários anos, todas as substâncias animais e vegetais]. No mesmo ano, um imigrante de origem francesa, o inglês Peter Durand, registra essa patente. Napoleão não utilizará as conservas para alimentar seu exército durante a campanha da Rússia.

No ano seguinte, diante do embargo britânico que isola novamente a França das plantações de cana-de-açúcar das Antilhas, o mesmo Napoleão subvencionará, com o valor de 1 milhão de francos e uma isenção de impostos de quatro anos, àquele que descobrir um meio de produzir, na França, açúcar em grande quantidade.[239] O industrial Benjamin Delessert e o químico Jean-Baptiste Quéruel, tomando por base os trabalhos de outros químicos (os franceses Derosne, Figuier, Barruel, Parsy e os alemães Marggraf e Achard), de industriais (Crespel e Delisse) e de agrônomos (Parmentier), trabalham na elaboração de um processo lucrativo de produção de açúcar a partir da beterraba, até então usada somente para alimentar os animais. Tudo acontece muito rápido: em 2 de janeiro de 1812, o imperador assiste a uma primeira experiência, concludente. Um decreto de 15 de janeiro de 1812 estabelece a criação de cinco fábricas imperiais de açúcar e a triplicação das terras cultivadas com beterrabas. A desconfiança em relação a essa raiz e os grupos de pressão das Antilhas freiam a produção desse condimento, que é de apenas 4 mil toneladas em 1814. Um pouco mais tarde, uma proposta de lei apresentada à Assembleia Nacional tenta mesmo proibir sua produção. Ela é rejeitada por uma pequena maioria.[97] Trata-se de um dos primeiros exemplos da influência dos *lobbies* da indústria agroalimentar na política. Não será o último.

Em 1817, Nicolas Appert, o mesmo confeiteiro que inventou, sete anos antes, o processo de conservação de alimentos, cria as primeiras latas de conserva em estanho.[388] Dessa vez, ele registra a patente. Em 1826, o inglês James Sharp registra uma patente de fogão a gás (que o alemão Winzler não registrara em 1802), que ele produzirá bem mais tarde em larga escala e que só se tornará um sucesso comercial a partir da Exposição Universal de 1851.[69]

Em seguida, surgem os primeiros alimentos fabricados industrialmente: em 1836, em Noisiel, França, dentro de um moinho convertido em usina, um certo Antoine Menier cria o primeiro tablete de chocolate (seis barras semicilíndricas embaladas em papel amarelo); em 1847, o industrial francês Francis Fry dá a esse tablete a forma que conhecemos hoje em dia.[245] No mesmo ano, Jean-Romain Lefèvre e sua esposa Pauline-Isabelle Utile criam, em Nancy, a empresa LU, e instalam-se em Nantes para fabricar biscoitos.[316] Ainda no mesmo ano, o químico alemão Justus von Liebig desenvolve um extrato de carne a fim de "melhorar o regime alimentar das populações mais pobres". Para produzir em grandes quantidades, ele compra uma fábrica uruguaia.[246]

Em 1848, no estado do Maine, nos Estados Unidos, John Bacon Curtis, um agente florestal, percebe que os ameríndios limpam os dentes com resina de abeto. Daí, ele inventará o chiclete.[471]

Adubo e pasteurização

Na metade do século XIX, no momento em que a população global alcança 1,3 bilhão de indivíduos, essas inovações ainda não foram empregadas. Elas não podem ajudar a alimentar as populações rurais, que chegam às cidades europeias em grupos cada vez maiores, enfrentando a redução da produção agrícola alimentar (que compete com a cultura de plantas mais rentáveis, como a dos colorantes), as dificuldades de transporte de produtos e a alta dos preços.

Para alimentar essas populações operárias e urbanas, a batata se impõe agora como alimento de base. Serve também para produzir álcool, e suas cascas alimentam os porcos. Mas o aparecimento do pulgão da batata, um parasita que a destrói, provoca cerca de 1 milhão de mortes na Irlanda entre 1845 e 1852; milhões de irlandeses emigram então para os Estados Unidos e para a Austrália.[201, 202, 203]

A partir desse momento, o fosfato começa a ser utilizado para alimentar o solo: uma primeira usina de nitrogênio e potássio é inaugurada na Europa, em Valenciennes, em 1853. Graças a esses primeiros fertilizantes, a produção de cereais aumenta na Europa, assim como o consumo: na França, enquanto em 1835 consumia-se cerca de 80 quilos de cereais por pessoa em um ano, em 1905 o consumo é duplicado. Aos poucos, o trigo substitui o centeio, o *méteil* (mistura de trigo com centeio) e o sarraceno, que representavam ainda 40% dos cereais consumidos na Europa em 1830 e que são gradualmente abandonados na virada do século.

Em 1850, um fisiologista alemão, Jacob Moleschott, explica em *Uma doutrina dos alimentos para o povo* que a alimentação condiciona o desenvolvimento físico, a consciência e os pensamentos do homem, pois os alimentos ingeridos são especialmente transformados em substância do pensamento. Em particular, Moleschott culpa a batata de facilitar a subserviência do homem, posto que ela o enfraquece fisicamente, não nutrindo o bastante seus músculos, e também psicologicamente, já que fragilizaria o cérebro e diminuiria a força de vontade.[16]

Ainda em 1850, o filósofo Feuerbach retoma essas teses em *A revolução e as ciências naturais*, explicando que a alimentação modela a relação entre o corpo e a alma, determina a saúde do espírito, seu vigor, e condiciona a educação e, assim, a mentalidade do ser humano. "O alimento do homem é a base de sua cultura e de seu estado de espírito [...]. O homem é o que come." Ele explica, por meio da batata, o fracasso das revoluções de 1848.[29]

Para Moleschott e Feuerbach, o desenvolvimento social, cultural e político da humanidade passa pela melhoria da alimentação.[16, 29]

Karl Marx volta a essa teoria com alguma diferença, fazendo do homem uma máquina termodinâmica da qual o alimento é a energia.

As inovações continuam. Em 1859, o norte-americano George B. Simpson registra uma patente da superfície de aquecimento elétrico alimentada por uma bobina de fio de platina e baterias.[314] Em 1863, Napoleão III encarrega o químico Louis Pasteur de encontrar uma solução para a proliferação da bactéria *Mycoderma aceti* dentro do vinho, que o transforma em vinagre; Pasteur observa que a alteração do vinho diminui quando o líquido é aquecido a 57° C. A reticência dos enólogos conduz ao desenvolvimento não para o vinho, mas para o leite, das técnicas de pasteurização (cozinhar um alimento entre 65° e 100° e, em seguida, esfriá-lo brutalmente).[235]

Nesse momento, diversos entomologistas anglo-saxões tentam, em vão, convencer os europeus dos benefícios do consumo de insetos. Eles sem dúvida ficaram impressionados com o consumo destes verificado nas colônias inglesas na América, na África e na Ásia. O norte-americano Charles Valentine Riley, "primeiro entomólogo do estado do Missouri", aconselha comer grilos a fim de lutar contra a invasão dos mesmos, que dizimam as culturas nas Montanhas Rochosas. Em 1885, o entomólogo britânico Vincent M. Holt publica *Why not eat insects?* [Por que não comer insetos?], argumentando que eles poderiam servir de complementos alimentares para os mais pobres. Ele escreve, fazendo explícita referência às colônias: "Ainda que não civilizada, a maior parte desses povos é mais rigorosa que nós em relação à qualidade de seus alimentos.

Eles parecem muito mais chocados com nosso consumo de um animal sujo como o porco e de ostras cruas do que nós quando os vemos apreciar um prato convenientemente cozinhado com grilos ou larvas de palmeira".[172]

Em 1858, o matemático e estatístico moderno belga Adolphe Quetelet, um dos fundadores da estatística moderna e da psicologia diferencial (que postula que as diferenças de personalidade entre indivíduos devem ser divididas pela função de Gauss), inventa o IMC (índice de massa corporal), que propõe uma medida da "normalidade" do peso.

Para alimentar seus exércitos, os ingleses desenvolvem na Irlanda o *corned beef*, uma preparação de carne bovina tratada com salmoura e acondicionada em latas de conserva. Produzido em grande escala, é possível fornecer provisões imperecíveis para os navios britânicos envolvidos no comércio de escravos, depois aos soldados durante a guerra dos Bôeres e na guerra da Crimeia.[116]

Em 1860, Joseph Malin inaugura em Londres o primeiro restaurante a servir unicamente *fish and chips*,[244] utilizando o peixe empanado, segundo uma receita levada a Londres no século XVI, conforme já vimos, pelos imigrantes judeus vindos da Espanha e de Portugal. Enorme sucesso popular. Os operários compram uma porção que consomem no pátio da fábrica durante a pausa; eles deixam um cesto no estabelecimento, que recuperam cheio ao final do expediente para jantar em casa.[74] Restaurantes idênticos são abertos em todos os cantos do país. Ainda que, segundo um provérbio inglês, "não se deve jamais comer peixe em lugares de onde não se vê o mar[244]" (temendo-se que o tempo de transporte possa alterar a qualidade do produto), o progresso das estradas de ferro e das técnicas de conservação permitem aos britânicos consumir peixe nos quatro cantos do reino.

O advento do navio a vapor reduz expressivamente o custo e as dificuldades de transporte de produtos frescos: peixes, carnes, bananas, laranjas podem agora viajar por vias marítimas.[28] Em 1861, um engenheiro francês, François Nicolle, instala na Áustria uma usina de congelamento de carnes; em 1876, o primeiro navio frigorífico, chamado *Le Frigorifique*, transporta da Argentina ao Havre carnes de boi, carneiro e aves.

A Companhia Inglesa das Índias Orientais, que desfruta até 1834 do monopólio do comércio britânico de chá, implanta fábricas de chá na Índia, roubando as plantas e as receitas chinesas. Enquanto, em 1870, a China ainda representa 50% dos fornecimentos de chá para o Império Britânico, em 1900 a Índia responde por 90% desse comércio.

Óleos, açúcar, manteiga, café, chá e queijo começam então a ser produzidos em escala industrial.

Alimentar as crianças

Em 1860, a invenção da farinha láctea para lutar contra a subnutrição infantil dá partida na corrida pelo mercado – que se tornará importante – de alimentos específicos para bebês.

De início, começam a ser fabricados industrialmente produtos para os recém-nascidos: em 1866, o farmacêutico suíço Henri Nestlé inventa uma farinha láctea destinada aos recém-nascidos (que por ora consomem apenas o leite materno e o das amas-de-leite). Ele cria uma sociedade que leva seu nome e começará a produzir chocolate no ano seguinte.[356]

Na França, a cantina escolar aparece na metade do século XIX, como uma iniciativa de pais e professores, frequentemente financiadas pelas prefeituras, mas ainda sem ajuda do Estado. É em Lannion, graças ao prefeito da cidade, que surge a primeira cantina escolar a fim de ajudar os alunos necessitados: o serviço consiste na distribuição de refeições dentro de uma sala que pertencera à antiga creche. Em 1863, mais de 450 locais semelhantes distribuem refeições aos alunos.

Em 1869, o ministro da Instrução Pública (antigo Ministério da Educação), Victor Duruy, pede aos chefes dos departamentos administrativos franceses que favoreçam ao máximo a distribuição de alimentos nessas cantinas, constatando que "as crianças que têm acesso às cantinas e que, em sua maior parte, pertencem a famílias desfavorecidas, vestem-se mal com frequência e não dispõem de alimentação suficiente".[151]

Pouco mais tarde, em 1879, na Grã-Bretanha, é em Manchester que as primeiras refeições escolares são distribuídas. Rapidamente, o Conselho do Ensino Primário de Londres e organizações filantrópicas lançam-se na distribuição de refeições de baixo custo, e mesmo gratuitas, nas escolas.[354]

Na França, após a instauração da escola gratuita, laica e obrigatória com a lei Jules Ferry (1881-1882), a generalização das escolas torna indispensável a presença de cantinas escolares, pois inúmeros alunos não podem voltar para casa para almoçar.[353, 354]

Desembarques norte-americanos: refrigerantes e máquinas de venda automáticas

Em toda a Europa, o consumo de álcool aumenta. Na França, entre o final do Antigo Regime e o término do Segundo Império, a produção e o consumo de vinho passam de 91 litros para 162 litros por ano e por adulto; e o grau alcoólico dos vinhos também aumenta. Na Inglaterra, o consumo de cerveja passa de 112 litros para 153 litros por adulto em 1876. Na Alemanha, passa de 40 litros por adulto em 1850 para 113 litros em 1900.[28]

Isso provoca, particularmente no mundo anglo-saxão, um movimento antialcoólico que pretende encorajar, no lugar do álcool, o consumo de café e chá, e depois de bebidas industriais como refrigerantes e limonadas, cujas principais receitas (após àquela de Schweppes) continuam sendo inventadas por farmacêuticos.

Assim, tudo começa, mais uma vez, em Paris, antes de atravessar o Atlântico.

Em 1863, um jovem farmacêutico assistente, Angelo François Mariani, desenvolve em Paris, com a colaboração do médico Pierre Fauvel, uma preparação a partir de folhas de coca do Peru infundidas em vinho de Bordeaux. A comunidade médica aprova as virtudes desse elixir, comercializado com o nome de "vinho Mariani", e o prescreve em grandes quantidades para tratar gripe, nervosismo, fraqueza, melancolia e indigestão.[103] Essa bebida pode ser encontrada à mesa da rainha Vitória e dos papas Leão XIII e Pio X. Zola fala desse elixir com muito entusiasmo. Auguste Bartholdi, escultor que acaba de terminar a Estátua da Liberdade, declara: "A coca parece expandir todas as nossas faculdades; é provável que, tivesse eu a conhecido vinte anos atrás, a Estátua da Liberdade teria alcançado uma centena de metros!".[269] Em 1876, a *Revue de Thérapeutique Medico-Chirurgicale* escreve: "Na França, utiliza-se muito o vinho de coca, que tende a substituir o vinho de quinino como tonificante; ele é acolhido por mais tempo no estômago e é mais agradável ao paladar. O senhor Mariani contribuiu bastante para a divulgação da coca através da perfeição de suas preparações".[528]

Nos Estados Unidos, esse vinho é logo usado para tratar uma nova doença, nascida no período de industrialização intensa que vem após a Guerra de Secessão, e que era então chamada de "neurastenia"; ela se caracteriza, dizem, por um extremo cansaço do corpo e do espírito. Para tratá-la, remédios "milagrosos" pseudofarmacêuticos (chamados de *patent medicine* ou *nostrums*) aparecem em todos os lugares, e veem-se surgir os "doutores-milagre" com suas carroças em todo o oeste norte-americano. O álcool, a morfina, o ópio e a cocaína constituem os princípios ativos desses produtos.

Em 1885, quando o álcool é proibido em Atlanta, um farmacêutico da cidade, John Pemberton, veterano da Guerra de Secessão, viciado em morfina, que lhe foi prescrita para reduzir suas dores, inspira-se no vinho Mariani, já popularizado nos Estados Unidos, para criar a "Pemberton's French Wine Cola", sem álcool. É composta não somente de coca, mas também de noz-de-cola (semente da árvore de mesmo nome, cultivada na África Ocidental e Central). Pemberton afirma que sua decocção pode, também, curar todos os tipos de males, incluindo a neurastenia e a acidez estomacal (amplamente difundida numa sociedade norte-americana que come muita carne e feculentos). Um ano maios tarde, em 1886, ele modifica um pouco sua receita e comercializa o produto com o nome de "Coca-Cola", que se impõe rapidamente como uma bebida-fetiche dos círculos brancos abastados.

Em 1904, a cocaína é retirada da lista de ingredientes.[56] Hoje em dia, sua receita ainda é preservada em rigoroso segredo. Nesse mesmo ano, outro farmacêutico, o canadense John McLaughlin, inventa o Canada Dry, bebida gaseificada aromatizada com gengibre (*ginger ale*).

Em 1887, um engenheiro alemão, Max Sielaff, registra em Berlim a patente de um distribuidor automático de alimentos que permite a compra de um prato quente e de uma bebida por um preço irrisório. Associando-se à Gebrüder Stollwerck, uma empresa alemã de guloseimas, Sielaff pode espalhar mais de 10 mil máquinas na Alemanha a partir dos anos 1890.[228] Logo elas poderão ser encontradas na grande maioria das fábricas e dos escritórios, novos locais de alimentação e conversa.

Oito anos mais tarde, ainda em Berlim, o Quisisana se torna o primeiro restaurante sem garçom no mundo: alguns empregados reabastecem as prateleiras por trás dos autômatos. Em 1902, Joseph Horn e Frank Hardart abrem na Filadélfia um restaurante no mesmo modelo chamado Automat. Esses restaurantes não terão sucesso, ainda que anunciem o serviço de alimentação industrial que virá um pouco mais tarde.[68]

Em junho de 1889, segundo a versão mais famosa, o cozinheiro Raffaele Esposito prepara, em homenagem à rainha da Itália, Marguerite de Savoie, uma pizza assada no forno, com tomates, *mozzarella* e folhas de manjericão, o que resulta numa pizza com as cores da bandeira da Itália. Assim teria nascido a pizza marguerita.

Em 1890, a forma atual do café é inventada pelo neozelandês David Strange. Em 1901, o primeiro método para produzir um pó de café solúvel estável é inventado em Chicago por Satori Kato, um químico norte-americano de origem japonesa.[472]

Quando Ritz e Escoffier inventam o *palace*

Os europeus e os norte-americanos ricos estão sempre à procura de novos refinamentos da gastronomia, cujo nome acaba de ser inventado. Buscam novos ambientes de prazer e de conversa privada.

Os burgueses europeus estão agora suficientemente ricos para comer bem, mas não o bastante para dispor de um cozinheiro em domicílio. Começam então a frequentar restaurantes de luxo, que são inaugurados em bairros mais abastados. Eles marcam presença, conversam, organizam seu poder e tecem suas alianças. São os almoços de negócios, jantares com interesses comuns, refeições matrimoniais.

Outra novidade: esses ricos começam a viajar por prazer. Perpetuando uma prática surgida no século XVII, os aristocratas de toda a Europa, em particular os ingleses, empreendem, em meados do século XIX, o que chamam de *grand tour* (de onde vem a palavra "turismo"): eles tiram longas férias na Suíça, ou na Riviera francesa ou italiana. Para se hospedarem, alugam belas residências e contratam os serviços de um *chef*. Ao nomadismo dos pobres passa-se a acrescentar o dos ricos.

Ao final do século XIX, a fim de satisfazer a demanda desses europeus afortunados e cada vez mais numerosos (que não têm, contudo, meios de dispor de um *chef* em domicílio, nem de uma propriedade às margens do Mediterrâneo), inauguram-se restaurantes e hotéis de luxo na Suíça, na Itália e na França, e depois em toda a Europa.

Esse fenômeno abre as portas, ao final do século, para a chegada do "*palace*", que afirma oferecer um luxo insuperável, e cujo próprio nome remete ao "palácio" dos príncipes. César Ritz será seu inventor. Sua vida narra toda essa transformação.

Nascido na Suíça em 1850 e tendo se iniciado aos 14 anos como aprendiz de *sommelier* no Hôtel de la Couronne et de la Poste, em Briga, no cantão de Valais, Suíça, César Ritz vai trabalhar em Paris durante a Exposição Universal de 1867 como garçom, depois como *sommelier*, em seguida como *maître* no restaurante Voisin, estabelecimento então instalado na rua Saint-Honoré, particularmente famoso por conta de seu *chef*, Alexandre Choron. Lá, Ritz trava conhecimento com a nata da sociedade parisiense; seu charme e sua sociabilidade chamam a atenção. Em seguida, trabalha durante seis anos em outros hotéis, na Áustria, na Suíça, em Monte Carlo. Ele se instrui e economiza. Em 1880, investe suas reservas na compra de seu primeiro estabelecimento, o Hôtel des Roches Noires, construído em 1866 (Marguerite Duras residirá ali ao final de sua vida), em Trouville. É um fracasso que o convence da importância de se associar a um grande *chef* para que um hotel de luxo tenha sucesso. Em 1881, Ritz se torna diretor-geral do Grand Hôtel, em Monte Carlo, e lá conhece Auguste Escoffier. Encontro decisivo. Escoffier é o antigo *chef* de cozinha do quartel-general do exército do Reno, em Metz (deve-se a ele, entre outras receitas originais, a pera à Belle-Hélène, o crepe Suzette e o pêssego Melba). Em 1888, Ritz compra o hotel Minerva, em Baden-Baden, depois o Hôtel de Provence, em Cannes. E nesse tempo todo, ele elabora com Escoffier o projeto de um hotel de altíssimo luxo em Paris.

Lançando seu projeto no mesmo ano, com a ajuda de dois bilionários (o homem de negócios Louis-Alexandre Marnier-Lapostolle, inventor do licor de imenso sucesso, o "Grand Marnier", cujo nome foi sugerido pelo próprio Ritz, e Alfred Beit, magnata britânico do diamante, considerado nessa época o homem mais rico do mundo), Ritz compra a crédito a prestigiosa mansão de Gramont, situada no número 15 da Praça Vendôme, onde habitaram as mais importantes famílias da nobreza francesa, dentre as quais a de Luís XV. É apenas uma mansão, não um hotel aberto ao público. Para transformá-la num único palácio, ele se inspira nos castelos de Versalhes e de Fontainebleau. Além de instalar elevadores, cada um dos 159 quartos possui eletricidade, água, um telefone e um banheiro completo. Ritz recorre aos principais estabelecimentos da época (Christofle, Baccarat, Rouff) para decorar os quartos e o restaurante. Ele confia a Escoffier a organização de cozinhas capazes de servir 500 clientes.

Enquanto as obras começam, em 1889, Ritz se torna diretor de um novo hotel em Londres, o Savoy, que acaba de ser criado por um empresário do teatro. Escoffier o acompanha. Ambos continuam a supervisionar as obras do futuro hotel parisiense. Eles se inspiram bastante naquilo que veem e aprendem em Londres.

O cardápio da ceia do dia 30 de outubro de 1893 do hotel Savoy de Londres (redigido em francês, única língua aceitável numa cozinha dirigida por Escoffier) dá uma ideia das características desse *chef*: "*Consommé de poule-au-pot, consommé de tortue au madère, huitres Favorites, cailles pochées à la Richilieu, noisettes d'agneau fines herbes, brochetes d'ortolans, suprême de volaille Jeannette, parfait de foie gras, salade mignonne, timbales d'écrevisses américaines, asperges nouvelles, biscuits glacés, bénédictins rosés, friandises, fruits*".[*, 270]

No mesmo ano, a escola de hotelaria de Lausanne, a mais antiga, é criada por Jacques Tschumi, diretor do Hôtel Beau-Rivage Palace de Lausanne e presidente da Associação Hoteleira Suíça.

Em 1898, após dez anos em obras, Ritz enfim abre seu hotel, ao qual dá seu nome: o Ritz. O primeiro *palace*. A noite da inauguração em 1° de junho de 1898 reúne toda a alta sociedade da Europa e da América do Norte, vinda especialmente a Paris para a ocasião. O príncipe de Gales declara: "Onde Ritz for, eu irei". Logo o hotel registra uma ocupação de clientes plena e durável. "Ritzy" se torna um epíteto, significando "chique, elegante". As amplas salas de jantar acolhem as damas que, até então, ceavam em seus apartamentos particulares. O hotel passa a ser considerado o lugar da moda, onde as mulheres podem exibir seus trajes e os homens se gabar de sua fortuna e realizar novos negócios. Em 1904, lê-se nas páginas do *Le Figaro*: "É sempre no Ritz que tem início a temporada parisiense, e é sempre no Ritz que ela termina".[473]

Mas esse *palace* não é o bastante para Ritz: em 1905, ele abre outro, que leva igualmente seu nome, em Londres, rival do Savoy, onde exerceu as funções de diretor-geral. Em seguida, em 1906, mais um na cidade de Madri, depois outro no Cairo, em Joanesburgo, em Montreal e em Nova York.[12, 43]

Um pouco mais tarde, são inaugurados outros *palaces* em Paris: o Crillon (1909), o Lutetia (1910), o Plazza (1913), o Bristol (1925).

---

* Caldo de galinha, caldo de tartaruga ao molho Madeira, ostras, codorna escaldada à la Richelieu, fatias de cordeiro com ervas aromáticas, espeto de cotovia, peito de frango à la Jeannette, fígado de ganso, salada, pudim de lagostim norte-americano, aspargos frescos, biscoitos glacês, vinho rosé Bénédictins, confeitos, frutas.

Para o povo europeu: ainda o pão e as batatas

O povo, por sua vez, alimenta-se com pão e batatas, pouquíssima carne. Na Europa camponesa, a sopa e o cozido preparados dentro de caldeirões ainda constituem a base da alimentação. Para torná-los mais atraentes, acrescenta-se gordura de porco, às vezes legumes verdes (repolho, cebola, azedinha, feijões) e batatas. O pão (marrom ou preto, de cevada, de centeio, de milho ou de trigo duro) ainda ocupa uma posição preponderante. Pouca manteiga, que ainda não se sabe conservar adequadamente; muito leite. Peixe nunca, exceto nos litorais. As frutas são raríssimas: consome-se principalmente a maçã e a pera, e as uvas nas regiões vinícolas. No domingo, às vezes é possível adicionar porco salgado. E, raramente, uma ave. Enfim, os produtos mais finos (o chocolate, o café, o açúcar, as massas) são reservados para as grandes ocasiões: nas regiões do Jura e de Vaucluse, oferece-se meio quilo de açúcar ao nascimento de uma criança.[104]

A quantidade e o local dessas refeições são determinados pelas restrições das lavouras: na França, no verão, geralmente há um café da manhã antes do sol nascer, um primeiro lanche por volta de 11 horas, uma refeição às 13 horas, um segundo lanche às 16 horas e uma ceia por volta de 21 horas. No inverno, os dois lanches são suprimidos e a ceia se faz mais cedo. A louça se limita a uma colher e uma tigela de terracota. Cada homem dispõe de sua faca pessoal.[104]

Quando se torna operário, o camponês leva de casa uma marmita com esses mesmos alimentos, preparados pela esposa. Agora, ele come sozinho, rapidamente, entre duas tarefas na fábrica. O silêncio recobre o almoço.

O consumo de cereais e batatas atinge seu apogeu por volta de 1880 na Inglaterra; em 1894 na França; e em 1903 na Alemanha.[28] Depois, ele é reduzido, aumentando o consumo de proteínas animais e laticínios.

Os agricultores e pecuaristas irlandeses inventam um prato à base de ovinos (carneiro e cordeiro), de batata, de salsinha e de cebola, únicos alimentos não requisitados para o comércio: o *Irish stew*. Ele evolui ao final do século XIX, quando os irlandeses diversificam suas culturas e integram os nabos e as cenouras.

Ao final do século XIX, o desenvolvimento da química mineral permite elaborar o primeiro produto fitossanitário: o cozido bordelês, mistura de sulfato de cobre e de cal, inicialmente utilizado para tratar as folhas de vinha contra o pulgão da batata.[474]

Na França, o modelo alimentar ainda se distingue dos demais da Europa: a população francesa permanece mais rural. Em 1880, 70% ainda o é, mesmo que agora a agricultura seja menos lucrativa para a economia francesa do que a indústria. São consumidos muito mais frutas e legumes do que em outras partes: 50 quilos por pessoa ao ano em 1880 e 102 quilos em 1894. Consome-se também um pouco mais de açúcar na França do que na Alemanha, graças ao açúcar de beterraba.[97]

No resto do mundo: a diversidade persiste

Nos campos da Rússia, ainda se consomem sobretudo batatas cozidas na água, peixe fervido ou seco, e o *kasha*, ensopado à base de sarraceno descascado, milhete ou trigo cozido na água, mergulhado no leite e na banha.[35]

Na China, os camponeses consomem arroz, cevada e aveia cozidos, amendoim, talharim, legumes, tofu, pão frito e no vapor, sopa de repolho com carne de porco ou chouriço. Aves e frutos do mar são raros e valorizados. Consomem-se insetos, como em todos os demais lugares da Ásia. O vinagre e o molho de soja representam os principais temperos.[33, 262]

No Japão, sob o xogunato de Tokugawa, que termina em 1867 com o início da era Meiji, os camponeses se alimentam com cereais toscos (como o milhete), sopa, tofu, legumes (rabanetes, nabos, cogumelos, berinjelas) e batatas importadas pelos holandeses no século XVII. O peixe é consumido cru. O arroz ainda é um produto de luxo, que os camponeses reservam para o comércio em detrimento do consumo pessoal.[38, 259, 260, 261] Apesar da proibição budista, o consumo de carne de porco, de cavalo e de boi se populariza, mas permanece sendo símbolo de impureza.

Na Índia, os camponeses hindus consomem o milhete, o *ragi* e o trigo, com os quais fazem pães chamados *chapati*. A carne lhes é proibida. No Gujarat, eles comem legumes fabulosos. No Penjab, pratos que serão imitados pelos ingleses. Os muçulmanos consomem carne de boi e de aves temperada com especiarias (*tandoori*, *curry*...), e certos pratos indianos alcançam um sucesso fenomenal na Grã-Bretanha.[257, 258]

Na África, o sorgo e o milho-miúdo (um tipo de cereal) ainda compõem a base da alimentação, frequentemente transformados em mingau ou em farinha para fabricar panquecas e polenta. Os principais legumes são o feijão-bambara e o feijão-fradinho. Encontram-se também "legumes-folhas", provenientes diretamente das árvores (como o baobá). A carne vem com frequência da caça na selva (antílopes, macacos, esquilos, galinhas-d'angola). Há pouca pecuária. Por toda parte também se consomem insetos. Aos poucos, a colonização europeia começa a introdução da "refeição europeia" e a submissão dos africanos à imposição alimentar do colonizador.[333]

Assim, tem início o que vai se tornar, com a explosão demográfica, o pior século da alimentação humana.

CAPÍTULO 6

A dietética a serviço do capitalismo alimentar

Século XX

Ao final do século XIX, no momento em que a população mundial atinge 1,6 bilhão de pessoas e que o centro do poder econômico e político global começa a se transferir da Europa para os Estados Unidos, o capitalismo norte-americano impõe progressivamente um novo modelo alimentar para todo o mundo. Surge com ele uma nova maneira de comer e, portanto, de conversar. Ou melhor, como veremos, de não mais conversar. De ser mais solitário para consumir ainda mais. De calar-se para comprar.

Comer se torna o nome da América, assim como a América se torna o nome daquilo que comemos. E, como sempre, não se trata apenas de alimentos, mas também do modo como os comemos; e daquilo sobre o que falamos ou não falamos ao comer. Isso trará consequências importantes para a vida cultural, social e política do mundo. Vamos comer cada vez mais rápido, cada vez pior, cada vez mais produtos industrializados. Dedicaremos uma parte decrescente do orçamento para nos alimentarmos.

Alguns povos resistem. Seja como a França, porque os franceses têm os meios para escapar desse modelo, seja como um bocado de outros países, porque eles não têm ainda os meios de acesso a esse modelo.

◾Uma malícia do capitalismo norte-americano: a dietética

Ao final do século XIX, nos Estados Unidos, ainda se come mais ou menos como na Europa; e, com frequência, ainda melhor: cada imigrante desembarca no Novo Mundo com as próprias receitas, o próprio modo de organizar suas refeições, celebrar suas festas religiosas e familiares, os próprios assuntos de conversa, a própria disciplina à mesa. Em certos lares, as mulheres são excluídas da mesa; em outros, dão-lhes todos os poderes e deixam até as crianças falarem durante as refeições.

Os primeiros livros de culinária publicados nos Estados Unidos são ingleses, franceses, alemães, irlandeses, poloneses, espanhóis, judeus e até chineses. Pizza, *Irish stew*, gulache, carpas recheadas e *paella*s são consumidos nas comunidades. Todos descobrem, ao chegar, novos legumes e carnes de qualidade, produzidos por uma agricultura saudável, e os utilizam para cozinhar seus pratos.

Esses produtos enriquecem então as tradições culinárias europeias e se misturam com novas receitas, propriamente norte-americanas, vindas em particular das práticas dos caubóis das grandes planícies, dos fazendeiros do Nordeste, do Texas e da Luisiana.

Progressivamente, porém, isso irá convergir, se unificar, se harmonizar, e empobrecer.

O povoamento do Oeste de fato abre novos mercados para os industriais, que aproveitam as inovações tecnológicas da época, em especial os trens frigoríficos, para transportar carnes por longas distâncias e unificar o mercado alimentar do norte do continente americano.

Para permitir aos consumidores comprar também onde habitar, o que vestir, como se transportar e se distrair, é preciso reduzir o custo da alimentação. E, assim, unificá-lo, simplificá-lo, neutralizá-lo.

Comer não deve ser mais um assunto de conversa. Para tanto, é preciso comer coisas enfadonhas. E, se possível, para ser ainda mais eficaz, comê-las sozinho, trabalhando. Com esse objetivo, é preciso imaginar uma alimentação industrial capaz de nutrir, a preços módicos, os operários e suas famílias.

É difícil fazer com que isso seja aceito num país que acaba de nascer sob o signo da abundância alimentar e da qualidade dos produtos, e onde os recém-chegados vindos da Espanha podem enfim saciar sua fome.

Para isso, o capitalismo norte-americano vai passar por um desvio: fazer com que os norte-americanos acreditem que sua alimentação, por mais abundante, mais diversificada e mais natural que seja, não é saudável; que é preciso descobrir outra, mais austera, menos natural. Industrial. É preciso fazer com que passem menos tempo à mesa, que se encham de tédio ao comer e que pensem o mínimo possível na alimentação.

Incrível malícia: usar como pretexto uma suposta racionalidade dietética para reduzir as exigências alimentares das classes populares; utilizar uma desculpa terapêutica para deixar o paladar em segundo plano; forçar as pessoas a comprar, a baixo custo, produtos industriais, supostamente higiênicos. Em vez de comer o que é bom, dedicando a isso uma parcela importante de seus rendimentos, comer rápido, sozinho. Fraturam-se as famílias e as solidariedades culturais e gastronômicas.

A frugalidade alimentar vai ser posta a serviço do lucro e da unidade nacional.

Essa mutação dos comportamentos alimentares nos Estados Unidos vem de longe; ela começa a partir do primeiro terço do século XIX: médicos, como Edward Hitchcock Jr. e William Talcott, defendem o abandono das carnes, dos temperos, dos condimentos, do café, do chá, do álcool, do tabaco e de todas as práticas sexuais, particularmente as masturbatórias; eles promovem os legumes, as frutas e as atividades físicas, que associam a uma atitude mental "positiva".[69]

Pouco depois, por volta de 1860, um pregador protestante da Filadélfia, Sylvester Graham, inspirado nas teorias vitalistas francesas do século XVIII, das quais falamos anteriormente, opõe-se também ao consumo de álcool, carnes, condimentos e de atividades sexuais; tudo isso, segundo ele, provocaria um estímulo excessivo do sistema nervoso e acarretaria doenças mortais.[28] Também recomenda que não sejam consumidos cereais produzidos com a utilização de fertilizantes químicos (que, conforme vimos, começam a aparecer). Para ele, o gosto não é o critério de qualidade do alimento: é preciso comer produtos saudáveis, consequentemente insípidos.

Graham se lança na "evangelização" dos Estados Unidos: "Sejam vegetarianos, não misturem compostos químicos (especialmente leveduras de cerveja) na massa de pão branco", diz ele a todos aqueles que querem ouvi-lo; ele acusa os padeiros de misturar farinha com pó de alabastro ou potássio, a fim de embranquecê-la. Conquista adeptos em inúmeras cidades do país. Alguns de seus discípulos, os "grahamistas", publicam uma revista, a *Graham Journal of Health and Longevity*; outros criam "seções grahamistas" dentro dos *campi* universitários que acabam de ser abertos no leste do país. Outros, por fim, criam o *Graham flour* (uma farinha de trigo não triturada e não peneirada) e os *Graham crackers* (biscoitos longos e finos, feitos com a *Graham flour* e aromatizados com mel),[68] à base de cereais cultivados em campos ditos "puros", ou seja, sem adubos, nem mesmo orgânicos.

Finalmente, outros abrem pequenos comércios vendendo os produtos recomendados por Graham.

Por volta de 1870, os avanços da ciência, especialmente da química, tomam o mesmo caminho dos pregadores e consideram o gosto um elemento anexo à qualidade da alimentação: expondo o papel preponderante dos glicídios, dos lipídios e das proteínas nesse momento, nutricionistas norte-americanos explicam, como Graham, que bastará engolir certas proteínas, sem gosto, para se alimentar convenientemente a um baixo custo. Está tudo no lugar para que a alimentação industrial seja adotada. E para acabar, ao mesmo tempo, com a refeição em volta de uma mesa.

Calorias e *corn-flakes*

Por volta de 1880, um discípulo de Graham, o químico e universitário norte-americano Wilbur Olin Atwater, tenta quantificar o valor nutritivo dos alimentos. Para tanto, ele adapta ao alimento a noção de "caloria" (definida 50 anos antes para o calor por François Nicolas Clément), explicando-a como a quantidade de calor potencialmente produzido por um alimento no momento de sua "combustão". Para ele, uma caloria é a energia necessária ao organismo para erguer uma tonelada a uma altura de 1,53 pés (cerca de 45 cm), o que corresponde a aproximadamente 4.500 joules. (Mais tarde, será descoberto que todo aporte calórico não usado pelo organismo é transformado e depois armazenado dentro do corpo sob diversas formas e que, mesmo em repouso, um homem adulto despende cerca de 1,8 caloria por segundo.) A partir desse conceito, o valor do alimento é avaliado não mais pelo seu gosto, seu odor, sua textura, os produtos que o compõem, seu cozimento ou a qualidade da conversa que acompanha a refeição, mas por um parâmetro único, que o resume abstratamente: as calorias. Logo, esse será o critério essencial do valor da alimentaçao.[117] O gosto se torna secundário.

Em 1898, os *Graham crackers* fazem tanto sucesso no país que, para melhor comercializá-los, as duas redes de padaria que os vendem, a de William Henry Moor (um juiz que se converteu em investidor) e a de Adolphus Greene (um advogado convertido em industrial) se fundem na National Biscuit Company (que mais tarde se tornará a Nabisco e, em seguida, a Mondelez International).[336]

Ironicamente, os *Graham crackers* de hoje são compostos por ingredientes que Sylvester Graham teria estritamente recusado: açúcar, farinha embranquecida, conservantes...

Assim começa a indústria agroalimentar, através de um desvio dietético e religioso.

E isso não é tudo: ainda em 1898, outro discípulo de Graham, o doutor John Harvey Kellogg, que dirige então um sanatório em Battle Creek, Michigan, defende também a proibição da carne, dos condimentos, do álcool e da masturbação. Ele receita a seus pacientes uma alimentação vegetariana e insípida "para favorecer o repouso da alma", seguindo os princípios do que chama de *"biologic living"*[75]: viver com respeito à natureza, ao seu corpo e à moral. Ele cria, com seu irmão Will Keith, a Battle Creek Sanitarium Health Food Company, que visa produzir e distribuir a seus pacientes alimentos em conformidade com seus princípios. Procurando um produto que poderia substituir o pão, os dois irmãos deixam descansar grãos de trigo cozidos e os reúnem em dois cilindros para formar dois pedaços finos de massa, que eles cozinham: assim nascem os *corn-flakes* (flocos de cereais). O doutor Kellogg está convencido de que esse novo alimento é um remédio que tratará a indigestão e atenuará a libido de seus pacientes. E que, como será apresentado destacando seu valor terapêutico, nenhum de seus pacientes dará importância ao gosto. Diante do sucesso dos *corn-flakes* em seu sanatório, Will Keith Kellogg resolve produzi-los para o grande público. Em 1906, ele cria a Battle Creek Toasted Corn Flake Company, que se tornará, em 1922, a Kellogg Company.[57, 238]

Hoje em dia, poucos consumidores de *corn-flakes* sabem que esses alimentos foram criados para reduzir o apetite sexual.

Fazer com que a mesa seja esquecida para favorecer o capitalismo

Ao final do século XIX, na América, tenta-se ao máximo passar o gosto para o segundo plano, fazer com que se coma mais rapidamente coisas sem sabor e que empanturram, que não incitem a se passar muito tempo à mesa. A duração das refeições diminui principalmente nas fábricas, mas também nos lares. A sociedade norte-americana começa a se tornar uma sobreposição de indivíduos isolados, comendo sozinhos ou com desconhecidos no trabalho. Não há mais, nas residências, uma sala para fazer as refeições, mas um "*living room*" (sala de estar). Essa redução do espaço para as refeições aumenta a produtividade, colaborando com a formidável decolagem econômica dos Estados Unidos.

Paralelamente, a produção industrial de alimentos de péssima qualidade acelera. Até o ponto em que movimentos de consumidores, especialmente dirigidos por mulheres ao seio do *The Ladies' Home*

Journal (fundado em 1883) e da General Federation of Women's Clubs (que congrega então 100 mil mulheres em clubes espalhados pelo território norte-americano), começam a protestar.[335] Em vão: a indústria agroalimentar se tornou tão poderosa que, de 1890 a 1905, o Congresso rejeita 200 propostas de legislação visando controlar a qualidade dos produtos alimentares e dos remédios através de um acordo tácito entre as duas Câmaras, uma delas sempre assumindo a responsabilidade de rejeitar as propostas aprovadas pela outra.

Em 1906, os chefes de indústrias do setor agroalimentar se tornam poderosos a ponto de impor as próprias normas federais, conforme seus interesses. Eles deixam então que o Congresso vote uma lei dita de "proteção dos consumidores", a Pure Food and Drug Act que, na realidade, pretende impor normas continentais que permitam a certas indústrias vender seus produtos em todo o território norte-americano e punir as contravenções a essas normas, ou seja, seus concorrentes. No mesmo momento, o Meat Inspection Act criminaliza a falsificação dos referidos produtos, regulamenta o processo de abate animal e instaura uma estrutura sanitária e regulamentar única para os produtos alimentares e medicamentosos em nível federal.[128]

Disfarçar o gosto

Assim que o Pure Food and Drug Act é publicado, um de seus principais promotores, J. Heinz, filho de imigrantes alemães (que criou, 30 anos antes, com seu irmão e um primo, a empresa F & J Heinz, cujo principal produto já era o Heinz Tomato Ketchup®, vendido num recipiente octogonal, ainda hoje o símbolo da marca), mecaniza o processo de sua produção, agora em massa e para todo o continente. Esse molho, inspirado numa receita vinda da Ásia ao final do século XIX, contém tomate, sal, pimenta-do-reino, condimentos (cravo, canela, pimenta *chili* da Jamaica), aipo, cogumelos, cebolinha, açúcar e conservantes.[96, 237] Um molho de utilização múltipla, segundo as normas do Pure Food and Drug Act, que o próprio Heinz ajudou a definir; um molho que logo todo o mundo vai usar para disfarçar o gosto de todos os pratos. Um molho perfeito para alimentos insípidos.

Ele marca o início de uma nova fase da indústria alimentar: depois de fazer com que se comessem alimentos sem gosto, recria-se um sabor artificial para esconder a insipidez do produto.

Nesse momento, a indústria agroalimentar já é a primeira indústria dos Estados Unidos; e os livros de cozinha norte-americanos se distinguem dos europeus, insistindo no valor energético dos pratos e não mais no seu sabor. É introduzida, ao lado das calorias, uma nova noção que também visa deixar o gosto em segundo plano: a vitamina, cuja descoberta é associada a um médico holandês, Christiaan Eijkman, e um bioquímico polonês, Kazimierz Funk. O nome vem do fato de que ela contém um grupo de "aminos" (composto nitrogenado obtido a partir de uma molécula de amônia, dentro da qual um ou vários átomos de hidrogênio foram substituídos por grupos de átomos carbonados) e que é essencial à vida – *vita*-mina.

As cadeias de produção começam nos abatedouros de Chicago

Mais uma vez, como foi o caso com o fogo, a lança, o arco, a roda, o leme de popa e tantos mais, uma inovação em termos agroalimentares vai transformar o modo de produção econômica em seu conjunto, acelerando o processo e conduzindo à destruição da refeição como ocasião de conversas.

Ao final do século XIX, 80% dos animais consumidos nos Estados Unidos, particularmente os porcos, passam pelos abatedouros de Chicago, que alguns norte-americanos chamam de "Porcópolis". Lá, desde 1850, inovações consideráveis foram gradualmente introduzidas na organização do trabalho: as carcaças são presas a um trilho que desfila diante dos operários que, em pé, repetem as mesmas tarefas: abater, cortar, separar. Quando a eletricidade aparece, a cadeia de produção é automatizada e a produtividade explode: cerca de 4 mil bois são mortos diariamente; um boi a cada 9 segundos; e um porco a cada 5 segundos. E isso é particularmente lucrativo para as indústrias fabricantes de conservas a partir desses animais.

Esse método é inicialmente imitado pelos fabricantes de cigarros da American Tobacco. Depois, em 1908, um jovem construtor de automóveis, Henry Ford, decide se inspirar na ideia a fim de produzir em série seus modelos, até então construídos manualmente. Para alcançar seu objetivo, ele precisa resolver alguns problemas específicos, bem mais complexos que os dos abatedouros: diferentes postos de operação devem poder trabalhar simultaneamente, e o abastecimento da cadeia de produção deve ser contínuo e fluido. Em 1913, após vários fracassos, Henry Ford lança a primeira linha de montagem de automóveis do mundo, para construir um modelo adaptado a esse modo de produção, e cujo custo é muito inferior ao de todos os outros automóveis então vendidos no mercado mundial: o Ford T.

Esse imenso sucesso vai transformar a indústria global em todos os seus setores. Ford admitirá em suas memórias, *My Life and Work*, publicadas em 1922, ter se inspirado no funcionamento da cadeia de produção dos abatedouros de Chicago: "A ideia geral foi tomada emprestada das cadeias de produção dos fabricantes de conservas de Chicago".[129]

Produzir alimentos em série

As inovações na fabricação dos alimentos permitem então reduzir primeiramente o custo da alimentação, depois o dos automóveis, primeiros bens de consumo que as classes médias poderão cobiçar, justamente por causa da redução do custo de seus alimentos.

No mesmo momento, após um século de protótipos e experimentos, os meios de melhorar a eficácia do trabalho na cozinha (forno, fogão, refrigerador, lavadora) começam a ingressar na esfera doméstica. Preparam-se para logo se tornar, por sua vez, depois do automóvel, bens de consumo de massa, produzidos em série, liberando as mulheres de inúmeras tarefas caseiras para lhes permitir trabalhar e consumir de outra maneira.

Nos apartamentos e nas casas norte-americanas, mesmo quando o espaço não falta, a cozinha se abre para a sala: o local onde se vive e o local onde se come misturam-se.

Em 1892, o canadense Thomas Ahearn registra a patente de um "forno elétrico", que apresenta ao grande público durante a Chicago World's Fair, em 1893; incialmente, sua invenção não vai além.[232] Em 1905, o australiano David Curle Smith desenvolve essa invenção em sua forma moderna, um forno sob uma placa de aquecimento elétrica.[314] O custo da eletricidade, a dificuldade de acesso a ela, a duração curta dos componentes do aquecedor e o temor que suscita essa nova forma de energia retardam sua difusão no território norte-americano.

Em 1900, na cidade francesa de Clermont-Ferrand, o *Guia Michelin* é criado pelos irmãos André e Edouard Michelin, à ocasião da Exposição Universal de Paris. De início, esse primeiro guia gastronômico e rodoviário é gratuito e distribuído aos clientes que compram pneus.[130]

Surgem outras firmas do setor agroalimentar: em 1901, é fundada a Monsanto, primeiramente para produzir sacarina, depois aspirina. Em 1902, a Pepsi-Cola é criada à base de uma receita diferente da Coca-Cola (as duas composições são até hoje mantidas em rigoroso sigilo). Em 1903, James Kraft começa a vender queijo em Chicago, antes de a empresa familiar adotar o nome de J.L. Kraft & Bros. Company e se tornar um dos maiores nomes do setor agroalimentar mundial.[236]

Outras firmas se desenvolvem na Europa, seguindo o modelo norte-americano: em 1906, Joseph Léon Jacquemaire elabora o Blédine, um mingau à base de cereais destinado aos recém-nascidos que não toleram o leite artificial; em 1908, o leite em pó é inventado na Suíça por Maurice Guigoz.[357]

Nesse mesmo ano de 1908, Arsène d'Arsonval, médico e físico francês que descobriu particularmente o princípio da energia térmica dos oceanos, cria a liofilização, associando o congelamento e a desidratação dos alimentos. Assim, ele facilita bastante a produção e a conservação de refeições preparadas antecipadamente.[475]

Em 1913, os primeiros refrigeradores pessoais são comercializados nos Estados Unidos.[30] No mesmo ano, o procedimento Haber-Bosch, cujo nome se refere aos químicos alemães Fritz Haber e Carl Bosch, permite a fixação do nitrogênio, massificando a produção de fertilizante nitrogenado. E toda a agricultura mundial será assim transformada.[361]

Durante a Primeira Guerra Mundial, o processo de industrialização dos alimentos acelera. O *corned beef* se torna a refeição básica dos combatentes britânicos, norte-americanos, australianos, neozelandeses. Ele é agora produzido na Argentina, que se torna um dos maiores fornecedores globais de carne bovina.[116]

As refeições preparadas antecipadamente se espalham por todo o mundo, nas empresas, nos trens, nos navios e até nos primeiros aviões. Em 1919, a companhia inglesa Handley Page Transport serve as primeiras refeições num voo, no trajeto Londres-Paris, por três *schillings*. Preparadas dentro dos restaurantes dos aeroportos, elas são conservadas a bordo dentro de compartimentos isotérmicos até a hora de serem servidas.[268]

Em seguida, tudo evolui muito depressa, e vamos passar da produção rápida de alimentos ao seu consumo acelerado.

■ Comer rápido, *fast-food*

De fato, está tudo no lugar para que surja, depois da Primeira Guerra e de décadas de preparação ideológica e material, o restaurante de cozinha ligeira, para refeições ligeiras.

Não se trata mais de alimentar as famílias em seus domicílios, tampouco nos restaurantes com suas especialidades culinárias, nem nas cantinas ou restaurantes da empresa, mas sim de alimentar a baixo custo as massas cada vez maiores de consumidores que não dispõem de refeitório ou da possibilidade de cozinhar nas próprias casas. É a vez dos restaurantes que aplicam receitas padronizadas, seguindo o modelo de produção em série. E chegam os restaurantes onde está fora de questão permanecer por muito tempo e que não são locais próprios à conversa.

É a vez dos *fast-foods*, cujo nome só aparecerá muito mais tarde.

Os alimentos que serão servidos não respeitarão os princípios definidos pelos nutricionistas norte-americanos das décadas precedentes, que no entanto os criaram: eles serão gordurosos, salgados, açucarados, e serão utilizados produtos de qualidade medíocre para satisfazer, com baixo custo, o apetite do consumidor, criando ao mesmo tempo uma impressão de vício. A desvalorização do paladar facilita essa transição.

Esses alimentos serão também portáteis. A forma do sanduíche, retomada desde o final do século XVIII, torna mais simples o nomadismo dos consumidores e ratifica o fim da sociabilidade das refeições.

Em 1921, em Wichita, no estado do Kansas, o cozinheiro Walter Anderson e o agente imobiliário Billy Ingram fundam o White Castle, que se tornará o primeiro estabelecimento da primeira cadeia de restaurantes rápidos do mundo. A preços módicos, eles vendem hambúrgueres quadrados entre duas fatias de pão. Imenso sucesso; criam-se franquias. Dez anos mais tarde, é possível encontrar restaurantes com a logo do White Castle em onze estados norte-americanos. Em 1933, Anderson vende sua parte da empresa a seu sócio, que a expande expressivamente. Hoje em dia há quase 420 restaurantes White Castle nos Estados Unidos, principalmente no meio-oeste, no Kentucky e no Tennessee.[436]

Em 1929, no norte de Londres, é fundada a Tesco. Trata-se inicialmente de uma loja de alimentos secos; em seguida, torna-se um depósito para armazenamento de alimentos. É o começo do que logo será o maior gigante mundial da distribuição.[414]

Em 1930, a Unilever é fundada através da fusão da Margarine Unie (fabricante de produtos oleaginosos e gordurosos) e da Lever Brothers (empresa familiar especializada na produção e venda de sabão). A firma se desenvolve rapidamente nos anos 1930 no mercado de produtos congelados e pratos prontos. Em 1938, suas vendas de margarina, espécie de manteiga vegetal, inauguram uma nova fase com o lançamento de um produto enriquecido de vitamina. Em 1943, a Unilever se torna a principal protagonista do mercado mundial de alimentos congelados com a aquisição da Batchelors, uma empresa especializada em legumes congelados.[358]

Nos anos 1930, Harland David Sanders, conhecido pelo apelido de "Coronel Sanders" (patente fictícia dada pelo governador do estado do Kentucky por conta de seu sangue frio durante um conflito), desenvolve em seu restaurante na cidade de Corbin uma receita secreta de frango frito com onze temperos e aromáticos.[359] É o Kentucky Fried Chicken. O Sanders Café faz um grande sucesso local, e depois nacional, quando, em 1936, o crítico de gastronomia Duncan Hines o inclui na primeira edição de seu guia *Adventures in Good Eating*, que reúne 475 bons endereços gastronômicos em todo o país.[40] O próprio Sanders abrirá bem mais tarde uma primeira franquia no Utah com o nome Kentucky Fried Chicken, onde desenvolverá técnicas de produção em série com baixo custo. A KFC conta hoje com 20 mil restaurantes no mundo.[54]

Em 1937, na Califórnia, dois irmãos, Maurice e Richard McDonald, vendem sua sala de cinema para abrir na Rota 66, próximo ao aeroporto de Monrovia, também na Califórnia, no chamado "cinturão da laranja", o restaurante The Airdrome, onde servem cachorros-quentes, depois hambúrgueres entre duas fatias de pão por 10 centavos de dólar a unidade. Em 1940, eles transferem seu restaurante para San Bernardino, um subúrbio em pleno desenvolvimento em Los Angeles, com o nome McDonald's Barbecue, um *drive-thru* onde garçonetes uniformizadas servem hambúrgueres diretamente na janela dos carros.[222]

A dietética insípida pariu um monstro: come-se ainda tão rapidamente e tão barato quanto esperava Graham. Mas não aquilo com que ele sonhava.

Enquanto isso, na França, em 1920, o *Guia Michelin* deixa de ser gratuito; uma primeira estrela aparece em 1926 para distinguir os melhores restaurantes, e depois a segunda e a terceira, em 1930.

■ A América desembarca em todas as cozinhas do mundo

Durante a Segunda Guerra Mundial, os soldados norte-americanos em combate consomem cada vez mais produtos açucarados (entre os quais os chicletes, o chocolate ao leite, a Coca-Cola, o café instantâneo), todos considerados capazes de levantar o moral das tropas. Eles utilizam o *Guia Michelin* para se orientar nas estradas francesas, cuja sinalização foi destruída pelos nazistas.

Ao avançar para Berlim e Tóquio, esses soldados são os melhores agentes promocionais da indústria agroalimentar norte-americana, que se torna símbolo da liberdade e da modernidade.

Ao mesmo tempo, é inventado em Londres (onde a influência indiana se faz sentir desde o início do século) o termo "vegano" por um professor, Donald Watson, para distinguir aqueles que não comem carne (os vegetarianos) daqueles que não consomem nenhum produto proveniente dos animais e de sua exploração (os veganos).[366]

Em 1946, os restaurantes norte-americanos de *fast-food* vão se beneficiar, assim como as cozinhas domésticas, de uma nova invenção: o forno de micro-ondas.

Nesse momento, de fato, com o fim da guerra, as empresas de defesa norte-americanas procuram aplicações civis para as tecnologias desenvolvidas para necessidades militares. Percy Spencer, um engenheiro da empresa Raytheon, nota por acaso que uma barra de chocolate derrete quando se encontra próxima de um *magnetron* (válvula eletrônica utilizada durante a guerra para gerar micro-ondas a serem usadas pelos radares de curta distância). Ele registra uma patente sobre a utilização de micro-ondas no cozimento dos alimentos e lança o primeiro forno de micro-ondas, o "Radarange"; ele mede 1,80 metro de altura e pesa 340 quilos. Vinte anos mais tarde, a companhia japonesa Sharp o miniaturiza e acrescenta uma placa giratória; o tamanho e o preço se tornam razoáveis. Um novo equipamento doméstico entra na cozinha, que não passa de um local de finalização de pratos prontos já cozidos.[233, 234]

Em 1948, os irmãos McDonald mudam novamente e abrem um *self-service* (autoatendimento), introduzindo o sistema de produção em cadeia das refeições. Dois anos mais tarde, eles afirmam vender em seu restaurante "1 milhão de hambúrgueres e 160 toneladas de batatas fritas por ano".

Em 1954, um pianista que se tornara representante de vendas de liquidificadores automáticos de *milk-shakes*, Ray Kroc, extremamente ambicioso, lhes propõe desenvolver franquias num modelo em que tudo será padronizado: porções, embalagens, ingredientes, tempo de preparação, serviço. Ele diz: "*We take the hamburger business more seriously than anyone else*" [Levamos o negócio de hambúrgueres mais a sério do que qualquer um]. Em 2 de março de 1955 é criada, pelos dois irmãos McDonald e Ray Kroc, a sociedade McDonald's Systems, Inc. Sua primeira franquia é inaugurada no mesmo ano em Des Plaines, no Illinois; a centésima é aberta em 1959. Em 1961, Kroc assume o poder: compra por 2,7 milhões de dólares as partes dos dois irmãos, chegando a obrigá-los a fechar seu restaurante original (rebatizado em seguida como The Big M., após terem perdido todos os direitos sobre o nome da rede); Kroc acaba abrindo um McDonald's no mesmo quarteirão![46, 67, 222, 223]

Ray Kroc compreende a necessidade de inovar a fim de não sair de moda: "Enquanto estiver verde, você cresce; assim que estiver maduro, você começa a apodrecer".[46] E também: "Um contrato é como um coração, é feito para ser partido". Dessa forma, ele continua sendo um patrão impiedoso até sua morte, em 1984. A caça às despesas supérfluas é constante: os procedimentos são padronizados, os espaços são ergonômicos. Visto que McDonald's vende muito, a marca pode se permitir comprar um bocado de ingredientes de qualidade medíocre. A mão de obra, com frequência jovem e não qualificada, é igualmente barata. O sucesso é fabuloso.

Uma etapa importantíssima é transposta em 1967: McDonald's deixa os Estados Unidos. Os McDonald's se tornam canadenses em 1967; costa-riquenhos em 1970; japoneses, neerlandeses e alemães em 1971; franceses em 1972; chineses em 1990; marroquinos em

1992; indianos em 1996. Em 2019, a marca está presente em mais de 100 países e conta com 36 mil restaurantes. A firma se tornou o símbolo global do *way of life* norte-americano, ainda que os cardápios sejam adaptados aos gostos locais.

A reputação do McDonald's torna-se então esmagadora: um estudo norte-americano realizado no início dos anos 2000 demonstra que 96% dos alunos norte-americanos conhecem o símbolo da marca, o palhaço Ronald (nome de um dos dois irmãos fundadores). Somente Papai Noel consegue um resultado melhor.[266]

Tal reputação é também muito inquietante: outro estudo mostra que a presença de um *fast-food* a menos de 150 metros de uma escola aumenta em 5,2% o risco de uma criança se tornar obesa.[118]

■ Fomes e geopolítica no século XX

O século XX ainda é também, por sinal, um período de fome, com numerosas consequências políticas e geopolíticas.

Após uma crise matar de fome quase 400 mil pessoas na Rússia czarista entre 1891 e 1892, os camponeses russos começam a se organizar, e Lenin fica contente com isso: a fome serve para "atingir mortalmente o inimigo na cabeça"[19]. Ele toma o poder em 1917.

Na Alemanha, os pequenos proprietários rurais, endividados para absorver a queda do preço das matérias-primas (e a hiperinflação de 1923), sofrem a crise de 1929 com toda a força de seu impacto. Movimentos de contestação camponeses, às vezes violentos (como a Associação Cristã Nacional Camponesa), constituem-se e ganham popularidade. O NSDAP (Partido Nacional-Socialista dos Trabalhadores) aproveita-se disso, tornando-se, nas eleições de 1932, o partido mais popular no âmbito dos pequenos proprietários de terras.[138, 139, 140] E ele conquista o poder.

Na China, em 1958, a instauração das "Comunas Populares", comunidades rurais teoricamente autossuficientes, produz reformas agrícolas absurdas e deletérias, que abandonam a sensatez científica em detrimento de considerações ideológicas. Por exemplo: a

campanha dos "quatro nocivos", lançada em 1958, visa extermi-
nar ratos, moscas, mosquitos e pardais, acusados de comerem os
grãos; mas o desaparecimento dos pardais provoca a proliferação
de grilos que, por sua vez, destroem as plantações. Além disso,
Mao afirma que, se as sementes de uma planta forem plantadas
mais próximas de outras, sua produtividade aumentará, posto que
assim elas "crescerão juntas confortavelmente". Resultado: asfixia
dos jovens brotos e degradação considerável dos solos. A produção
agrícola desaba, a fome se propaga. Entre 35 e 40 milhões de pessoas morrem. Obrigados a reconhecer o fracasso dessas reformas,
Liu Shaoqi (presidente da República Popular da China) e Deng
Xiaoping (secretário do Partido Comunista) tomam, em 1960,
medidas urgentes visando permitir aos camponeses cultivar lotes de
terra particular e restaurar parte dos mercados locais. Isso perdura
até a retomada do poder por Mao e o lançamento da Revolução
Cultural em 1966.[24, 76, 404, 405]

Na Nigéria, a proclamação de sua independência pela província de
Biafra em maio de 1967 desencadeia uma guerra civil e um bloqueio
marítimo e terrestre. Entre 500 mil e 2 milhões de pessoas morrem
de fome entre 1968 e 1970.[406]

No Camboja, em 1975, a Angkar (a "Organização", nome
do Partido Comunista) decide que todo produto alimentar é
propriedade do Partido Comunista. O arroz serve de moeda, e
a população recebe somente 250 a 500 gramas por família e por
dia. No total, entre 1,5 e 3 milhões de cambojanos morrem de
fome, de doença, de trabalho forçado e de execuções sumárias
entre 1975 e 1979.[142]

Na União Soviética, em 1990, o fracasso das fazendas coletivas
(cuja produtividade é amplamente inferior à das terras privadas,
que representam 5% da produção soviética, para 1,4% da superfície
agrícola explorada) acelera o processo de desintegração do império,
sob o comando de Mikhail Gorbachev, que se tornou secretário-
geral do Partido Comunista após ter sido responsável pela pasta da
agricultura da URSS.[92]

Combater a fome custe o que custar

Na segunda metade do século XX, o crescimento vertiginoso da população mundial (que passa de 1,6 bilhão em 1900 para 2 bilhões em 1959, depois para 4 bilhões em 1974, e mais de 7 bilhões em 2019) cria a necessidade de encontrar soluções radicais para alimentar uma quantidade tão grande de pessoas.

Faz-se preciso inicialmente, a qualquer preço, aumentar a produção agrícola. Várias inovações importantes participam desse esforço.

Em 1944, um agrônomo norte-americano, Norman Borlaug, começa a trabalhar com espécies de trigo de alta produtividade e resistentes às doenças; ele desenvolve as primeiras variedades ao final dos anos 1950, no México; elas são exportadas para o sudoeste asiático, especialmente para a Índia, onde são testadas, em 1962, em várias aldeias. Em 1966, após três anos de seca, diversas regiões sofrem de fome na Índia, especialmente nos estados de Bihar e Uttar Pradesh; as revoltas dos esfomeados se multiplicam. Nesse mesmo ano, sob influência de Monkombu Swaminathan, diretor da Indian Agricultural Research Institute, a Índia importa 18 mil toneladas de sementes de variedades de alto rendimento, como aquelas produzidas por Borlaug. Elas substituem impiedosamente todas as variedades existentes. Essa "revolução verde" alcança um enorme sucesso quantitativo.[410] Pelo menos por 20 anos.

Isso se deve ao fato de a revolução verde consumir imensas quantidades de água e só poder, consequentemente, ser instaurada em regiões mais facilmente irrigáveis, aumentando a pressão sobre os recursos hídricos e provocando, assim, conflitos acerca de sua utilização. Um estudo realizado no Penjab entre 1986 e 1989 (quer dizer, duas décadas após o lançamento da revolução verde nesse estado), demonstrou que a utilização dessas variedades de alta produtividade se fez em detrimento da diversidade genética e da fertilidade dos solos, e que a utilização intensiva de adubo poluiu os lençóis freáticos e degradou a qualidade dos solos.

Além disso, a integração à revolução verde foi onerosa para os agricultores: os mais pobres foram excluídos ou se endividaram excessivamente. Na Índia, entre 1995 e 2010, mais de 270 mil camponeses se suicidaram.[411]

Por sinal, graças aos tratores, aos fertilizantes nitrogenados (provenientes da química do gás), aos fitossanitários (oriundos do petróleo), dos fosfatos e do potássio, a produtividade melhora enormemente.

Na Europa, uma reforma importante também vai conduzir ao crescimento expressivo da produção: prevista desde o Tratado de Roma de 1957, uma política agrícola comum (PAC) entra em vigor em 1962 com a missão de garantir a autossuficiência alimentar da União Europeia. Para alcançar esse objetivo, ela financia um complemento de preço aos agricultores de cereais, depois aos produtores de leite, de modo que a quantia que eles recebem seja superior aos preços do mercado global, à época baixíssimos, e os incentive a produzir muito mais. Um grande sucesso, até que essa política conduz a situações de superprodução e tem que ser controlada. Primeiro, em 1984, através de cotas para o leite; em seguida, através de "quantidades máximas garantidas" para os cereais e os oleaginosos. Sob a pressão de seus parceiros estrangeiros, que a acusam de protecionismo, a União Europeia reduz consideravelmente os preços garantidos então pela reforma MacSharry em 1992 e compensa essa redução por meio de auxílios diretos. Em 1999, os preços garantidos são outra vez diminuídos antes de serem abandonados no momento da reforma de 2003.[363] Os produtores de frutas e legumes, por sua vez, jamais receberam qualquer subvenção.

Em 1973, Herbert Boyer e Stanley Cohen desenvolvem o primeiro método para extrair um gene de um organismo e reintroduzi-lo no genoma de outro organismo.[415] Eles abrem assim o caminho para as culturas geneticamente modificadas, que irão transformar a produção agrícola mundial. Em 1983, uma muda de tabaco é modificada para resistir ao antibiótico canamicina; depois outra, a fim de resistir a um inseto; depois ela se torna tolerante a um herbicida. Em seguida, essa técnica é utilizada para diversas plantas além do tabaco, em particular a soja e o milho. Em 1994, o primeiro tomate transgênico é comercializado nos Estados Unidos.[416] Em 1996, o primeiro organismo geneticamente modificado (OGM) resistente a um fertilizante especialmente possante, o glifosato, é desenvolvido pela Monsanto: uma variedade de soja.

Essas sementes são, pela primeira vez na história humana, patenteadas e não reutilizáveis, o que coloca os camponeses numa situação de dependência total em relação aos fornecedores, em particular àquele que se tornará o primeiro entre eles: Monsanto, hoje fundida a uma grande concorrente, a alemã Bayer.[384]

Dessa forma, torna-se impossível para os pesquisadores ou as demais empresas utilizar essas sementes para cruzá-las com outras espécies a fim de desenvolver novas variedades; a produção vegetal fica ameaçada. No total, com o conjunto dessas inovações, entre 1960 e 2018: a produção mundial de trigo e de arroz triplica; a de milho é multiplicada por cinco; e a do açúcar passa de 9 milhões de toneladas em 1900 para 185 milhões em 2017.

De 1960 a 2019, a média da disponibilidade alimentar mundial passa de cerca de 2.190 quilocalorias (kcal) por pessoa por dia para 2.870 kcal. Nos países desenvolvidos, ela se estabiliza em torno de 3.300 kcal por dia, contra 2.000 em 1840. Nos países em desenvolvimento, ela ainda é inferior à média, com 2.000 kcal por pessoa por dia. No entanto, a proporção do número de pessoas subnutridas no mundo cai de 18,6% em 1990 para 12,5% em 2018.

O consumo de fosfato como adubo passa de 5 milhões de toneladas por ano em 1950 para 20 milhões de toneladas em 2000, depois 43,8 milhões de toneladas em 2013. Mas somente 30% do fosfato despejado sobre as culturas atinge as plantas; o restante permanece armazenado nos solos ou é rejeitado nos cursos d'água.

Em um século, a agricultura tornou incultivável um bilhão de hectares de terras férteis, por conta do desaparecimento da matéria orgânica e da erosão.

O geneticista espanhol José Esquinas Alcazar estima então que, desde o início do século XX, 75% da diversidade foi perdida por causa dessas práticas agrícolas destinadas a aumentar a produtividade.

Particularmente, apenas 5% das 8 mil variedades de batata que podiam ser encontradas nos Estados Unidos no começo do século XX ainda estão disponíveis para o consumo.[384]

Paralelamente, o número de camponeses desaba: os grandes proprietários agrícolas dominam o mercado global. Há cada vez menos pequenos produtores. Entre 1950 e 2010, a proporção de agricultores da população é reduzida de 35% para 4,2% nos países desenvolvidos, e de 81% para 48,2% nos países em desenvolvimento.

Um agricultor norte-americano alimenta 155 pessoas, e um agricultor alemão, 133 pessoas. Ao passo que, em 1900, o camponês alemão só alimentava 4 pessoas. Na França, o número de camponeses passou de 7 milhões ao final da Segunda Guerra Mundial para 900 mil em 2019, ou seja, um agricultor para 75 pessoas. O número de explorações agrícolas francesas diminuiu em 78,8%, enquanto a população do país aumentou em 20 milhões.

■ Uma indústria agroalimentar mundial cada vez mais poderosa

A indústria agroalimentar global torna-se, assim, a partir de 1945, uma potência econômica, política e ideológica relevante. Ainda é essencialmente norte-americana e europeia: em 2017, ela gera um faturamento mundial de 4,9 bilhões de euros, isto é, mais do que o dobro da indústria automobilística.[170]

As firmas europeias ocupam uma posição respeitável nesse mercado, retomando os mesmos princípios e produtos que seus concorrentes norte-americanos.

Entre as dez maiores empresas do setor, há cinco norte-americanas: PepsiCo (55 bilhões de euros), Coca-Cola (31 bilhões de euros), Mars (30 bilhões de euros), Kraft Heinz (23 bilhões de euros) e Mondelez (23 bilhões de euros). E cinco europeias, dentre as quais a primeira no mundo, Nestlé (79 bilhões de euros), seguida pela Unilever (54 bilhões de euros), AB InBev (49 bilhões de euros), Danone (25 bilhões de euros) e Heineken (22 bilhões de euros). Nenhuma chinesa ou indiana.[285]

Os presidentes norte-americanos frequentemente se colocam a serviço de suas empresas. Assim, em 1959, o vice-presidente Nixon negocia e obtém para a PepsiCo a exclusividade do mercado soviético.

Essas firmas também lutam para obter o direito de vender seus produtos nos estabelecimentos de ensino, nas empresas, nos estádios de futebol, nos estacionamentos, nas praias. Nos anos 1960, a Pepsi lança uma grande campanha para enaltecer a passagem da alimentação da cozinha para a sala e promover o que se tornarão os tira-gostos, ou seja, um consumo permanente e não somente no momento da refeição.

▉Trocar de açúcar

E depois, pior ainda: a indústria agroalimentar, cada vez mais poderosa, a fim de aumentar seus lucros, troca o produto adoçante que utiliza, para a grande infelicidade dos consumidores.

Enquanto, até os anos 1960, ela recorre principalmente à sacarose, extraída da beterraba e da cana, nenhuma delas cultivada nos Estados Unidos, a partir de 1970 é adotado o xarope de frutose (*high-fructose corn syrup*, ou HFCS), obtido a partir do milho norte-americano: bem mais barato que a sacarose importada, ele é líquido, portanto facilmente incorporável às preparações alimentares. Ora, ao contrário da concentração de glicose da sacarose, a concentração de frutose do milho não é regulada pela insulina, e seu consumo acarreta um aumento dos lipídios e do colesterol no sangue. Além disso, diferentemente da frutose que encontramos nas frutas, a do milho não está associada a outros nutrientes, que contrabalançam os efeitos deletérios da frutose pura. Trata-se, portanto, de um produto adoçante absolutamente catastrófico.

Apesar disso, o HFCS penetra, a partir de 1970, em vários outros produtos dessas firmas: pratos pré-preparados, refrigerantes, bolos, iogurtes, sorvetes, sobremesas. O consumo de HFCS nos Estados Unidos dispara, passando de 0,23 quilo por pessoa ao ano em 1970 para 28,4 quilos em 1997.[95, 225, 226] Puro veneno.

A indústria agroalimentar aproveita para aumentar a dependência dos consumidores para com seus produtos, que agora são distribuídos pelas grandes redes de lojas: a primeira, Walmart, abre em 1962. O primeiro depósito Costco surge em 1976, com o nome de Price Club. No mesmo momento, Antoine Riboud transforma uma pequena empresa de Lyon, produtora de vidro plano e garrafas, numa grande empresa mundial agroalimentar, ao comprar, em 1972 e em 1973, diversas marcas como Évian e Danone.

■ Comer mais, e pior

Enquanto isso, a globalização põe à mesa dos ricos do Ocidente não apenas o melhor da gastronomia europeia e norte-americana, mas também pratos ancestrais dos países em desenvolvimento.

Seus restaurantes se lançam também na miscigenação de receitas asiáticas, africanas e sul-americanas. Um novo guia, *Zagat*, criado em 1979 em Nova York, recomenda amplamente esse tipo de estabelecimento.

A gastronomia penetra até nos cardápios da primeira classe dos aviões: a Pan American se abastece no Maxim's; o Concorde oferece caviar, lagosta e *foie gras*, ainda símbolos da cozinha dos ricos.[267]

Os ricos dos países em desenvolvimento se voltam frequentemente para a cozinha europeia, sinal de sucesso. Eles imitam tudo, das receitas às louças, da ordem dos pratos aos horários das refeições.

As classes médias superiores copiam a gastronomia dos mais ricos, graças aos livros de culinária dos grandes *chefs*, que são, a partir dos anos 1960, em todas as partes do mundo, um grande êxito editorial.

As classes médias inferiores e os pobres do Ocidente, por sua vez, comem, quando podem, à moda norte-americana; porque é menos caro e para se identificar com essa cultura que nutre seus sonhos.

Por sinal, passamos da refeição aos petiscos; não comemos mais somente nos horários das refeições esses produtos da indústria agroalimentar mundial; vamos, sozinhos ou com amigos, a qualquer hora do dia ou da noite, num *fast-food* para povoar nossa solidão.

Os pobres dos países em desenvolvimento também consomem, às vezes, quando dispõem de recursos, esses produtos da indústria agroalimentar e dos *fast-foods*, mas ainda consomem essencialmente produtos tradicionais, segundo receitas ancestrais: legumes, carnes, peixes, condimentos, insetos. O *massala* na Índia, o frango *yassa* no Senegal e muitos outros pratos tradicionais continuam sendo a base das refeições de muitos povos. E suas refeições permanecem mais variadas, mais acolhedoras. Até que também desapareçam, engolidas pela modernidade.

▉ O combate impossível dos consumidores contra o açúcar

Em todos os lugares, o consumo do açúcar, comido e bebido, aumenta e agrava as desregulações alimentares.

Em escala global, o número de casos de obesidade triplicou entre 1975 e 2011, superando o número de pessoas mal-nutridas.[224]

Diante das empresas, que metralham os consumidores com publicidade, as associações de consumidores, quando existem, estão sobrecarregadas. E os próprios políticos confessam com frequência sua derrota: nos Estados Unidos, em 2013, o estado de Nova York tenta introduzir um limite para o tamanho das garrafas de refrigerante nos restaurantes, mas essa decisão foi anulada pela Corte Suprema de Nova York em 2014.

Outro exemplo, na Europa: a indústria agroalimentar, tão poderosa quanto sua homóloga norte-americana, conseguiu se opor à imposição do Nutri-Score, um sistema de etiquetagem dos produtos em função de uma letra associada a uma cor, que o governo francês colocou em vigor a partir do final de 2017, mas de modo não obrigatório.[379]

O Nutri-Score incomoda as indústrias porque os produtos com baixa classificação exibem etiquetas de cor laranja ou vermelho vivo. Foram desembolsados quase um bilhão de dólares, segundo relatório do Corporate Europe Observatory, para conseguir que a regulamentação europeia não impusesse essas etiquetas.[315]

Os mercados e supermercados norte-americanos também são inundados de produtos classificados como "*light*", "0% de gordura", "sem colesterol". Mas nada indica que esses produtos contribuam realmente para a diminuição de casos de obesidade. Ao contrário, a redução do consumo de carne bovina e produtos lácteos integrais foi acompanhada por um aumento do consumo de batatas fritas e biscoitos salgados.

Alguns desses alimentos industriais também são destinados a melhorar a saúde (os *curalimentos*[263]) dos consumidores, sendo artificialmente enriquecidos (em ômega 3, em "*bifidus* ativos", em probióticos...). Na realidade, eles não têm nenhum impacto positivo sobre a saúde; e a regulamentação europeia e norte-americana, sob a pressão dos industriais, não proíbe a inscrição de alegações de natureza terapêutica sobre as embalagens: um fabricante pode, por exemplo, escrever sobre um iogurte na França "o cálcio fortalece os ossos", ainda que não possa escrever "o cálcio previne contra a osteoporose".[265]

Algumas marcas ousam mesmo apresentar-se como defensoras da saúde de seus consumidores; ou do meio ambiente, financiando programas de fundações mais ou menos fictícias e com orçamento irrisório em relação a seus faturamentos.

Os *fast-foods*, que distribuem tais produtos, continuaram crescendo e se diversificando. Assim, a Subway, cadeia de *fast-food* criada em 1965 e que têm, desde 2010, mais lanchonetes no mundo do que o McDonald's (com mais de 45 mil estabelecimentos em mais de 100 países), se vangloria das qualidades nutritivas de seus sanduíches em amplas campanhas publicitárias; chega mesmo a se apresentar como a "parceira da saúde dos norte-americanos", tendo financiado, em 2014, a campanha de Michelle Obama contra a obesidade, "Let's move!". Ora, um sanduíche dessa marca, com queijo e molho, é, como os produtos similares, uma bomba-relógio calórica.[445]

■ Quanto menos refeições fazemos, mais consumimos

A mesa não é mais o local simbólico do poder nem da conversa.

Nos Estados Unidos, em particular, se os jantares oficiais na Casa Branca às vezes ainda conservam seu brilho de outrora, os grandes chefes de empresas norte-americanos não são conhecidos pelo esplendor de suas mesas, nem pela duração de suas refeições, e tampouco pelo interesse que demonstram pela gastronomia.

E tudo é igual em todos os cantos, mesmo que alguns dirigentes, cada vez mais raros, continuem a acreditar, e fazer com que acreditem, que o esplendor de suas refeições revela seu poder.

Cada vez menos as decisões são tomadas em torno de uma mesa de refeição, e cada vez mais elas são tomadas em torno de uma mesa de reunião onde se beliscam confeitos e biscoitos. Nos Estados Unidos, no norte da Europa, na Grã-Bretanha, no Japão em particular, a refeição não é mais um sinal de poder.

As refeições de negócios continuam a existir, mas são (exceto na França, ou em alguns raros lugares, dos quais falaremos mais adiante) cada vez menos ocasiões gastronômicas e cada vez mais de bandejas individuais servidas em salas de reunião.

As refeições em família se espaçam. O jantar a dois, elemento-chave da sedução amorosa na segunda metade do século XX, também se distancia. As pessoas se encontram e flertam de outra maneira. O desaparecimento das refeições, ocasiões de debate, torna muito mais difícil a criação de concepções comuns. A solidão leva a um consumo sempre crescente, a lambiscar qualquer coisa o tempo todo. E a comprar qualquer coisa também: o fim da refeição à mesa é o melhor aliado da sociedade de consumo.

Assim, desde o final dos anos 1980, quando se come num ambiente de poder, durante uma reunião na qual é preciso tomar uma decisão importante, a grande cozinha quase nunca é servida, sequer a boa cozinha: por exemplo, algumas horas antes do lançamento, pelo presidente George Bush pai, da primeira invasão do Iraque, em agosto de 1990, foram entregues na Casa Branca 55 pizzas industriais, quando a média era de 5 por dia; e o Pentágono encomendou 101 contra uma média de 3 por dia.[28]

A maneira de filmar as refeições no cinema norte-americano expressa muito bem a evolução da sociedade ocidental: primeiro é a refeição mundana entre notáveis, vestidos formalmente, servidos à mesa, como no filme *The Passer-By* [O transeunte], de Oscar Apfel, encomendado pela Edison Company em 1912. Depois, quando os alimentos se industrializam, assistimos aos engenhosos estratagemas da refeição de Buster Keaton em *O espantalho* (1920), ou na absurda e profética máquina de comer de *Tempos modernos* (1936), de Chaplin.

Depois de duas guerras mundiais, não se come mais em grupo no cinema hollywoodiano, apenas a dois, como em *Grease* (1978) ou em *Harry and Sally* (1989). E até mesmo sozinho, na rua, como John Travolta e sua pizza para viagem no começo de *Os embalos de sábado à noite* (1977). E quando os *fast-foods* se multiplicam, nós os encontramos em Tarantino, que celebra o *quarter pounder* em *Pulp Fiction* (1994).

A antiga refeição familiar é regularmente ridicularizada: ela anuncia a briga em *A guerra dos Roses* (1989), oprime em *Beleza americana* (1999), torna-se patética em *Pequena Miss Sunshine* (2006).

◼ A França, sozinha, ainda resiste: "*la Nouvelle Cuisine*"

A França, e mais alguns raros lugares do mundo, na Itália, na América Latina ou na Ásia, continuam defendendo seu modelo alimentar.

Comemos muito mais em casa, por mais tempo e em família na França do que em qualquer outro país. As refeições de negócios seguem sendo uma tradição e uma ocasião importante de decisões.

A gastronomia francesa chega mesmo a levar em conta os princípios da dietética para reinterpretá-los e evitar ceder à industrialização falsamente higiênica do modelo norte-americano.

Em 1973, no número 54 da revista *Le Nouveau Guide Gault & Millau*, aparece o termo "Nouvelle Cuisine Française" para designar a aspiração de certos *chefs* franceses de cozinhar de maneira leve e saudável. Entre eles, Joël Robuchon, Michel Guérard, os irmãos Troisgros e Alain Senderens.

Esses grandes *chefs* se opõem à visão da gastronomia, até então hegemônica, herdada de Auguste Escoffier e representada por Paul Bocuse. Eles preconizam molhos mais leves, porções reduzidas, produtos de extrema qualidade trabalhados com bastante moderação, cozimentos mais curtos e precisos. Seus preceitos são expressos em 1973 por *Gault & Millau*: "1) Não cozinharás demais. 2) Usarás produtos frescos e de qualidade. 3) Amenizarás o cardápio. 4) Não serás sistematicamente modernista. 5) Buscarás, porém, o que lhe trazem as novas técnicas. 6) Evitarás marinadas, decomposições, fermentações, etc. 7) Eliminarás os molhos suntuosos. 8) Não ignorarás a dietética. 9) Não falsearás tuas apresentações. 10) Serás criativo".

Esses princípios são cada vez mais aplicados não somente por grandes *chefs* do mundo inteiro, mas também por diversos outros cozinheiros e cozinheiras; e em particular por cozinheiros amadores que leem apaixonadamente os livros desses *chefs*.[131] Eles serão criticados por outros, como Paul Bocuse, que ainda se gaba da cozinha de Lyon, com sua abundância e diversidade.

Surpreendentemente, um dos melhores filmes para narrar a permanência da refeição francesa é uma produção dinamarquesa de 1987, *A festa de Babette*, de Gabriel Axel e inspirado num conto de Karen Blixen. Outro filme dinamarquês conta ainda melhor do que todos como uma conversa à mesa pode destruir uma família: *Festa de família*, de Thomas Vinterberg, de 1998.

O século XX terá visto, portanto, o essencial do mundo convergir para o modelo anglo-saxão. Será que ele triunfará por muito tempo?

CAPÍTULO 7

Hoje: os ricos, os pobres, a fome no mundo

▪ A situação da agricultura e da indústria agroalimentar mundial

Em 2019, quando a população global atinge 7,6 bilhões de habitantes,[499] cultivam-se (excetuando as pradarias e florestas) apenas 38% dos 14,9 bilhões de hectares emersos;[500, 501] 3% das terras agrícolas mundiais (e 17% das terras norte-americanas) são ocupadas por organismos geneticamente modificados (OGMs), essencialmente a soja e o milho.[174] A pecuária ocupa 30,4% das terras mundiais, e 1,3 bilhão de pessoas são camponeses (ou sua família o é), ou seja, uma em cada 5,5 pessoas;[502] a cada ano, 50 milhões de camponeses deixam suas terras para viver nas cidades.

A maior fazenda do mundo é chinesa: Mudanjiang City Mega Farm, com 9 milhões de hectares e 100 mil cabeças de gado. A segunda também é chinesa: Modern Dairy, situada em Anhui, com 4,5 milhões de hectares. As oito seguintes são australianas. Liu Yongxing, fundador e presidente da East Hope Group, é o maior latifundiário do planeta; ele faz parte dos 10 chineses mais ricos do mundo e do top 100 da *Forbes*, com uma fortuna avaliada em 6,6 bilhões de dólares. Seu irmão, Liu Yonghao, também faz parte das maiores fortunas agrícolas mundiais.[437] Stewart e Lynda Resnick, proprietários norte-americanos de quase 26 mil hectares, têm uma fortuna de mais de 4 bilhões de dólares; suas produções se concentram em pistaches e amêndoas. Em seguida vem Blairo Maggi, filho de André Maggi, fundador do gigante brasileiro da soja, eleito desde então senador pelo Mato Grosso e ministro da Agricultura do Brasil de maio de 2016 a janeiro de 2019.

A superfície média das explorações agrícolas é de 176 hectares nos Estados Unidos, 63 na França[179] e 1,16 na Índia. Somente 20% dos camponeses peruanos e 4% dos camponeses haitianos possuem títulos de propriedade.[21]

O mundo produziu, em 2017, cerca de 1,84 bilhões de toneladas de cana-de-açúcar; 1,13 bilhões de toneladas de milho; 800 milhões de toneladas de arroz; 771 milhões de toneladas de trigo; 228 milhões de toneladas de batata.[446] O sorgo, planta herbácea africana, é hoje a sexta fonte de calorias vegetais do mundo, depois do milho, do arroz, do trigo, das raízes e tubérculos (mandioca, batatas..) e da soja.[286, 287] Mais da metade da produção de cevada, de milhete, de aveia e de milho serve para alimentar o gado.

Segundo um estudo da International Service for the Acquisition of Agri-biotech Applications (ISAAA), em 2016, em escala mundial, 185 milhões de hectares eram dedicados à cultura de organismos geneticamente modificados, por 18 milhões de agricultores, em 26 países. Os 5 países que mais cultivam OGMs são os Estados Unidos (72,9 milhões de hectares), o Brasil (49 milhões), a Argentina (24 milhões), o Canadá (11,6 milhões) e a Índia (10,8 milhões). As quatro principais produções agrícolas transgênicas são de soja, milho, algodão e colza. No mundo, 78% da soja cultivada é transgênica. Mais de 90% da soja e do milho norte-americanos são geneticamente modificados.[174] Na Europa, a superfície cultivada com agricultura orgânica já aumentou em 500 mil hectares de 2017 a 2018. Os alimentos orgânicos representam 6% das terras cultivadas na França, contra mais de 20% na Áustria. Na Europa, 24% dos agricultores de produtos orgânicos são fazendeiros; essa razão sobe para 41% na Letônia.

A pecuária representa 40% do valor da produção agrícola mundial. A cada ano, cerca de 69 bilhões de animais são abatidos, ou seja, 720 milhões de toneladas. Mais da metade da carne bovina mundial é comercializada em forma de carne moída. Em 2017, o primeiro país produtor de carne bovina eram os Estados Unidos (com uma produção de 12 milhões de toneladas), depois o Brasil (9,5 milhões de toneladas), a União Europeia (7,8 milhões de toneladas), a China (7 milhões de toneladas) e a Índia (4,25 milhões de toneladas). A Argentina se encontra na sexta posição na produção de carne bovina, com 2,75 milhões de toneladas.[360]

Um bilhão e duzentos mil porcos são consumidos por ano, metade deles na China; o tempo de vida desses animais é de seis meses; 99% deles recebem antibióticos desde o nascimento até oito semanas antes de sua morte; o essencial do porco é consumido após passar por um processo de transformação.

Em 2018, o mundo consumiu cerca de 123 milhões de toneladas de aves.

Estima-se que mais de 25 milhões de cães são comidos a cada ano no mundo, ainda que poucos países autorizem essa prática; China, Coreia do Sul e Indonésia são os principais consumidores.[438]

Hoje em dia, peixes e crustáceos criados em fazendas marinhas são alimentados com aproximadamente 30% de farinha de peixes de pouco valor (anchova, cavala, sardinha), cuja produção representa 10% do produto da pesca global.

É difícil saber com exatidão a quantidade de insetos consumidos no mundo, visto que essa prática permanece sendo um meio de autossubsistência de populações que os colhem diretamente em seu ambiente próximo. Cerca de 2 mil espécies de insetos, contudo, são o alimento principal de mais de 2 bilhões de pessoas. A FAO (Organização das Nações Unidas para a Alimentação e a Agricultura) estima que, em certas regiões da África, o consumo de insetos representa até 30% do consumo anual de proteínas; na República Centro-Africana, por exemplo, 95% das populações que vivem em florestas dependem unicamente de insetos para suas necessidades proteicas. Na África

Austral, na América do Sul e no sudeste da Ásia, insetos são vendidos (ou trocados) nas feiras das aldeias ou em barracas nas ruas.[172]

Existem mais de 100 mil espécies de algas em todo o mundo, mas só uma parte ínfima (145) é consumida. Globalmente, as algas são ricas em vitaminas, minerais e proteínas, mantendo-se pouco calóricas, mas sua grande riqueza em iodo incita a serem consumidas com moderação.

Entre as espécies de algas mais consumidas encontram-se as algas vermelhas (nori, dulse), algas verdes (alface-do-mar), algas marrons (wakame e kombu) e as microalgas (espirulina). A alga mais consumida no mundo é a wakame, mais comumente chamada de samambaia-do-mar; ela contém mais cálcio do que o leite e uma grande quantidade de vitaminas (B1, B2, B9, B12, C, K). A nori é uma alga aconselhada em regimes vegetarianos em função de seu grande teor de proteínas (cerca de 40%). A kombu é riquíssima em fibras.[199, 367]

Poucas substâncias agrícolas deixam o país em que são produzidas: somente 20% do trigo mundial é exportado. A União Europeia exporta 32% de sua produção agroalimentar. Os norte-americanos exportam cerca de 20% de todas as suas produções agrícolas (sendo 79% de suas nozes, 67% de amêndoas, 62% de pistaches, 50% de soja, 55% de arroz, 46% de trigo, mas somente 16% de aves e 10% de carne bovina).[476]

A China é um caso extremo: ela precisa alimentar 20% da população global com apenas 9% das terras aráveis e 6% das reservas de água doce mundiais. Aproximadamente 400 milhões de camponeses chineses possuem uma superfície cultivável média de meio hectare. A agricultura chinesa representa somente 10% do seu PIB. A China é o primeiro produtor mundial de arroz, trigo e batatas e o segundo de milhos. É também o primeiro produtor mundial de porco e o segundo de aves: a cada dois porcos, um vive na China.[477] Tudo isso é reservado ao consumo interno.

A China também é um país importador líquido (importa mais do que exporta) de produtos agroalimentares: mais de 80 milhões de toneladas de soja, principalmente dos Estados Unidos e do Brasil,[478] 4 bilhões de dólares em produtos alimentares infantis e 3,4 bilhões de dólares em óleo de palma.[479] Em 2017, a China possuía mais de 10 milhões de hectares de terras agrícolas no estrangeiro, principalmente na Austrália, no sudeste da Ásia e na África.[480] Essas terras produzem exclusivamente para o mercado chinês.

Até mesmo os ricos desertaram a mesa

A diferença entre a alimentação dos mais ricos e a dos mais pobres, e mesmo entre a das classes médias e a dos mais pobres, continua abissal, e em expansão.

Hoje, à exceção da França e de alguns raros países, comer bem não é mais um sinal de poder; e a mesa não é mais um local de poder. Os riquíssimos preferem possuir casas, carros, barcos e obras de arte. Suas distrações principais são as viagens, o esporte, a aventura e, por vezes, as drogas; eles só vão aos grandes restaurantes para gastar muito dinheiro, principalmente com os grandes vinhos. Entre 2018 e 2019, cerca de 40 restaurantes da Coreia do Sul e da China integraram os mil melhores restaurantes do mundo.[526] A Espanha, os Estados Unidos e a Grã-Bretanha contam com um número cada vez maior de estabelecimentos nessa lista. Podemos encontrá-los também na Rússia e na África. E existe um número cada vez maior de grandes restaurantes nos países emergentes.

Para atrair ainda mais os ricos, alguns dos restaurantes mais luxuosos do mundo lhes propõem pratos cada vez mais extravagantes, produtos de grande luxo ou produtos de laboratório: o restaurante Fleur, do hotel Mandalay Bay, em Las Vegas, oferece o "FleurBurger", um hambúrguer à base de boi Wagyu, *foie gras* de pato e trufas pretas, acompanhado de uma garrafa de Bordeaux Château Petrus 1955. Custo: 5 mil dólares. O restaurante espanhol Mugaritz, do *chef* Andoni Luis Adurîz, oferece *patatas kaolin*, prato ilusório com a aparência de pedras dispostas sobre o cascalho, realizado a partir de batatas embebidas em argila cinza, o caulim. Julien Binz, *chef* francês "estrelado" do *Michelin* por seu restaurante homônimo, em Ammerschwihr, na Alsácia, cozinhou em 2018 uma refeição completa sem utilizar frutas, legumes, carne ou peixe, e sim compostos primários como proteínas, lipídios e vitaminas obtidas através do fracionamento de alimentos clássicos; é o que ele chama de cozinha "nota por nota",[188] remetendo-se, na verdade, a fontes da dietética com um pretexto gastronômico.

Esses cozinheiros não se consideram artesãos, mas artistas. E eles o são; como as obras de seus predecessores, as suas são efêmeras; não se pode revendê-las, armazená-las, alugá-las, tampouco expô-las para um amplo público. Elas só podem ser apreciadas por aqueles que as destroem ao consumi-las. Como em outras artes, alguns desses artistas vendem suas obras por preços extravagantes. Alguns são mundialmente célebres; pessoas vêm de todo o planeta para se exibir em seus estabelecimentos e consumir suas produções. Outros sequer encontram-se atrás dos fornos, mas contentam-se em criar receitas e definir os critérios de qualidade dos produtos a serem utilizados por seus assistentes, a exemplo dos grandes pintores da Renascença italiana, que faziam trabalhar os alunos e copiadores em seus ateliês. Dessa maneira, eles podem durar bem além de sua morte, como Paul Bocuse e Joël Robuchon.

As classes médias comem alimentos miscigenados

As classes médias urbanizadas dos países ricos seguem, por sua vez, uma alimentação cada vez mais padronizada: pão branco, legumes, carne branca e bovina, peixe, massas, frutas, chocolate, batata, açúcar, condimentos; produtos da indústria agroalimentar e do *fast-food*; refrigerante, cerveja e café. Nos países emergentes, elas aspiram a níveis de consumo e modos de vida semelhantes, mas sem deixar de se alimentar sobretudo com prato tradicionais, ainda extremamente diferenciados. A mistura se faz nos dois sentidos: as cozinhas da Ásia invadem a Europa tanto quanto as da Europa invadem a Ásia. Na França, a quantidade de restaurantes chineses e japoneses é superior à dos *fast-foods* de origem norte-americana.

A globalização alimentar não é, portanto, uma unificação em torno do modelo ocidental, mas uma miscigenação que permanece regionalmente diferenciada em torno de bases locais: num prato com muitos ingredientes de origem geográfica bem específica (pizza,

Irish stew, *borsch*, cuscuz, *nems*, tortilhas...), cada um acrescenta o que quiser da própria cultura.

Assim, cerca de 30 bilhões de pizzas,[481] de natureza diversa, são consumidas no mundo a cada ano. Os Estados Unidos são seus maiores consumidores, com cerca de 3 bilhões de pizzas por ano;[482] a França vem em segundo lugar, com 745 milhões de unidades em 2016;[483] depois a Itália. Os chineses comem pratos bem diferentes, segundo as províncias: em toda parte, consomem *jiaozi*, um ravioli feito com massa de farinha de trigo branco em forma de pastel. O prato nacional indonésio é ainda o *nasi goreng*, feito à base de arroz frito temperado com soja e diversos condimentos (cebolinha-branca, alho...). Na Índia, cada estado tem sua cozinha, do *tandoori* e do *dhal*, do Penjab, à fabulosa cozinha vegetariana do Gujarat. Na Etiópia, o prato típico nacional é o *wat*, ensopado de carne com condimentos especialmente de origem berbere (mistura de condimentos incorporando, entre outros, o cardamomo e a pimenta *chili*); ele é servido sobre o *injera*, bolacha à base de farinha de *teff* (cereal de grãos finíssimos do Chifre da África), que é a base de praticamente todas as refeições do país. Os brasileiros comem feijoada, feita com carne de porco e feijão. Os peruanos comem o *pollo a la brasa*, frango marinado na brasa. Os argentinos, as empanadas, pastéis recheados de carne. E os nigerianos comem a *ofada*, um ensopado de carne de boi.

Todos esses pratos se misturam ao sabor das viagens reais e virtuais dos cozinheiros.

E mesmo o que parece uniforme pode variar: o café, por exemplo, torna-se muito diferente quando preparado à moda turca, inglesa, italiana, norte-americana ou francesa. Da mesma forma, existem cerca de quinze variantes de Coca-Cola segundo cada país.[503] E o Big Mac não fica longe.

No entanto, continuamos a comer sobretudo arroz ou trigo, dependendo de que lado estamos de uma linha imaginária que passa em algum lugar na Índia, entre os estados do leste, como Bengala Ocidental (extremamente dependente da cultura do arroz), e aqueles do noroeste, como o Rajastão (onde o arroz está quase ausente do regime alimentar).[484, 485] Essa linha sobe até a China e a Rússia, e não mudou depois de dois milênios.

■ Os mais pobres continuam morrendo de fome, ou por causa daquilo que comem

Em 2017, 9,1 milhões de pessoas ainda morrem a cada ano de subnutrição, das quais 3,1 milhões são crianças com menos de 5 anos (ou seja, um terço dos falecimentos dessas crianças); 815 milhões de pessoas passam fome;[157] 2 bilhões sofrem de carência de micronutrientes; cerca de 155 milhões de crianças têm seu desenvolvimento atrasado por conta da subnutrição.[187] Na África subsaariana, uma em cada quatro pessoas é subalimentada; diante da falta de proteção social na região, mais da metade das famílias vive em extrema pobreza, com rendas que não ultrapassam 1,25 dólar por dia. É impossível para essas famílias aceder ao crédito e lançarem-se numa agricultura geradora de rendas. Sem poderem pagar por mão de obra, a exploração agrícola se restringe ao círculo familiar, as crianças não frequentam a escola, a família não investe na saúde e a pobreza extrema é transmitida de uma geração para outra.

Além disso, os mais pobres precisam gastar uma proporção bem maior de seu orçamento na alimentação do que as classes médias: se a alimentação não representa mais que cerca de 15% da "cesta básica familiar" das classes médias no Ocidente, ela pode representar mais de 60% para toda a população do Congo.[486]

Para reduzir ainda mais a parte das despesas alimentares em seu orçamento, os mais pobres dos países desenvolvidos comem produtos industriais bem baratos, fabricados nas usinas, cujas condições de surgimento e a maneira como se impuseram nós já observamos anteriormente. Em todos esses produtos, para torná-los aceitáveis e viciantes, as indústrias acrescentam hoje cada vez mais conservantes, corantes, edulcorantes, exaustores (substâncias que reforçam o gosto e/ou o odor de um produto alimentar).[295] Para esses consumidores, os sucos de frutas frescas são substituídos por néctares artificiais misturados a açúcar artificial; aquilo que é vendido com o nome "pão de forma" contém vinagre, óleo de palma, emulsificadores, açúcar e conservantes que permitem guardá-lo por um período de três a quatro meses;[504] o presunto é enriquecido em açúcares e nitratos; alguns queijos não contêm sequer uma gota de leite; e aquilo que é apresentado como *mozzarella* sobre as pizzas baratas não passa, na realidade, quase sempre, de uma preparação à base de amido, gelificantes e espessantes.[447]

Os mais pobres praticamente não consomem mais fruta alguma, nem legume, carne ou peixes frescos. Assim, um norte-americano pobre consome hoje vinte vezes mais carne vermelha e dez vezes mais aves, contudo, menos da metade do que é necessário de legumes e ainda menos de frutas. Um francês de condições modestas consome onze vezes mais carne vermelha e duas vezes e meia mais aves; reencontramos a mesma proporção em toda a União Europeia, e ainda menos da metade da quantidade necessária de frutas e legumes. A situação é ainda pior para um africano, que consome sete vez mais feculentos. Todos têm carência de oleaginosas e leguminosos.[161] E os produtos ultraprocessados são especialmente fabricados para os mais pobres, e consumidos por eles.

As consequências dessa alimentação catastrófica são terríveis em todos os países:

- Nos Estados Unidos, em 2017, segundo uma pesquisa da Universidade de Washington, 400 mil falecimentos causados por doenças cardiovasculares por ano se devem aos maus hábitos alimentares, em geral entre os mais pobres.[487]

- Na Grã-Bretanha, segundo um estudo publicado em 2018 pelo *British Medical Journal*, num grupo de 105 mil pessoas existe uma correlação entre o consumo regular de alimentos ultraprocessados e o risco de câncer.[152]

- Da mesma forma, na França, segundo o Inserm (Institut National de la Santé et de la Recherche Médicale), "um aumento de 10% da proporção de alimentos ultraprocessados no regime alimentar revelou uma associação com um aumento de mais de 10% dos riscos de desenvolver um câncer, globalmente, e um câncer de mama, em particular".[440] Além disso, uma pesquisa publicada em 2018 pela agência de saúde pública francesa mostra que, no período de 2008 a 2013, houve, na França, 1,5 milhão de casos de infecção alimentar, com 17 mil hospitalizações e 200 óbitos por ano. Particularmente, as salmoneloses (injeção de bactérias de salmonelas associadas ao cozimento insuficiente da carne e às rupturas numa cadeia de resfriamento) representam, por si só, 25% dessas mortes.[153]

■ A refeição em família quase desapareceu

Atualmente, as classes médias de todo o mundo imitam com muita frequência o modelo norte-americano, com uma cozinha aberta para o resto do apartamento e uma única sala de estar ou de visitas, o *living room*, que une o salão à sala de jantar, fazendo desaparecer o local específico da refeição e da conversa. O próprio café da manhã se torna cada vez mais um *self-service*, sem que os pais ou as crianças se sentem à mesa. A própria cozinha desaparece dos apartamentos menores e mais recentes.

Para os mais pobres, como para as classes médias, os almoços são realizados essencialmente numa cantina ou no local de trabalho. E, hoje em dia, eles são curtíssimos, até mesmo na Europa: cerca de 22 minutos para os assalariados.

No total, os norte-americanos passam, em média, 1h02 por dia à mesa; os chineses, 1h36; e os indianos, 1h19. Os habitantes de países ao norte da Europa passam menos da metade do tempo à mesa (1h13 para os suecos, 1h16 para os estonianos, 1h21 para os finlandeses) em relação aos países do sul (entre 2h02 e 2h05 para os espanhóis, gregos e italianos).[448]

A quantidade de entradas e sobremesas diminuiu visivelmente. Consome-se cada vez mais aquilo que se come rapidamente e de modo nômade: sanduíches, sushis, pizzas, tortilhas e espetinhos. Isso quando ainda se come à mesa. A cozinha asiática, que organiza uma divisão dos pratos postos ao centro da mesa, é particularmente adaptada a esse tipo de comportamento.

Aqueles que continuam a cozinhar não dedicam muito tempo a essa atividade, utilizando produtos pré-preparados e entregues por inúmeros fornecedores. Em 2013, são criadas a Deliveroo (firma britânica fundada por Will Shu) e a Take Eat Easy (belga). Em 2014, na Alemanha, nasce a Foodora, pelas mãos do grupo de informática Rocket Internet. A Take Eat Easy desaparece em 2016, esmagada pela concorrência. A Uber propõe desde 2014 o serviço Uber Eats, que se baseia na entrega feita por motos, bicicletas ou carros.

As refeições da noite também desaparecem gradualmente. Com o fim da sala de jantar, comemos com uma frequência cada vez menor em torno de uma mesa, e, quando isso acontece, cada um se alimenta de maneira diferente dos demais. Em geral, comemos diante de uma tela: a destruição da refeição e a das famílias se apoiam mutuamente.

A alimentação se torna assim cada vez mais anexada, associada a outras atividades ou distrações, e tem cada vez menos a forma de uma refeição: beliscamos a qualquer hora diante da tela do celular. Certas firmas chegaram mesmo a desenvolver talheres que podem ser acoplados ao telefone para serem usados simultaneamente.

No Ocidente, o almoço de família aos domingos também desaparece aos poucos. A tal ponto que, nos Estados Unidos, a enorme importância dada ao *Thanksgiving* (dia de Ação de Graças) reflete a rarefação da refeição dominical: como se só comessem em família uma vez por ano.

Os livros de cozinha, contudo, ainda registram vendas importantes. Os alimentos se tornaram até um dos temas favoritos das redes sociais, substitutos da convivialidade tradicional. O compartilhamento de uma foto e a compilação de comentários e outros *likes* bastam para criar um sentimento de partilha alimentar e de gratificação social. Em abril de 2017, o *Financial Times* informou que 208 milhões de fotos postadas no Instagram utilizaram a *hashtag #food*. Em outubro de 2017, um em cada cinco ingleses compartilhou uma foto do que come nas redes sociais.

Na Coreia do Sul, surge até uma forma extrema de refeição coletiva virtual: o *social eating*, cujo princípio é deixar sua *webcam* ligada durante a refeição, para as pessoas se observarem mutuamente enquanto comem ou se exibem. A coreana Park Seo-Yeon reúne, todo os dias, dezenas de milhares de internautas a cada uma de suas refeições.

■ Os alimentos dos bebês

Segundo a recomendação da OMS, uma criança deve ser alimentada exclusivamente pela amamentação ao longo dos 6 primeiros meses de sua vida, pois o leite materno é rico em anticorpos; e parcialmente pelo menos até os 2 anos, em complemento com outra alimentação adaptada.[365] Essas recomendações são amplamente respeitadas nos países de rendimento baixo e médio, mas ignoradas nos países desenvolvidos: segundo um estudo de 2016 publicado na revista *The Lancet*, nos países ricos, apenas uma em cada cinco crianças é amamentada durante os 6 primeiros meses de vida, contra quase 100% nos países em desenvolvimento.[121] Se isso fosse praticado nos países desenvolvidos – o que as condições de vida das mulheres que trabalham impede –, seria possível salvar cerca de 800 mil crianças por ano no mundo e evitar inúmeras patologias (diarreias e pneumonias).[365] E como está fora de questão questionar o ingresso das mulheres no mercado de trabalho, tampouco prolongar a licença maternidade, o problema continua o mesmo.

Em consequência, a Europa e a América do Norte concentram, sozinhas, 40% do total do mercado de alimentação infantil. A Ásia representa 50%. O mercado é muito pouco desenvolvido na África, no Oriente Médio e na América Latina, que detém cerca de 10% do total. Segundo uma pesquisa realizada pela Research And Markets, o mercado mundial de embalagem de alimentos para bebês atingiu 50 bilhões de dólares em 2017. Duas firmas europeias, Danone (especialmente sua filial Blédina) e Nestlé, controlam cerca de 80% do mercado mundial desses produtos.[364]

Comer na escola

Para as crianças escolarizadas, em muitos países, o almoço hoje é quase sempre consumido nas cantinas. E é por vezes a única refeição do dia.

Na França, 6 milhões de alunos comem todos os dias na cantina, do ensino fundamental ao médio; um decreto torna obrigatórios certos critérios nutritivos, baseados "na variedade e na composição das refeições propostas, no tamanho das porções, na quantidade de água, pão, sal e molhos"; quatro ou cinco pratos devem ser propostos a cada refeição (entrada e/ou sobremesa, prato proteico, guarnição, laticínio); os cardápios devem ser variados (essa variedade é calculada com base na frequência dos aportes nutricionais em lipídios, açúcares, sal e outros, sobre 20 refeições consecutivas); o tamanho das porções é supervisionado; o histórico dos cardápios deve ser conservado durante três meses. Segundo uma pesquisa da UFC-Que Choisir realizada em 2013, o consumo de feculentos, legumes e produtos lácteos está de acordo com as exigências regulamentares; mas a carne e o peixe são pouco propostos como tais, e sim como longínquos suportes para pratos de má qualidade nutritiva (peixes empanados, escalopes de queijo e presunto...).[177]

Nos Estados Unidos, desde 2011, critérios nutricionais estritos são impostos nas cantinas das escolas de ensino fundamental e médio, ao passo que, anteriormente, as restrições eram mínimas, e batatas fritas eram servidas em todas as refeições. A introdução de legumes e, mais globalmente, de cardápios equilibrados foi inicialmente difícil para os numerosos alunos norte-americanos, que jogavam os legumes no lixo ou jejuavam.[340]

Distribuidores de produtos alimentares ainda são por vezes instalados dentro das escolas, com consequências desastrosas para o regime alimentar dos jovens.

Desde 2014 e da campanha contra a obesidade de Michelle Obama, "Let's move!", nos Estados Unidos, esses distribuidores automáticos não propõem mais barras de chocolate e refrigerantes ultra-açucarados, substituídos principalmente por embalagens de leite desnatado ou sucos de fruta puros. Entretanto, inúmeros estudantes norte-americanos reclamaram, sobretudo via Twitter, com a *hashtag* *#BringBackOurSnacks*[340] [Devolvam-nos nossos lanches].

Comer no trabalho

Comemos cada vez mais nos escritórios, um sanduíche ou uma salada pronta trazidos de casa ou de um comércio próximo.[276]

Os anglo-saxões, particularmente, praticam o "sanduíche-tela". Nos Estados Unidos, é frequente até mesmo comer em pé no trabalho. 62% da população ativa norte-americana permanece em seus escritórios no intervalo de meio-dia; a metade deles almoça sozinha.[296, 297] O tempo médio da pausa ao meio-dia nos Estados Unidos encurtou: de 43 minutos em 2014 a menos de 30 minutos em 2018.[298] Por sinal, a pressão social condiciona os comportamentos: um quarto dos patrões norte-americanos acha que um empregado que se oferece regularmente uma pausa ao meio-dia é menos produtivo, e 13% dos empregados temem ser julgados desfavoravelmente pelos seus colegas se fizerem essa pausa.[299]

No sudeste da Ásia, um em cada dois trabalhadores come sentado à mesa de trabalho pelo menos duas vezes por semana. Na China, onde as jornadas de trabalho são muito longas, essas pausas são maiores: 1h30, ou mesmo 2h. Uma sesta de meia-hora frequentemente acompanha o final da refeição.[300, 301, 302, 303]

Na Índia, principalmente em Mumbai, quase todos os empregados de escritório almoçam pratos preparados em casa, mas que não são trazidos por eles: entregadores de rua, os *dabbawalas*, buscam pratos preparados pelas famílias e os entregam no trabalho. O sistema é bem normatizado, com locais de coleta e de entrega, além de códigos de cores que servem para identificar os lugares exatos. Os *dabbawalas* recolhem também os pratos vazios e os devolvem às famílias. A cada dia, cerca de 5 mil *dabbawalas* entregam 200 mil refeições em Mumbai, com uma média de 3,4 erros por milhão de entregas.[505]

Os horários espanhóis seguem outra rotina, com um almoço às 14 horas, às vezes seguido de uma sesta, e uma tarde de trabalho até as 21 horas.

Na França, país de exceção, a pausa para o almoço perdura, ainda que tenha sido reduzida rapidamente (50 minutos contra 1h30 há vinte anos); e se um número igual ou superior a 25 empregados deseja comer no local da empresa, é obrigatória a instalação de um refeitório à sua disposição, com mesas, cadeiras, um forno, uma geladeira e uma torneira de água potável.[275] Hoje, a maior parte das cantinas das empresas francesas dedica também um espaço à venda de pratos para viagem, que se torna um espaço de repouso ou de lanches aberto continuamente. Entre 15% e 20% dos assalariados levam o almoço de seus domicílios para o escritório.

Em diversas empresas no mundo, as máquinas de café se tornam os locais principais das conversas, substituindo a ocasião das refeições. As pessoas se encontram bem rapidamente, e com frequência por acaso; e essas relações são, em geral, superficiais e furtivas.

O veganismo se torna mundial

Aproximadamente 10% da população inglesa é vegetariana; 9% na Itália; 9% na Alemanha; 8,5% em Israel; 7% nos Estados Unidos; 4% no Canadá; 2% na França, onde um terço das famílias se diz "flextariana" (pessoas que são basicamente vegetarianas, mas que ocasionalmente comem carne e peixe).[407] No total, os franceses adultos reduziram seu consumo de carne em 15% entre 2003 e 2015.[488] Segundo uma pesquisa da PBFA (Plant Based Food Association), em 2017, o mercado norte-americano de alimentos veganos atingiu 3,3 bilhões de dólares, registrando um crescimento de 20% em relação ao ano precedente.[489] Segundo a Vegan Society, a demanda por uma alimentação sem carne teve progressão de 987% em 2017.[366]

O atordoamento* dos animais (reconhecido como essencial para reduzir o sofrimento animal antes do abate) é agora obrigatório em certos países europeus, ainda que esteja em contradição com a prática de abate ritual (particularmente nas religiões judaica e muçulmana). Na Califórnia, a alimentação forçada dos patos e dos gansos é proibida desde 2017, pois é considerada cruel para com os animais.

Na França, a lei de 1997, que transpõe uma diretiva europeia de 1993, dispõe: "Todas as precauções devem ser tomadas tendo em vista poupar os animais de toda excitação, dor ou sofrimento evitáveis durante as operações de descarregamento, transporte, abrigo, imobilização, atordoamento ou abate".[494]

Além disso, quando um animal se torna doméstico, ele não é mais consumido. É o caso frequente, atualmente, dos coelhos, dos cervos e, às vezes, até mesmo dos cordeiros.

Os veganos comem particularmente, sob formas diversas, tofu e soja, com alta concentração de proteína.

A quinoa ganhou uma importância particular. Vinda da Bolívia e do Peru, ela é cultivada hoje em mais de 70 países: na América do Norte (Canadá, Estados Unidos), no norte da Europa (Dinamarca, Suécia), no sul da Europa (Itália), na África (Quênia), na Ásia (Himalaia, Índia). Na França, ela é cultivada principalmente na região central do Centre-Val-de-Loire. Trata-se de um dos únicos vegetais que contêm todos os aminoácidos indispensáveis que o corpo não pode produzir por si só e que se encontram sobretudo na carne. Ela não contém glúten; seus lipídios são principalmente ácidos graxos recomendados (ômega 3); ela contém minerais, oligoelementos (manganês, ferro, cobre, fósforo, potássio), fibras, glicídios (70%) e proteínas (15%) ricos em aminoácidos. Finalmente, é fonte de vitaminas B e E. A quinoa se impõe como um substituto do arroz ou das massas. Em 2013, uma campanha promocional apoiada pelas Nações Unidas fez disparar seu consumo.[402]

---

* O atordoamento é o processo de deixar o animal inconsciente antes de abatê-lo para o corte da sua carne. É um procedimento obrigatório em muitos países por, teoricamente, proporcionar um abate mais humanizado. [N.E.]

Comer religiosamente

Na Índia, as obrigações alimentares de grande parte das religiões induzem ao vegetarianismo. O regime de *ayurveda*, contudo, ainda representa apenas um mercado mundial de 3 bilhões de dólares.[413]

No Islã, a alimentação conforme as regras religiosas, o *halal*, representa um mercado mundial de 245 bilhões de dólares em 2016, ou seja, 16% do mercado global total de alimentação. A metade dos consumidores islâmicos está na Ásia (principalmente na Indonésia, no Paquistão e na Índia).[167] Dos 5,7 milhões de muçulmanos franceses, 84% dizem comer a carne *halal* cotidianamente, representando um mercado de 6 bilhões de euros em 2016.

O mercado de alimentos *kosher* é, por sua vez, estimado em 21 bilhões de euros no mundo, 4,5 bilhões de euros na Europa e 377 milhões de euros na França.[168]

Comer insetos

Os seres humanos, conforme já vimos, sempre consumiram insetos. E apesar da uniformização dos modos de vida, esse costume perdura e até se desenvolve, sobretudo entre os pobres.

Como os peixes, os insetos não são propriedade de ninguém e podem ser capturados por todo mundo. Cerca de 2,5 bilhões de seres humanos (principalmente na Ásia, África e América Latina) se alimentam atualmente com algumas das 2 mil espécies de insetos comestíveis. E certos insetos (em particular a larva da mosca soldado-negra, da mosca doméstica comum e do besouro chamado tenebrião) servem também para alimentar os animais.[177]

A Ásia é o continente que mais os consome, com cerca de 150 espécies diferentes. A Tailândia é o primeiro produtor e o primeiro consumidor mundial de insetos: aproximadamente 200 espécies são consumidas no país, nas cidades e nos campos; as espécies mais consumidas são os grilos e os gafanhotos: são comidos fritos, acompanhados de pimenta *chili* e molhos de soja, ou sob a forma de *woks* de grilos, espetos de escorpião, saladas de ninho de formigas-vermelhas à citronela. No Laos, comem-se larvas de escaravelhos-rinocerontes cozidas no leite de coco e assadas. Em todo o sudeste da Ásia, os gorgulhos-vermelhos são considerados petiscos, e fazem-se molhos com percevejos de água doce.[442] Na China e no Japão, consomem-se crisálidas do bicho-da-seda fritas ou em omelete.

Na América do Sul, as espécies mais consumidas são os gafanhotos (principalmente na Venezuela), os percevejos d'água (que acompanham a carne no México), as formigas (como tira-gosto, sobretudo na Colômbia) e as lagartas (no México). As principais receitas são o *ahuahutle* (caviar de ovas de percevejos incorporados às tortilhas), os *chapulines* (grilos fritos, condimentados, incluídos nos tacos) e o *mezcal* (bebida mexicana à base de agave e lagartas).[441]

Na África, os insetos são consumidos principalmente durante a estação chuvosa, quando a caça e a pesca são impraticáveis. Mais de 1.900 espécies de insetos são utilizadas. As principais são os coleópteros (31%), as lagartas (18%), as abelhas, as formigas e as vespas (14%), depois os gafanhotos e os grilos (13%), as cigarras e as cochonilhas (10%), os cupins (3%), as libélulas (3%) e as moscas (2%). O verme da Mosa é um alimento rico em proteínas muito apreciados em Botswana, na Namíbia, no Zimbábue e na África do Sul. Segundo a FAO, 95% das populações rurais da República Centro-Africana necessitam dos insetos para sua subsistência. Eles são consumidos por 91% da população de Botswana e 70% dos congoleses. Na República Democrática do Congo, país extremamente entomófago, o consumo de lagartas chega a 300 gramas por família e por semana. Na República Centro-Africana, as lagartas também são uma parte importante da alimentação, especialmente dos pigmeus; na África do Sul, foi desenvolvida uma rede de produção de insetos, especialmente da mosca soldado-negra, com a ajuda da Fundação Bill e Melinda Gates. Na Nigéria e em Angola também se consome um bocado de cupins crus ou cozidos. Em Madagascar, comem-se larvas de vespa cozidas na manteiga com alho e salsinha. Estima-se que cerca de 10 bilhões de vermes mopane (nome da árvore na qual eles vivem) são colhidos a cada ano na África Austral.[172]

Na maioria desses países, são os mais pobres que ainda consomem insetos, a entomofagia sendo progressivamente vista como uma prática que pertence ao passado.

A Europa também consome insetos, quase sem se dar conta. Em 2010, o entomólogo holandês Marcel Dicke estima entre 500 gramas e 1 quilo o consumo involuntário anual de insetos pelos europeus, dissimulados sob a forma de resíduos nos produtos à base de frutas e legumes (sucos, sopas, conservas...).[171] Por exemplo, o corante alimentar E120, que entra na composição de vários bolos, balas, taramas e refrigerantes, dentre os quais a Coca-Cola, é fabricado a partir do ácido carmínico extraído da cochonilha sul-americana *Dactylopius coccus*.[171]

A União Europeia autorizou, em julho de 2017, a utilização de sete insetos em hidrocultura: as moscas soldado-negras e domésticas (*Hermetia illucens* e *Musca domestica*), as larvas do tenebrião de farinha e do cascudinho (*Tenebrio molitor* e *Alphitobius diaperinus*) e os grilos domésticos dos trópicos e das estepes (*Acheta domestica* e *Gryllodes sigillatus*).[289] Os Estados Unidos já tinham permitido a alimentação de peixes em viveiro com a farinha de larva de mosca soldado-negra em 2016.[449]

Desde 1º de janeiro de 2018, a Europa concede aos insetos o status de *novel food* (novos alimentos), definidos como "bem alimentar cujo consumo pelo ser humano era negligenciado na União Europeia antes de 15 de maio de 1997"[284] (e que inclui, entre outros, além dos insetos, os OGMs, os micro-organismos, as algas, os alimentos de origem mineral ou à base de nanomateriais). A Autoridade Europeia para a Segurança Alimentar (EFSA) identificava, em 2015, diversos riscos relativos ao consumo de insetos: o déficit de pesquisas científicas sobre os eventuais riscos biológicos, químicos, bacteriológicos e alergênicos potenciais; os riscos químicos (substâncias tóxicas fabricadas pelo próprio inseto ou provocadas pelo meio ambiente); os riscos físicos (partes duras do corpo dos insetos podendo representar um perigo de ferimento durante a ingestão); riscos alergênicos; e os riscos microbiológicos (parasitas, vírus, bactérias e fungos trazidos pelos insetos).[169]

As normas do *Codex alimentarius* (conjunto de normas relativas à segurança do setor agroalimentar criado em 1963 pela FAO e a OMS) proíbem a presença de insetos inteiros dentro de lotes de farinha ou de grãos destinados à venda, mas toleram uma proporção de 0,1% de fragmentos de insetos por massa de amostragem.[380]

O caso particular francês persiste

Os países que dão menos importância à qualidade do que comem registram maior crescimento econômico, mas são os que mais perderam sua identidade cultural. Ao contrário, os países que gostam de comer e de passar algum tempo à mesa trabalham menos do que os outros e registram menos crescimento econômico, mas conservam mais do que os outros sua identidade cultural. É o caso particular da França, da Itália e de alguns outros países.

Como ocorre há pelo menos um século, conforme vimos, a relação dos franceses com a mesa permanece singular: em 2019, eles passam em média 2h11 por dia à mesa, isto é, muito mais do que os outros países da OCDE (cuja média é de 1h31 por dia) e o dobro dos norte-americanos.[448] A França é igualmente o país que mais respeita os horários das refeições: cerca de 50% dos franceses almoça entre 12h30 e 13h30.

Somente um em cada dez franceses assiste à televisão durante o almoço e um em cada quatro durante o jantar, bem abaixo do que em outros países.

A refeição tradicional cotidiana, compartilhada com a família à mesa, ainda é preferida por dois terços dos franceses. A refeição, em geral, continua sendo de qualidade decente, exceto entre os pobres. Não há carência de vitaminas na França, exceto a vitamina D (da qual carecem 45% dos franceses), a vitamina C (entre os fumantes) e às vezes o ácido fólico (para as mulheres grávidas)...

Pela primeira vez, a gastronomia de um país (a França) foi classificada, em 2010, como patrimônio mundial da Unesco. Ainda que a definição dessa refeição seja bastante restritiva, visto que é limitada às refeições que acompanham as festas familiares: "A refeição gastronômica dos franceses é uma prática social habitual destinada a celebrar os momentos mais importantes da vida dos indivíduos e dos grupos, como nascimentos, casamentos, sucessos e reencontros. Trata-se de uma refeição festiva na qual os convivas praticam, para essa ocasião, a arte do 'bem comer' e do 'bem beber'. A refeição gastronômica enfatiza o fato de todos se sentirem bem juntos, o prazer do paladar, a harmonia entre o ser humano e as produções da natureza. [...] A refeição gastronômica deve respeitar um sistema bem preciso: começa com um aperitivo e termina com um digestivo e, entre os dois, pelo menos quatro pratos, a saber: uma entrada, peixe e/ou carne com legumes, queijo e uma sobremesa. [...] A refeição gastronômica estreita o círculo familiar, dos amigos e, de modo mais abrangente, reforça os laços sociais".[274]

A Unesco entrevê, com essa definição, o papel da conversa, sem chegar ao fim do raciocínio: é em particular através da refeição que se constitui a identidade francesa. Família, refeição, demografia, cozinha, cultura, identidade nacional mantêm uma relação bem particular, tanto no passado como em nossos dias.

■ O açúcar, a obesidade e a morte

Outrora, as doenças associadas à alimentação eram sobretudo relativas à sua ausência: carência, escorbuto, cólera. E morria-se de fome.

Hoje, se ainda se morre de fome, morre se também pelo excesso: em 2019, quase 2 bilhões de adultos têm sobrepeso e 650 milhões são obesos.[224] Um em cada seis norte-americanos entre 2 e 18 anos tem excesso de peso ou é obeso. Esse é cada vez mais o caso da América Central, do sul da Ásia e da África subsaariana. Na França, 7 milhões de adultos (ou seja, um em cada sete) são obesos e 50% dos adultos têm excesso de peso.

HOJE: OS RICOS, OS POBRES, A FOME NO MUNDO | 167

A ingestão excessiva de açúcar, especialmente por meio de refrigerantes e alimentos industriais, é altamente responsável por isso: um norte-americano consome, em 2015, uma média de 46 quilos de açúcar; um francês 35; um alemão 37; um britânico 34; um indiano 18,5.[450, 451, 452] A OMS recomenda que não sejam ultrapassados 18,2 quilos de açúcar por ano. Nos Estados Unidos, o HFCS (xarope de frutose que, como já vimos, substituiu recentemente o açúcar de cana nos produtos alimentares industriais) representa 22% do consumo de açúcar das famílias, ou seja, 18 quilos por pessoa ao ano.[450]

A obesidade provoca um aumento da forma adquirida de diabetes: segundo os números da Federação Internacional de Diabetes, 425 milhões de pessoas desencadearam essa forma de enfermidade no mundo em 2017. A quantidade de diabéticos passou de 4,5% da população adulta global em 1980 para quase 8,5% em 2017.[490]

A obesidade acarreta também distúrbios musculares e esqueléticos (artrose) e doenças cardiovasculares (reconhecidas pela OMS como a principal causa de mortalidade no mundo). O açúcar estaria também implicado no desenvolvimento de certos cânceres e certas patologias degenerativas.[512]

Os médicos chegam mesmo a nomear explicitamente como "doença do refrigerante", ou ainda "doença do fígado graxo", a esteato-hepatite não alcoólica (cujo acrônimo em inglês é NASH), inflamação do fígado que ocorre quando o órgão se encontra forçado a armazenar, sob forma de gordura, a superabundância de açúcar que chega até ele. Dificilmente diagnosticável devido ao surgimento tardio dos sintomas, essa patologia registra um forte aumento no cerne dos países industrializados e representa, hoje, a segunda justificativa para transplante de fígado nos Estados Unidos.[512]

No total, segundo a Comissão Europeia, 2,8 milhões de europeus morrem todos os anos de causas associadas à obesidade; os tratamentos da obesidade representam pelo menos 7% dos orçamentos nacionais para a saúde na União Europeia.[491]

Não é só o açúcar que mata

De modo mais geral, independentemente do açúcar ou do excesso de comida, uma alimentação insalubre provoca também doenças crônicas, cânceres, depressões.

O cozimento da carne vermelha e a transformação de produtos à base de carne provocam o surgimento de compostos químicos cancerígenos, como os hidrocarbonetos aromáticos policíclicos (HAPs) e os compostos N-nitrosos. Em 2015, a Agência Internacional de Pesquisa em Câncer (IARC) da OMS classificou a carne vermelha como "provavelmente cancerígena para o homem"; diversos estudos epidemiológicos demonstram uma associação positiva entre o consumo de carne vermelha e o desenvolvimento do câncer colorretal; e, em menor medida, cânceres do pâncreas e da próstata.[290]

Ainda mais grave, o consumo de carne processada (presunto, linguiça, salame, carne em conserva e ao molho...) é definitivamente considerado como "cancerígeno", assim como o tabaco e o álcool. Cada porção de 50 gramas de carne processada consumida cotidianamente aumenta o risco de câncer colorretal em cerca de 18%. Segundo estimativas da Global Burden of Disease (organismo de pesquisa epidemiológica baseado na Universidade de Washington), 34 mil óbitos por câncer podem ser imputados anualmente, nos Estados Unidos, ao consumo de carne processada; 50 mil outros poderiam ser associados à carne vermelha se seu efeito cancerígeno fosse formalmente estabelecido, o que ainda não é o caso. Para fins comparativos, o tabaco é responsável por mais de 1 milhão de falecimentos no mundo por câncer, e o álcool, por 600 mil por ano.[290]

Os alimentos ultraprocessados (ou seja, que foram submetido a várias etapas de transformação industrial e são compostos de mais de quatro ingredientes, dentre os quais aditivos como conservantes, corantes, amidos modificados e óleos hidrogenados) possuem qualidades nutritivas mais fracas que os alimentos naturais e integram mais lipídios, gorduras saturadas, sal e açúcar. Eles são particularmente lucrativos para a indústria e particularmente perigosos para os consumidores: um estudo da NutriNet-Santé, coordenado pelo professor Serge Hercberg e realizado de 2009 a 2017 sobre um grupo de 105 mil franceses, estabeleceu uma correlação de 6% a 18% entre o consumo de alimentos ultraprocessados e a prevalência de câncer. Entretanto, como as pessoas que comem mais pratos pré-preparados são também as menos ricas, e consequentemente as mais expostas a outros riscos sanitários, esses resultados devem ser tomados com precaução.[440] As batatas fritas e os biscoitos industriais consumidos por crianças de menos de 3 anos contêm acrilamidas em proporções cancerígenas.

Enfim, os dois terços de resíduos de pesticidas que encontramos nos alimentos contêm prováveis perturbadores endócrinos, fatores de cânceres hormônio-dependentes, de redução da fertilidade, de obesidade, de cânceres e de doenças congênitas, neurológicas ou imunitárias. A OMS estabeleceu uma "presunção média" de correlação entre uma manipulação recorrente de tais produtos químicos e doenças frequentemente graves. Particularmente, é possível que o glifosato tenha um grande impacto sobre a saúde dos agricultores que o utilizam em bases cotidianas, e que as doses desse produto, presente em inúmeros outros bens alimentares consumidos diariamente, como os cereais, as leguminosas ou as massas, sejam fortes o bastante para serem potencialmente nocivas. Ainda que os testes efetuados em 2017 mostrem que as doses consumidas desse produto ainda respeitam os limites máximos em resíduos fixos pelos padrões europeus.

O consumo de metais pesados (chumbo, mercúrio, cádmio) e de toxinas provoca também enfermidades. Nós os encontramos na alimentação. Em particular, o chumbo (que pode ser achado nos legumes ou na água) pode ter consequências cardiovasculares nos adultos; o metilmercúrio e o arsênio provocam riscos neurais e cerebrais; o cádmio afeta o funcionamento renal.[136, 346]

O consumo de farinhas animais (produzidas a partir da queima dos ossos) por espécies herbívoras provoca a transmissão da encefalopatia espongiforme bovina (EEB), ou "doença da vaca louca", mortal para os bovinos. Essa enfermidade é transmitida em seguida ao homem pela ingestão de carne. A crise da vaca louca fez, desde 1986, 223 vítimas humanas no mundo, das quais 177 britânicas e 27 francesas.[291]

Uma doença que afeta o porco pode, em certos casos, ser transmitida ao homem; uma epidemia gripal entre junho de 2009 e agosto de 2010, que a OMS qualificou como "pandemia", causou entre 151.700 e 575.400 mortes. Inicialmente, suspeitava-se de uma das grandes criações industriais de porcos no México, situada em La Gloria, no estado de Veracruz, como sendo o ponto de partida da pandemia. O Departamento de Agricultura dos Estados Unidos emitiu também a hipótese de uma emergência da doença no seio de uma criação de porcos asiáticos; o vírus teria em seguida invadido o território norte-americano por intermédio de um viajante contaminado. Nos dois casos, a pecuária industrial foi responsabilizada.

A concentração de animais em espaços cada vez mais reduzidos e em condições de higiene inadequadas é um fator que favorece a incubação de novas cepas de vírus.[293, 294]

Por fim, a anorexia é uma doença associada a distúrbios alimentares que, em 2017, afeta 3,3 milhões de pessoas no mundo. As vítimas são, em sua grande maioria, adolescentes e jovens adultos (15 a 25 anos) de países desenvolvidos: 0,9% dos jovens norte-americanos e 0,5% de jovens franceses sofrem dessa enfermidade;[292] menos de 0,01 dos africanos.[109] Segundo os critérios da American Psychiatric Association, a doença se caracteriza por uma recusa em manter o peso corporal acima do mínimo normal, medo de engordar ou se tornar obeso, perturbação na maneira como os pesos corporais, a forma ou a silhueta são percebidos, influência exagerada do peso e da silhueta sobre a autoestima.[110] Em particular, segundo uma pesquisa da Universidade de Pittsburgh (Estados Unidos), publicada em 2016 no *Journal of Academy of Nutrition and Dietetics*,[154] o vício em redes sociais pode provocar anorexia. O anoréxico não quer conversa; em todo caso, não com aqueles que querem alimentá-lo.[110]

Finalmente, o consumo de glúten e lactose só é um problema de saúde para 3,5% das pessoas que são realmente alérgicas a eles, e não para 35% da humanidade que acredita, equivocadamente, também ser alérgica.

■ Uma produção excessiva de vegetais, de carne e de peixe

A produção alimentar é uma fonte formidável de desperdício.

Em 2018, 1,3 bilhão de toneladas de alimentos (por perda e desperdício) foram para o lixo (30% dos cereais, 20% dos laticínios, 35% dos peixes e de frutos do mar, 45% das frutas e legumes e 20% da carne), ou seja, um terço de tudo o que é produzido no planeta.[412]

Além disso, 350 milhões de toneladas foram perdidas em 2018 por conta da insuficiência de infraestrutura de armazenamento. E o equivalente a 110 bilhões de dólares foram perdidos por causa do vencimento da data de validade nos estabelecimentos comerciais.

Na França, cada cidadão joga no lixo, anualmente, 20 quilos de alimentos, dos quais 7 quilos de produtos ainda embalados, isto é, o equivalente a uma refeição por semana; principalmente legumes e frutas. Um terço desse desperdício ocorre nos domicílios; o restante, nos restaurantes e nas cantinas coletivas.

A cada ano, a humanidade joga fora 20 bilhões de toneladas de detritos alimentares dentro dos mares e lagos. A "grande ilha de lixo do Pacífico Norte", vasta extensão de detritos (7 milhões de toneladas) situada entre o Havaí e o Japão, mediria o equivalente a três vezes o território francês, constituído em 46% por redes de pesca. Esses lixos plásticos, essencialmente alimentares, são em parte consumidos pelos peixes e, portanto, indiretamente pelo homem: quase 30% dos peixes, ostras e mariscos consumidos na Europa provavelmente contêm plástico.

Desperdiça-se também muita água doce (não necessariamente potável), em particular para produzir carne: para produzir 1 quilo de milho, são necessários 500 litros d'água; 600 litros para produzir

1 quilo de trigo; 4 mil litros para 1 quilo de frango; 4.800 litros para 1 quilo de porco; e 13.500 litros para um quilo de carne bovina. Uma refeição típica à base de carne consome 12 mil litros de água, ao passo que uma refeição vegetariana contendo as mesmas calorias consome 3.500 litros. Dessa forma, a necessidade hídrica do planeta passou de 600 km^3 por ano em 1900 para 3.800 km^3 por ano em 2018, dos quais 70% são consumidos pela agricultura.

Há um excesso de produção de produtos da pesca: pesca-se cada vez mais, e em águas cada vez mais profundas. Em 1960, pescava-se até os 100 metros de profundidade; em 2017, a 300 metros. A pesca em águas profundas só é proibida na União Europeia, e ainda assim além dos 800 metros.

40% dos estoques piscatórios são classificados como excessivamente explorados: o arenque no Atlântico Norte, a enchova no Peru, a sardinha no Atlântico Austral, o atum, o bacalhau. Cerca de 41% dos atuns são explorados em nível "biologicamente não sustentável" desde 2013. No Mar Mediterrâneo e no Mar Negro, as pescadas, os linguados e os salmonetes são explorados em excesso, e somente 59% dos estoques são explorados em nível "biologicamente sustentável". Em 2017, foram pescadas 500 mil toneladas de bacalhau, ao passo que o máximo sustentável é de 200 mil. Na população dos peixes grandes (atum, tubarão, bacalhau e linguado), 90% já desapareceram; de 24% a 40% dos vertebrados marinhos vão desaparecer.

Mais de 500 espécies de peixes e de invertebrados encontram-se hoje na lista vermelha da União Internacional para a Conservação da Natureza (UICN) de espécies ameaçadas; os tubarões e as raias estão ameaçados de extinção. Todo ano, 100 milhões de tubarões são pescados, embora sua pesca seja proibida. A população de tubarões diminuiu 80% em quinze anos; os espécimes de tubarão-tigre, tubarão-martelo, tubarão-buldogue e tubarão-negro diminuíram 95% desde o começo dos anos 1970. O peixe-napoleão, caçado por suas mandíbulas, e o golfinho-do-irauádi (Mianmar) estão em vias de desaparecer. Em 2017, contam-se cerca de dez vezes menos baleias do que em 1800, ainda que sua pesca seja agora mundialmente proibida.[11]

■Alimentar-se produz excesso de gás de efeito estufa

Comer, mais do que qualquer outra atividade humana, produz gás de efeito estufa.

Em particular, cerca de 18% do total de gás de efeito estufa produzido pela atividade humana se deve, direta ou indiretamente, aos animais de pecuária (a metade proveniente dos bovinos). 40% dessas emissões se devem à sua fermentação gástrica, 45% ao transporte, 10% ao armazenamento e 5% ao abate.[182, 183]

Cada vez mais, os países do norte exportam, mediante subvenções, frangos e trigo para a África, o que produz CO_2 durante o transporte e destrói as produções concorrentes de cereais e aves africanas. Por outro lado, as indústrias dos países do norte destroem importantes áreas naturais, principalmente nos países em desenvolvimento, para produzir frutas e legumes fora de época, que transportam com custo elevado até os consumidores. Por exemplo, produz-se fora de época, para o norte da Europa, os morangos na Espanha; e desfloresta-se a Amazônia para produzir abacates fora de época exportados (por avião) para a Europa; isso consome dez a vinte vezes mais petróleo que os alimentos equivalentes produzidos nos lugares em que são consumidos. Pior ainda é o caso de legumes cultivados em estufas aquecidas em outro canto do mundo, depois congelados e transportados por avião a 8 mil quilômetros de distância.

No total, o consumo alimentar de um europeu representa 30% de sua pegada ecológica (metodologia de contabilidade ambiental que avalia a pressão do consumo das populações humanas sobre os recursos naturais). E pouquíssimas pessoas se preocupam com as economias que seriam possíveis: comer menos, comer produtos locais, comer refeições veganas e comer produtos de época teria um efeito considerável sobre a redução da produção de gás de efeito estufa.

Destroem-se os solos

Entre 2001 e 2015, a agricultura industrial (culturas e pecuária) foi responsável por 27% da desflorestação total.[428] No Brasil, a destruição da floresta está basicamente associada à cultura de soja e à pecuária, mas a taxa de desmatamento tende a diminuir.* O sudeste asiático, bem atrasado em termos de legislação para a proteção das florestas, ainda desmata consideravelmente, pondo em risco a vida de mais de 200 espécies animais, dentre as quais algumas emblemáticas, como o tigre e o orangotango.

Em 2018, somente um quarto dos espaços terrestres mundiais não foi direta ou indiretamente afetado pelas atividades humanas.[492] No mesmo ano, 87% das zonas úmidas desapareceram.[493] Em 2016, a União Internacional para a Conservação da Natureza, uma organização fundada em 1948 para proteger a biodiversidade, estimava que 14,7% – ou seja, 20 milhões de quilômetros quadrados espalhados em mais de 200 mil zonas diferentes – dos espaços terrestres e 10% dos espaços marítimos tinham o status de área protegida. Assim, o objetivo fixado pela Convenção Sobre Diversidade Biológica, assinada em 1992 por 168 países, de proteger 17% da superfície terrestre e 10% dos espaços marítimos em escala mundial, será atingido sem muita dificuldade.[385]

Em escala global, 30% da destruição dos espaços naturais e florestas é provocada pelas necessidades de pecuaristas. Essa atividade contribui em até 18% com o total das emissões de gás de efeito estufa no mundo. Nos Estados Unidos, a pecuária seria responsável por 55% da erosão dos solos e 37% pelos pesticidas; 50% dos antibióticos, assim como um terço do fósforo presente nas águas territoriais norte-americanas, estariam associados à pecuária.[183]

A pecuária já consome 8% dos recursos mundiais de água doce. É o setor econômico que mais causa a poluição das águas através de antibióticos, hormônios e pesticidas em função das culturas

---

* Este livro foi publicado originalmente em 2019. Desde então, contrariando as previsões do autor, houve um aumento vertiginoso do desmatamento no Brasil. [N.E.]

destinadas à alimentação animal. Além de poluir a água, a pecuária impede a renovação das fontes de água doce, pois os animais amassam a terra, endurecendo o solo e criando um obstáculo para ela se infiltrar.[183]

Com 23 quilos de pesticidas utilizados por hectare de terra agrícola, o recorde é da Costa Rica, que os aplica praticamente dez vezes mais do que a França em suas culturas de banana, abacaxi, melão e outras que exigem uma enorme quantidade de fungicidas e pesticidas – chegando até a 49 quilos de pesticidas por ano e por hectare de bananas e 30 quilos para os abacaxis.[506] O glifosato está presente no Roundup®, um herbicida bastante utilizado pelos agricultores e produzido pela Monsanto desde os anos 1970. Inúmeros produtos análogos cujas fórmulas químicas variam em função dos adjuvantes são igualmente utilizados.

Os componentes químicos destroem os micro-organismos que garantem a fertilidade da epiderme do planeta: uma área de cerca de 30 cm de espessura, a mais rica das diferentes camadas, concentra 80% de seres vivos (bactérias, fungos, insetos).[387] A utilização do glifosato aumentou com o desenvolvimento de OGMs resistentes: pode-se assim espalhá-lo sobre as plantações para interromper o crescimento de todos os outros vegetais que não sejam os geneticamente modificados.

Os componentes químicos também trazem consequências trágicas para a diversidade dos solos e aumentam a dependência de recursos cada vez mais raros (como o fósforo) e de empresas quase monopolísticas, como aquelas que detêm as patentes sobre as sementes.[304, 305]

No total, os componentes químicos, combinados com a salinidade dos solos e com as lavouras, ameaçam a fertilidade das terras aráveis, e as safras estagnam ou diminuem; um fenômeno inquietante que a comunidade científica chama de "teto de produtividade". Em certas regiões, a produtividade tende mesmo a diminuir. Hoje, em escala mundial, um terço das terras agrícolas está ameaçado de se tornar estéril por causa das práticas de agricultura intensiva.

O ritmo da erosão superou o da formação dos solos (a pedogênese).[133]

■ Redução da diversidade dos seres vivos

Como as múltiplas espécies humanas reduziram-se a apenas uma em alguns milhões de anos, o mesmo ocorre com a natureza, em algumas décadas.

Os produtos fitossanitários também provocam o desaparecimento de certas espécies e a proliferação de outras, chamadas de "oportunistas"; eles atacam certos micro-organismos que constituem o ecossistema subterrâneo e os eliminam, alterando assim a fertilidade dos solos.[387] Sob a ação desses adubos, algumas algas proliferam, reduzem a concentração de oxigênio e provocam o desaparecimento de várias espécies animais. Na região de Beauce, França, por exemplo, enquanto havia 2 toneladas de minhocas por hectare em 1955, hoje existem menos de 200 quilos.

91% das variedades de milho, 95% das variedades de repolho e 81% das variedades de tomate já desapareceram.[4] Nós perdemos 90% da diversidade animal ao longo do século XX; e, segundo a União Nacional de Apicultura Francesa (UNAF), 30% das colônias de abelhas desaparecem a cada ano, contra 5% em 1995.

Há 10 mil anos, enquanto a alimentação humana ainda se baseava em mais de 5 mil espécies vegetais diferentes, hoje em dia, quatro espécies (trigo, milho, batata e arroz) garantem cerca de 60% da segurança alimentar mundial.

E como nos alimentamos cada vez menos de certas espécies, nós as protegemos menos e as deixamos desaparecer. O relatório de 2018 do World Wildlife Fund (WWF)[185] estima que a exploração excessiva ou a atividade agrícola, e por vezes a combinação das duas, são responsáveis pelo desaparecimento de 75% das espécies animais ou vegetais desde o início do século XVI. As populações de animais selvagens foram globalmente reduzidas em 60%.

No total, a uniformização do que se come uniformiza a natureza e reduz sua capacidade de resistir aos impactos e às crises.

■ O grande segredo

As grandes firmas agroalimentares dispõem mais do que nunca dos meios para calar aqueles que pretendem lutar contra os venenos que elas produzem e impõem aos consumidores. Elas possuem até mesmo os meios para corromper pesquisadores, levá-los a produzir e publicar estudos mentirosos.

Nos Estados Unidos, em 2016, documentos da Sugar Research Association (o *lobby* do açúcar que se tornou recentemente a Sugar Association) mostraram que a associação transferiu, em 1967, 50 mil dólares a três pesquisadores de Harvard que publicaram, no respeitadíssimo *Journal of the American Medical Association*, um estudo, encomendado e orientado por esse *lobby*, que pretendia estabelecer que o açúcar tinha uma influência inferior sobre a obesidade e as doenças cardiovasculares às gorduras saturadas; o que serviu para desviar o debate durante vários anos.[227, 337]

Da mesma forma, a Coca-Cola desembolsou, de 2012 a 2014, vários milhões de dólares para pesquisadores da Universidade do Colorado, sob o comando do doutor John Peters, para demonstrar falaciosamente que o açúcar não era tóxico.[227] Segundo a Associated Press, em 2011, indústrias de petiscos (Skittles, balas de frutas, filial da Mars; Hershey, confeitos achocolatados; e Butterfingers, marca de tabletes de chocolate pertencente à Nestlé) financiaram um estudo explicando que as crianças que comem açúcar pesam menos do que as crianças que não o consomem. Outro estudo, financiado pela Quaker Oats, foi publicado na revista *Food & Nutrition Research*, explicando que flocos de aveia quentes satisfaziam mais do que qualquer outro produto no café da manhã.[337]

Em 1974, uma ONG inglesa de combate à pobreza, War on Want, publicou um estudo, "The Baby Killer",[180] no qual denunciava as campanhas de promoção e distribuição agressivas de leite em pó pelas multinacionais ocidentais nos países em desenvolvimento, em especial na África subsaariana. A Nestlé, em particular, tinha lançado vastas campanhas publicitárias que ofereciam promoções inacreditáveis. Ora, segundo a Unicef, uma criança alimentada com leite em pó em condições não higiênicas se expõe entre 6 e 25 vezes mais ao risco de morrer de diarreia, e 4 vezes mais ao risco de morrer de pneumonia nos primeiros anos em comparação às que são alimentadas com leite materno.

No total, o número de crianças mortas por causa de uma má alimentação infantil associada a esses produtos foi estimado em 1,5 milhão de crianças por ano pela OMS no final dos anos 1990, ainda que regulamentações internacionais tenham sido adotadas para enfrentar esse fenômeno. Em 1998, a associação IBFAN (International Baby Food Action Network) publica o ranking de dez violações, mostrando que as indústrias continuam distribuindo amostras grátis.[342, 343, 344]

Na Índia (segundo produtor e primeiro consumidor mundial de açúcar, com 50 milhões de agricultores que exploram a cana-de-açúcar), o *lobby* desse produto é poderoso: cerca de um terço (130 em 543) dos eleitos da segunda câmara do Parlamento, chamada Lok Sabha, é composto por eleitos de apenas dois dos estados do país. Sandip Sukhtankar, um pesquisador do Dartmouth College, revelou que, das 183 refinarias analisadas no estado de Maharashtra, 101 contam em seus conselhos administrativos com uma ou várias pessoas que foram candidatas às eleições locais e nacionais entre 1993 e 2005.[347]

Na Europa, os *lobbies* do açúcar gastam em média 21,3 milhões de euros por ano a fim de influenciar as decisões da Comissão Europeia.[460]

Na França, os industriais do açúcar (setor que representa cerca de 40 mil empregos) e seu sindicato (o Sindicato Nacional de Fabricantes de Açúcar) criaram ateliês de *lobby*, como o Centro de Estudo e Documentação do Açúcar, que particularmente concebeu três sites de propaganda. O Instituto Benjamin-Delessert se concentra no meio médico e outorga prêmios que um dos agraciados declara: "Não se pode demonizar o açúcar".[507, 508] O site www.lesucre.com publica artigos de verificação de fatos visando enfrentar os ataques contra o consumo de açúcar nas mídias. Ele fornece, por exemplo, contra-argumentos sobre as conexões entre o açúcar e a obesidade ("É o excesso calórico de um aporte elevado de açúcar que pode acarretar um ganho de peso, e não o açúcar em si"); entre o açúcar e a diabetes ("É falso afirmar que o consumo de açúcar seja a causa da diabetes. Esse tipo de diabetes é, essencialmente, consequência de uma sobrecarga de peso associada a um consumo excessivo alimentar global, e não a um consumo excessivo de açúcar em particular"); entre o açúcar e a dependência ("No homem, não é constatada essa dependência que implica em tolerância e sintoma de abstinência, ainda que exista em certas pessoas comportamentos compulsivos em relação aos alimentos gordurosos açucarados, porém, nunca em relação unicamente ao açúcar. Além disso, essas compulsões alimentares podem ser amplificadas por regimes restritivos").

Na França e em toda a União Europeia, desde dezembro de 2016, a etiquetagem de um produto pré-embalado deve necessariamente conter a "declaração nutricional", ou seja, a quantidade de calorias, gordura (incluindo as gorduras saturadas), glicídios (incluindo o açúcar), proteínas e sal presentes no produto[339] para cada unidade (geralmente de 100 gramas). Nos Estados Unidos, desde maio de 2016, a declaração nutricional foi revisada, especialmente para evidenciar e precisar, na categoria "açúcares", os "açúcares adicionados". Devem também ser reveladas as gorduras (incluindo as saturadas), o colesterol, o sódio (sais), proteínas, potássio, ferro, cálcio e vitamina D.[338]

■ A conscientização

Se a confiança naquilo que se come continua forte nos Estados Unidos, na Espanha e na Grã-Bretanha, 40% da população chinesa se preocupa com a segurança alimentar em 2016, número que não passava de 12% em 2008.[453] Nos Estados Unidos se desenvolve também, sob o nome de "nutrição negativa", um sentimento de medo diante da gordura, a que chamam de "lipofobia", essencialmente no âmbito da classe média, que agora pratica um pouco mais de atividades físicas.

O caso da França continua particular: 84% dos franceses se dizem preocupados com sua alimentação. Cerca de 80% deles consideram "provável o risco de os alimentos serem nocivos à saúde", contra 59% em 2012. Somente 38% dos franceses confiam nos alimentos processados, e 40% nas redes de distribuição. Apenas 28% confiam na sua alimentação cotidiana.

Segundo uma pesquisa da Opinion Way, em 2016, 63% dos franceses privilegiam regularmente o consumo de produtos regionais, e 93% o fazem parcialmente. Paralelo a isso, 61% das pessoas interrogadas na França se dizem prontas a gastar mais em produtos regionais a fim de apoiar a economia local; 42% privilegiam produtos locais para ter certeza sobre a origem dos produtos; 32% pensam que esses produtos são de melhor qualidade; 24% afirmam que os produtos locais ou regionais correspondem mais a seus valores pessoais e culturais; 54% dos consumidores desejam que sua região lhe proponha mais produtos locais; 80% compram produtos locais para apoiar a produção de sua região; 48% são sensíveis ao bem-estar animal; 64% são favoráveis a uma etiquetagem nutricional. Somente um em cada dez franceses não come jamais produtos orgânicos; 65% dentre eles são consumidores regulares, contra 37% em 2003.

A ortorexia[208, 209] (termo cunhado pelo doutor Steven Batman em 1997; do grego *orthos* e *orexis*, "apetite") designa a obsessão de comer de modo saudável. Uma pessoa sofrendo dessa patologia pode fazer questão de comer frutas e legumes colhidos há menos de duas horas e mastigar durante muito tempo uma mesma porção para torná-la mais digerível. Isso pode provocar carências alimentares graves e impossibilitar o compartilhamento de refeições com outras pessoas.

■ Os adolescentes anunciam que o melhor talvez seja possível

Os jovens de nossos dias, em todos os cantos do mundo, têm outras preocupações mais importantes do que a alimentação. Eles querem também, como os adultos, e frequentemente mais do que eles, comer bem rápido, a qualquer hora e longe da mesa familiar. E a França não escapa dessa evolução.

Na França, 61% dos jovens afirmam comer pelo menos uma entre duas refeições diante de uma tela; 54% afirmam não comer em horas fixas pelo menos uma das refeições; 48% deles não tomam café da manhã todos os dias; 47% fazem sozinhos pelo menos uma em cada duas refeições diárias. Mais de um em cada três jovens declara que costuma beliscar o dia inteiro (35% dizem que isso ocorre pelo menos um em cada dois dias); mais de um em cada quatro jovens declara pular uma refeição a cada duas; 54% dos jovens entre 18 e 24 anos encomendam refeições por meio de aplicativos.

A alimentação raramente é motivo de revolta entre os jovens, como acontece por exemplo com o clima, o currículo escolar e universitário. Em 2007, contudo, cerca de 100 mil jovens mexicanos saíram às ruas para denunciar o forte aumento do preço da tortilha (quase 40%), elemento essencial da alimentação do país. Em 2008, no Marrocos, ocorreram confrontos entre jovens manifestantes e policiais após a rebelião da fome, provocando a morte de vários contestadores. O mesmo no Haiti (alguns mortos e centenas de feridos após as revoltas associadas ao aumento de mais de 50% dos alimentos, como o arroz ou o feijão; essas revoltas levaram o Senado a destituir o primeiro-ministro em função, Jacques-Édouard Alexis), no Egito (cinco mortos, provavelmente nos protestos relacionados à inflação e à penúria do pão) e na Somália.[135, 345]

Algumas vezes, rarissimamente, os pais de jovens alunos se revoltam contra a qualidade de sua cantina escolar. Na França, em 2014, pais de alunos em Marselha organizaram um coletivo denunciando as refeições servidas nas cantinas municipais depois que insetos foram encontrados várias vezes nos pratos de seus filhos. Esses pais criaram então uma "Operação Lesmas", que consistia em atrasar o pagamento da cantina.[341]

A alimentação é, para certos jovens, um assunto importante de conversa: segundo uma pesquisa norte-americana encomendada pela Farm Rich (empresa de pratos pré-preparados), os adolescentes norte-americanos entre 13 e 19 anos passam em média cerca de mil horas por ano, ou seja, 39 dias, pensando na alimentação; Facebook é sua principal fonte de inspiração culinária (27%), e em segundo lugar vem o YouTube (21%). Segundo um estudo da Zizzi, rede de restaurantes na Grã-Bretanha, os norte-americanos entre 18 e 35 anos passam cinco dias por ano observando imagens no Instagram, e 30% evitam um restaurante se sua "presença" nessa rede social for fraca.[454] No Instagram, fotos de alimentos, pratos e bebidas somam milhares. E quando pensam em alimentação, eles pensam sobretudo em bebidas. Ou drogas.

No total, a alimentação é, para a maioria dos jovens de hoje, uma atividade essencialmente utilitária, raramente terapêutica, raramente fundamental. Ela vem depois das roupas, do lazer e dos telefones: mais de um em cada quatro norte-americanos está pronto para sacrificar a qualidade e a quantidade de sua alimentação em detrimento de suas vestimentas (31%) e dos telefones (25%). Essa tendência é uma realidade mundial. Os jovens ainda se mostram raramente prontos a se mobilizar para que sua alimentação seja mais saudável.

Isso não prenuncia uma geração futura mais consciente dos desafios e mais preparada para enfrentá-los. Como dizia um velho provérbio francês: *"On n'est pas sorti de l'auberge"* (literalmente, "ainda não saímos do albergue"), expressão popular do século XIX, na qual a palavra "albergue" significa... prisão.

■ O hieroglifo chamado "A2", representando um homem sentado, com a mão na boca, significa ao mesmo tempo *comer, beber, falar, calar-se, pensar, amar, odiar*, segundo a disposição dos outros signos próximos.

■ Pintura mural de um túmulo egípcio em Luxor, Tebas, datada do século XI a.C.

■ Estampa japonesa, "A preparação das delícias do arroz", em contenda sobre o saquê e o arroz (*Shuhanron emaki*).

■ *Ichthus*, utilizado pelos primeiros cristãos, é baseado no símbolo cristão do peixe, cujas iniciais em grego correspondem àquelas de "Jesus, Filho de Deus, o Salvador".

■ Leonardo da Vinci, *A última ceia*, por volta de 1495-1497.

■ Paul Véronèse, *O casamento em Caná*, 1536.

Pieter Aertsen, *A feirante em seu estande*, 1567.

Giuseppe Arcimboldo, *O outono*, 1573.

■ Pieter Bruegel, O Velho, *Casamento camponês*, 1567.

■ Caravaggio, *Ceia na casa de Emmaus* (detalhe), 1601.

■ Willem Van Aelst, *Uvas e pêssegos*, 1670.

■ Juan Sánchez Cotán, *Marmelo, repolho, melão e pepino*, cerca de 1602.

■ Floris van Schooten, *Natureza morta com presunto*, meados do século XVII.

■ Jan Vermeer, *A leiteira*, cerca de 1658-1660.

■ Édouard Manet, *O almoço na relva*, 1863.

■ Auguste Renoir, *O almoço dos barqueiros*, 1880-1881.

CAPÍTULO 8

Em trinta anos, insetos, robôs e homens

Muitos se arriscaram, no passado, a prever o futuro da alimentação. E com muita frequência se enganaram.

Assim, em dezembro de 1900, o engenheiro e museólogo norte-americano John Elfreth Watkin publicava, no *Ladies' Home Journal*, 28 previsões para o ano 2000. Diversas delas se revelaram corretas: a geladeira, a televisão e os meios de comunicação sem fio (todas, na verdade, já existiam enquanto protótipos). No entanto, ele se enganou enormemente ao prever que a transmissão de uma corrente elétrica dentro do solo permitiria estimular o crescimento dos vegetais e obter "ervilhas grandes como beterrabas", "morangos grandes como laranjas" e "um melão capaz de alimentar toda uma família".[252, 253]

Em 1960, imaginava-se que no ano 2000 nos alimentaríamos com pílulas e produtos liofilizados, como faziam então os homens se preparando para partir pela primeira vez ao espaço; vemos isso novamente em 1968, nas rações aromatizadas e padronizadas dos astronautas do filme *2001: Uma odisseia no espaço*, de Stanley Kubrick.

Em 1973, no filme *No mundo de 2020*, Richard Fleischer descreve como, em 2022, após ter esgotado todos os recursos do planeta, a humanidade seria obrigada a se alimentar com uma única pílula cotidiana, produzida a partir de cadáveres humanos.

Diversas outras previsões se seguiram, reconfortantes ou catastróficas, anunciando a abundância absoluta ou a destruição da humanidade por falta de alimentos, ou ainda por causa dos venenos com os quais ela se alimenta.

A seguir, me arriscarei também nas previsões, misturando as tendências pesadas de outrora, tais como derivam daquilo que as precede, com as reviravoltas, as rupturas, as mutações que se pode imaginar para o futuro. Eu me alimento aqui das precisões feitas a partir de minhas pesquisas precedentes e publicadas em vários de meus livros.[9]

De fato, as histórias da alimentação tais como foram contadas anteriormente, a demografia, a urbanização, a tecnologia, as migrações, os costumes, as ideologias, as relações econômicas, sociais e geopolíticas, o estado da Terra, as poluições, a crise climática, determinam bem amplamente o que a Terra poderá produzir, aquilo que os homens vão querer e poder comer, a maneira como comerão e as condições nas quais poderão eventualmente organizar as conversas que fundam e sustentam a sociedade. E o que essa previsão anuncia é bem sombrio.

Entretanto, rupturas extraordinárias ainda são possíveis e tornam o futuro ainda controlável.

Primeiro, as necessidades

Em 2050, a menos que haja um cataclisma, será preciso alimentar 9 bilhões de seres humanos; a Ásia e a África terão que alimentar, respectivamente, 875 milhões e 1,3 bilhão de habitantes a mais do que em 2019.

75% da população global, contra 55% dessa de hoje, viverá nas cidades, longe da terra e da natureza. Metade da população total do planeta terá integrado uma espécie de classe média. Esta aspirará a níveis de consumo e de vida semelhantes às classes médias ocidentais de hoje. Dentre elas, 70% se encontrarão na Ásia; o restante estará sobretudo na África.

A esses humanos, será preciso acrescentar bilhões de animais de pecuária, peixes e insetos que terão também de ser alimentados para que possam, em seguida, alimentar as pessoas.

■ Será possível alimentar 9 bilhões de seres humanos?

Para alimentar um número bem maior de pessoas com o mesmo modelo de consumo do Ocidente hoje em dia, será necessário aumentar em 70%, de hoje a 2050, a produção alimentar global.[157] Isso parece totalmente inatingível.

Não se destruirá assim apenas a humanidade, mas o planeta: em 2050, para alimentar a humanidade segundo o mesmo modelo nutricional dos Estados Unidos de hoje, será preciso, segundo Dickson Despommier, professor de ciências do ambiente da Universidade de Columbia, desflorestar suficientemente para tornar cultiváveis as terras de uma superfície equivalente à do Brasil.[23] A fim de aumentar a produtividade, deverá ser intensificada a utilização de produtos químicos e recorrer aos OGMs. Os solos estarão imensamente saturados, com uma quantidade duas vezes maior de produtos nitrogenados e três vezes mais produtos fosforados espalhados. A velocidade da erosão da biodiversidade será multiplicada por cem. Enfim, de hoje até 2050, segundo o Banco Mundial, o volume dos detritos alimentares anuais no mundo poderia alcançar 3,5 bilhões de toneladas.

Por sinal, a pecuária agravará a degradação do clima e a falta de água potável.

Segundo a FAO, os países em desenvolvimento serão os mais afetados pelas consequências do desajuste climático sobre a agricultura, com um impacto negativo de 9% a 20% sobre a produtividade de hoje até 2050. Dessa forma, em 2050, ainda que a África seja capaz de assegurar sozinha seu consumo de tubérculos (batata-doce, inhame, mandioca), ela não deverá ter capacidade de produzir mais do que 80% de seu consumo de cereais. Na África Ocidental, as baixas de produtividade poderiam mesmo alcançar 25% para o milho e 50% para o sorgo.[495]

Outro relatório da FAO[386] publicado em 2015 estima que, se nada for feito até 2050 para remediar o empobrecimento dos solos, isso resultará numa perda de 253 milhões de toneladas de cereais, equivalente àquela que se obteria se o conjunto da superfície agrícola da Índia (150 milhões de hectares) se tornasse incultivável.

Segundo esse relatório, no momento em que for necessário aumentar a capacidade agrícola do planeta dessa forma, a mudança climática em curso a reduzirá: se nas latitudes mais elevadas no norte da Europa, na Ucrânia e no Canadá o aquecimento poderá ter efeitos agrícolas provisoriamente benéficos, por outro lado, ele reduzirá em 20% a produção alimentar de vários países e será globalmente negativo. Ele poderá, em particular, reduzir em 30% a produção agrícola africana de nossos dias até 2080, quando a população desse continente crescerá mais do que o dobro no mesmo período.

E, de qualquer maneira, faltarão recursos para produzir os adubos que serão necessários: a disponibilidade de fósforo poderá atingir seu nível máximo por volta de 2040, segundo estudo de Dana Cordell, professora da Universidade Técnica de Sydney, Austrália.[134]

Portanto, será impossível alimentar tanta gente.

Principalmente considerando que será preciso dedicar uma parte crescente do orçamento das famílias para tratar da saúde, estudar, morar, proteger-se, distrair-se. Em consequência, a parte da renda que poderá ser dedicada à alimentação, que gira hoje em torno de 15% nos países desenvolvidos, será reduzida ainda mais em todos os lugares; particularmente nos países em desenvolvimento.

Para tentar resolver essa equação aparentemente impossível, não bastará desenvolver novas tecnologias agrícolas visando uma melhor gestão dos solos (através da instalação de captadores meteorológicos a fim de otimizar a irrigação, ou pelo uso de drones inteligentes para descobrir zonas a cultivar). Será necessário também, caso sigamos com o mesmo modelo, utilizar muito mais fertilizantes, desmatar imensos espaços ainda ocupados pelas florestas. E assim, acelerar o esgotamento dos recursos dos solos e do mar, agravando a perda da diversidade de seres vivos até destruir totalmente o planeta e matar de fome as próximas gerações.

No final das contas, é óbvio que a totalidade dos seres humanos de 2050 não poderá ter acesso ao nível e ao estilo de vida alimentar atuais da classe média norte-americana ou europeia de nossos dias.

Se persistirmos no modelo atual, é provável que se faça necessário continuar a distinguir cinco formas de comer: os raros e riquíssimos gastrônomos, que poderão dispor do serviço de um verdadeiro *chef,* em suas casas ou em restaurantes; os iniciados, que só comerão coisas saudáveis pensando estar prestando um serviço ao planeta, mas sem realmente se preocupar com outra coisa que não seja sua felicidade pessoal; as classes médias superiores, que tentarão imitar os riquíssimos ou os iniciados; as inúmeras classes médias inferiores, que comerão sobretudo alimentos industriais, cada vez mais nefastos e nocivos para o planeta; finalmente, os paupérrimos, que se contentarão em comer como faziam há mil anos, acedendo às vezes ao pior dos produtos da indústria agroalimentar e dos produtos naturais, que se tornarão mais raros e mais caros.

Os riquíssimos comerão cada vez melhor, e cada vez menos

À margem da alimentação de massa, que abordaremos adiante, serão desenvolvidos novos alimentos para os ricos e os riquíssimos. Eles serão preparados nos melhores restaurantes, ou pelos cozinheiros pessoais dos milionários e poderosos.

Frequentar esses restaurantes será, muito menos do que outrora, um símbolo do poder, mas antes, um prazer de novos-ricos ou verdadeiros gastrônomos.

Alguns desses consumidores mais abastados desejarão comer as carnes mais originais, os peixes mais protegidos, as frutas e os legumes mais perfeitos e, principalmente, os vinhos das melhores safras. E pagarão por isso um preço cada vez mais extravagante.

O grande cozinheiro será cada vez mais considerado um artista oferecendo pratos cada vez mais onerosos. Os melhores desses *chefs* desejarão oferecer a seus clientes a qualidade e a pureza das condições de produção dos artigos que utilizarão e não se contentarão, como fazem hoje os melhores deles, em ir pessoalmente à feira. Eles terão, como alguns já têm, suas próprias hortas, suas próprias fazendas, sua própria criação de animais. Utilizarão também produtos extremamente raros, vindos do mais longe possível, ou ressurgidos do passado remoto. Superfrutas, superlegumes. Vegetais raros e esquecidos. Eles inventarão, igualmente, novas formas, matérias e texturas.

A gastronomia ocidental cederá lugar, parcialmente, àquela que virá da Ásia; ela incorporará ainda mais do que hoje os produtos mais populares desse continente. Veremos, em particular – aliás, já o vemos –, os insetos participarem como ingredientes da alta gastronomia global.

Outros ricos e poderosos optarão pela sobriedade, pela simplicidade, priorizando sua saúde e seu espírito, ou outros prazeres, em detrimento do alimento. Como a mesa não será mais do que um local simbólico do poder, eles consumirão ostensivamente pouco alimento, a partir dos produtos mais saudáveis, mais naturais e mais simples possível. A origem irá se impor às calorias. O açúcar e a carne serão banidos de sua alimentação. A frugalidade será considerada uma prova de refinamento e inteligência; o excesso de peso será visto como um sinal de tolice, fraqueza e incompetência.

E isso trará, como no passado, consequências para o comportamento das classes médias, que vão querer imitar a maneira de se alimentar dos mais ricos e tentarão encontrar, nas lojas especializadas, produtos quase equivalentes.

■ Escolhas culturais: cada vez mais asiáticas e miscigenadas

No futuro, como no passado, as cozinhas refletirão a importância que as nações dão ao "bem-viver" e à sua própria identidade, o que estará tão correlacionado a seu desenvolvimento econômico quanto agora: em geral, os raros países que continuarão a apreciar o "bem-comer" conservarão mais do que os outros sua identidade e trabalharão menos do que os outros; seu desenvolvimento econômico sofrerá com isso: o capitalismo continuará exigindo a frugalidade de suas classes dominantes.

Assim como as cozinhas italiana, depois a francesa, depois a norte-americana, se impuseram sucessivamente ao mundo, após a cozinha árabe será possível prognosticar o triunfo das cozinhas chinesa, indonésia e indiana. Afinal de contas, todas elas remetem a potências geopolíticas futuras e correspondem bastante, pelo seu modo de consumo, às exigências do mundo do futuro: alimentos variados, que podem servir individualmente e ao modo nômade; perfeitamente adaptados às refeições ligeiras ou a um beliscar permanente.

De todo modo, os Estados Unidos não terão mais o monopólio do modelo de alimentação das classes médias. E em pouco tempo veremos surgir, como já acontece, as redes de *fast-food* vindas da Ásia, da África e da América Latina.

O mercado de alimentos religiosos também aumentará de forma significativa: o regime ayurvédico verá crescer expressivamente seu público consumidor na Índia, como na Europa e na América. Segundo uma análise da WiseGuy Reports publicada em 2018, esse mercado, que alcançava um valor de 3,4 bilhões em 2015, deverá chegar a 10 bilhões em 2022.[413] E muito mais em 2050.

O mercado de alimentos *kosher* poderia atingir um valor de 60 bilhões (11,6% de crescimento anual) em 2025.[168]

Finalmente, os alimentos *halal* poderiam interessar a 2,2 bilhões de pessoas em 2025 e a 2,75 bilhões em 2050, às quais se acrescentariam as populações não muçulmanas seduzidas pela qualidade dietética dessa cozinha. O valor desse mercado então será tão grande (730 bilhões de dólares em 2025 e 1,5 trilhões em 2030) que ele poderá atrair as grandes firmas atuais do setor agroalimentar, ou novos empreendimentos. A não ser que a proteção dos animais venha a reduzir o mercado da carne *halal* e empurre um grande número de muçulmanos para o veganismo.[167]

Da mesma forma, com o cruzamento das cozinhas asiática e muçulmana, ambas com um próspero futuro, pode-se esperar uma difusão maior das cozinhas iraniana, indiana, paquistanesa e indonésia.

Menos carne e menos peixe

Até 2050, se continuarmos no ritmo atual, o consumo médio de carne no mundo, por habitante e por ano, deverá alcançar 52 quilos (contra os 41 quilos de hoje) no Ocidente e passar de 30 a 40 quilos nos países em desenvolvimento. O consumo de porco deverá aumentar 42%, o de boi 69% e o de aves 100%; a demanda por leite crescerá 60%.[182] Para que isso seja possível, será preciso duplicar o número de aves e aumentar em pelo menos 50% o número de bois abatidos. Objetivos estes inalcançáveis.

Ocorrerá o mesmo com relação aos peixes, que não poderão mais vir do mar: a partir de 2030, somente um terço dos peixes consumidos será proveniente do mar; o restante virá das psiculturas. Serão consumidos intensamente camarões, krills e sobretudo algas (que contêm, conforme vimos, mais cálcio, proteínas, ferro, vitaminas, minerais, fibras e antioxidantes do que todas as frutas ou todos os legumes conhecidos).

Veremos, como já podemos ver, surgir substitutos da carne, em particular da carne bovina, como o tofu, os grãos de soja, as proteínas vegetais; e também o leite, os iogurtes, os queijos de origem vegetal. Veremos até o desenvolvimento de carnes e peixes artificiais: em 2013, pesquisadores britânicos conseguiram produzir um bife de carne a partir de células de carne; o procedimento, extremamente complexo, custou mais de 250 mil libras esterlinas e durou mais de três meses.[455] Esse custo deverá baixar rapidamente. Em 2015, os engenheiros da *startup* New Wave Foods criaram um substituto vegetal para o camarão: eles utilizaram o principal alimento do camarão, uma certa alga, para obter um camarão vegetal com o mesmo gosto e a mesma cor do camarão animal; atualmente, a firma trabalha na criação de lagostas e caranguejos artificiais. Esses procedimentos não estão mais em estágio de pesquisa, e o custo de sua fabricação desaba rapidamente.

Em agosto de 2018, a *startup* Memphis Meats, pioneira no desenvolvimento da carne artificial, captou cerca de 20 milhões de dólares de investidores como Bill Gates, Richard Branson, Elon Musk e a firma de agroalimentar Tyson Foods.[456]

Em novembro de 2018, a Food and Drug Administration e o departamento de agricultura norte-americano anunciaram a elaboração de uma nova legislação relativa ao enquadramento e à rotulagem da produção de carne artificial. Segundo um documento do Congresso norte-americano, os primeiros lotes de carne produzida *in vitro* poderiam ser comercializados até 2030.[457] Para isso, também será utilizada a tecnologia de edição do ADN CRISPR-Cas9, que permitirá modificar o código genético de animais, insetos e plantas com inédita precisão.[334]

■ Vegetariano de outro modo

Em 2050, pelo menos um terço da população global será vegetariana, por opção ou por obrigação.

Novas plantas serão consumidas: de cerca de 30 mil espécies vegetais comestíveis, somente 30 são cultivadas atualmente em ampla escala. Serão usadas em particular novas variedades de batata: hoje só se utilizam 231[458] na França, dentre as mais de 5 mil variedades diferentes, das quais a vasta maioria é cultivada exclusivamente nos Andes, como a *atahualpa*, batata peruana de altíssima produtividade.[176]

Pode-se esperar igualmente o reaparecimento de produtos vegetais totalmente esquecidos, como a quinoa, planta herbácea da família das quenopodiáceas que, como vimos, serviu de base à alimentação das civilizações pré-colombianas durante 5 mil anos antes de ser banida pelos espanhóis.[53] Em 2019, o mundo produziu 149 mil toneladas de quinoa, e poderá produzir 100 milhões em 2050.

Entre os vegetais cuja reaparição podemos prever encontra-se o fônio, um cereal cultivado na África Ocidental há vários milênios. Na segunda metade do século XX, porém, sua cultura quase desapareceu, pois é difícil debulhá-lo à mão nua. No entanto, graças à automatização do debulhamento, sua cultura renasce desde o início dos anos 2000; ela passou de 373 mil toneladas a 673 mil toneladas entre 2007 e 2016, ainda que sua produção seja limitada (620 mil toneladas em 2015, das quais 75% na Guiné).[368] Seu valor nutritivo se aproxima do arroz, do qual se distingue por um valor elevado de cistina e metionina; sua cultura é bem simples: pode brotar em zonas áridas, posto que suas necessidades de água são bem limitadas;

pode também prosperar em solos bem pouco férteis, exauridos pela agricultura intensiva. Atualmente, ele é utilizado basicamente nos regimes sem glúten.

A indústria aproveitará esse mercado para adulterá-lo. Particularmente, veremos surgir incontáveis produtos industriais de conotação vegetariana.

Hampton Creek produziu uma maionese de substituição. Just Mayo®, à base de plantas – sem colesterol, gorduras saturadas ou alergênicos, e utilizando somente duas calorias de energia por caloria de alimento. Tudo isso pela metade do preço de um ovo. Enquanto uma galinha consome 39 calorias de energia por caloria alimentar ao produzir ovos.

A marca francesa Feed propõe bebidas em pó com gosto de "legumes da horta", "cenouras e abóboras", "tomates à provençal" e "crepes" para a seção de salgados; "frutas vermelhas", "café" e "chocolate" para a seção de produtos açucarados; e garante serem livres de OGMs, lactose e glúten, além de veganas. A marca afirma que é possível "substituir qualquer refeição por um Feed sem qualquer risco de carência (café da manhã, almoço, jantar)". A bebida sabor "tomates à provençal" contêm 6% de tomates (em pó e em pedaços), 1% de ervas aromáticas e também "farinha de aveia, gordura vegetal (óleo de girassol, antioxidante: extrato de alecrim), isomaltulose, proteína de ervilha, linhaça, farinha de arroz, aromas artificiais, cebola grelhada em pó, sais minerais, fibra de acácia, sal, alho, espessantes: goma guar e goma xantana, pimenta-do-reino, maltodextrina, mistura de vitaminas A, B1, B2, B3, B5, B6, B8, B9, B12, C, D, E, K), pimenta-caiena, antioxidante: extrato natural de alecrim".[443]

Mais adiante, serão abordados esses alimentos em pó.

Mais insetos

Ainda que a tendência alimentar mundial seja a ocidentalização, que exclui os insetos, e ainda que as classes médias dos países emergentes os comam cada vez menos (em função da elevação de seu nível de vida), o mundo inteiro deverá consumir, globalmente, cada vez mais insetos.

Suas qualidades nutritivas são consideráveis: são muito ricos em proteínas e outros nutrientes; e é mais fácil coletá-los do que criar animais. Seu consumo de água é bem inferior ao dos demais animais. Sua criação destrói menos os solos sobre os quais são instalados do que a pecuária. Para fornecer a mesma quantidade de proteínas, um grilo precisa de seis vezes menos alimentos que um bovino, quatro vezes menos que um carneiro e duas vezes menos que um porco ou um frango; os gafanhotos requerem 12 vezes menos alimento que os bois para produzir a mesma quantidade de proteínas. Sua criação também pode ser usada para eliminar detritos, dos quais se alimentam certos insetos.

Novos insetos poderão ser utilizados, particularmente, para alimentar os recém-nascidos: em 2016, descobriu-se uma nova espécie de barata, a *Diploptera punctata*, que produz uma espécie de leite que poderia ser mais nutritivo que o leite de vaca; esse pequeno inseto vivíparo (os filhotes crescem dentro do ventre de suas mães) produz na verdade uma secreção bem nutritiva que poderia ser sintetizada em laboratório e permitiria criar um novo alimento para os recém-nascidos.[509]

De modo geral, segundo Andreas Aepli, CEO da Bühler Insect Technology[166] (empresa que reúne o gigante da indústria mecânica Bühler e uma companhia líder no setor de entomocultura, ou produção de insetos para a alimentação), os insetos poderiam representar, em 2050, 15% da produção global de proteínas e serão ainda, como hoje, consumidos essencialmente na Ásia.

No Ocidente, é possível supor que o mercado de insetos se desenvolverá primeiro para a alimentação animal, depois para fornecer proteínas aos atletas; certos insetos (a mosca soldado-negra, a mosca-doméstica, as larvas-da-farinha, os grilos, os gafanhotos e os bichos-da-seda) se tornarão assim uma base alimentar importante para os animais da pecuária, principalmente para aves, porcos e peixes.

Segundo a ONG europeia International Platform of Insects for Food and Feed (IPIFF), o volume da produção de proteínas provenientes dos insetos na Europa poderia ultrapassar as 2 mil toneladas em 2018 para mais de 1,2 milhão de toneladas em 2025.[288]

Diante da amplitude de seu mercado global, os insetos atrairão cada vez mais a cobiça da indústria agroalimentar; inúmeras empresas agem para assumir o controle desse novo maná. A Poquitos serve tacos à base de grilos. A Exo produz barras de proteínas também a partir de grilos. A *startup* francesa IN produz bifes a partir de insetos. Para facilitar sua aceitação no mercado ocidental, certas empresas propõem insetos na forma de batatas fritas, petiscos, barras energéticas, farinhas, etc. Na França, a Micronutris utiliza pó de insetos para fazer biscoitos e chocolates. A Khephri cria insetos para os países em desenvolvimento. A Ynsect fabrica farinhas para alimentar animais. Nos Estados Unidos, a Exo Protein tenta produzir "barras" com insetos. Fundada em 2016, a *startup* francesa InnovaFeed produz moscas soldado-negras (*Hermetia illucens*) destinadas à alimentação animal e, mais particularmente, à psicultura;[371] em 2019,* essa firma vai inaugurar uma nova fábrica em Nesle, no departamento francês de Somme; quatro unidades de produção suplementares serão construídas até 2022, o que levará essa empresa francesa de biotecnologia a liderar o setor europeu de produção de proteínas de insetos.[395]

Também será possível criá-los em domicílio: a Tiny Farms lançou o projeto "Open Bug Farm", um kit para criar sua fazenda e produzir insetos para consumo doméstico. O kit não se contenta com a produção de minhocas em quantidade: cada usuário pode reunir os dados de sua criação e enviá-los à Tiny Farms, que diz servir-se deles para melhorar o procedimento. As austríacas Katharina Unger e Julia Kaisinger elaboraram um pequeno móvel com prateleiras visando a criação de larvas-da-farinha (larvas do besouro *Ténébrion meunier*, um inseto coleóptero). Esses insetos, ricos em proteína, são alimentados a partir de detritos domésticos; introduzidos em sua forma larvária na prateleira superior do móvel, os vermes caem de um nível para outro

---

* Finalmente, essa unidade foi inaugurada em novembro de 2020. [N.T.]

à medida que vão crescendo, e são colhidos na prateleira inferior ao atingirem o tamanho de 3 centímetros; essa "colmeia de mesa" permite produzir, por semana, até 500 gramas de larvas-da-farinha, que podem ser consumidas fritas ou em forma de farinha.[459]

Por fim, o McDonald's analisa a possibilidade de substituir parte da soja que utiliza para alimentar os frangos de seus fornecedores por algas e insetos.[369]

Entretanto, há várias objeções contra essa expansão do consumo de insetos.

Primeiramente, eles podem causar alergias, como as que ocorrem no consumo de outros invertebrados – crustáceos, por exemplo –, pois todos pertencem à família dos artrópodes, esses invertebrados que têm um esqueleto externo constituído, em partes, de quitina;[370] ora, essa molécula da família dos glicídios é também um conhecido alérgeno.

Em seguida, será preciso ter certeza de que as criações industriais de insetos serão bem controladas e que os bilhões de insetos produzidos não se espalharão na natureza nem propagarão doenças.

Enfim, será necessário evitar a extinção, ao consumi-los em excesso, dos insetos necessários à sobrevivência dos ecossistemas: os insetos são responsáveis pela polinização de culturas que representam um terço da alimentação mundial.[417] Se não desempenham papel algum em culturas como a do trigo ou da beterraba, seu impacto é estimado em 23% da produção mundial de frutas, 12% da produção mundial de legumes e até 39% do café e do cacau.[418] À escala global, o valor econômico da polinização realizada pelos insetos atinge 150 milhões de euros.

Eles também são um alimento natural para os pássaros; na Europa, os insetos representam 60% da alimentação dos pássaros e são responsáveis por 80% da polinização das espécies selvagens.[146]

Acontece que os insetos já estão bem ameaçados: num artigo de 2019, constatou-se que 41% das espécies de insetos estudadas estão em declínio e 31% ameaçadas de extinção.[93] No total, a biomassa de insetos sobre o planeta declina 2,5% por ano. Uma pesquisa publicada em 2017 demonstrou que na Europa, entre 1990 e 2017, as populações de insetos voadores já diminuíram 75%.[146] Principalmente em áreas de agricultura intensiva.

A utilização excessiva de pesticidas e fertilizantes, a destruição de zonas que garantem a reprodução e a proteção dos insetos (pradarias não exploradas, cercas-vivas) e os ciclos de rotação das culturas (muito mais curtos e excluindo as culturas de leguminosas) benéficas para os solos contribuem também, pelo menos tanto quanto seu consumo, para a destruição maciça das populações de insetos.[419] O consumo de insetos deverá, portanto, ser tratado com máxima prudência.

■ Menos açúcar

Se o mesmo modelo persistir, continuaremos consumindo intensivamente o açúcar industrial, uma droga como as outras, para nos consolarmos diante da solidão e compensarmos as mais diversas carências. Alcançaremos, na média mundial, o consumo de 50 quilos por habitante ao ano, ou seja, três vezes além do necessário. E isso apesar das ameaças mais evidentes que esse veneno representa e dos gastos que causa à sociedade.

Uma proibição do consumo do açúcar industrial paira no horizonte, de início em certos países ocidentais, depois no restante do mundo. Ela levará tempo para se generalizar. Sem dúvida, passará por uma tributação e por campanhas bastante insistentes, como aquelas feitas contra o fumo.

O México (onde o excesso de peso e a obesidade são mais disseminados, afetando 73% da população) já se dedica ao problema, lutando em particular contra o consumo de refrigerantes: em 2014, o país decretou um imposto de 10% sobre os refrigerantes, cujo consumo médio é de 163 litros por habitante ao ano.[420] A Noruega elevou o imposto sobre bebidas açucaradas em 2018: ele atinge, agora, 48 centavos de euro por litro. Na Estônia, em 1º de janeiro de 2018, um imposto de 10 a 30 centavos de euro por litro entrou em vigor.[421] Alguns países africanos também estão se preparando para ações como essa.

A fim de não serem acusadas um dia de comportamento criminoso, como ocorre com a indústria do tabaco, certas empresas agroalimentares, dentre as mais conscientes, começaram a renunciar a alguns de seus produtos açucarados demais para substituí-los por produtos novos, saudáveis e duráveis. Fazem isso a partir das próprias equipes de pesquisadores ou associando-se a empresas especializadas.

Em 2015, a CEO da PepsiCo, Indra Nooyi, escandalizou os investidores ao afirmar que os refrigerantes "de cola eram coisa do passado",[256] sem que essa declaração tenha tido consequências trágicas para as cotações da Bolsa. Desde então, os laboratórios dessa multinacional, assim como de várias outras, trabalham em inúmeros novos produtos e compram *startups* promissoras; após ter assumido o controle da Tropicana em 1998, além de diversas outras firmas de produtos naturais, a PepsiCo adquiriu em 2018 a sociedade israelense SodaStream, líder do mercado da gaseificação em domicílio, por 3,2 bilhões de dólares; dessa forma, antecipou-se o próximo desejo dos consumidores de parar de comprar água engarrafada ou refrigerantes e, em vez disso, produzir ambos por conta própria, sem açúcar nem aditivos.[256]

Por sua vez, a Coca-Cola lançou a Smartwater, água mineral filtrada e depois evaporada por destilação para livrá-la do conjunto de impurezas. Cloretos de cálcio, magnésio e bicarbonato de potássio foram acrescentados em seguida. Essa água é vendida cinco vezes mais cara do que a de suas concorrentes.[256]

Outras firmas do setor agroalimentar fingem fazer o mesmo, anunciando incessantemente que logo colocarão produtos saudáveis em todos os mercados, ao passo que, na realidade, elas só estão preocupadas em salvar seus lucros lançando novos produtos industriais, que só são orgânicos em suas campanhas publicitárias.

Comer para tratar a saúde

Assistiremos ao desenvolvimento, para os mais ricos, de alimentos dispondo de uma dimensão terapêutica: frutas enriquecidas de vitaminas, superalimentos compostos de um coquetel de nutrientes, ovos fortificados por microalgas.

Isso começa com o desenvolvimento do mercado dos chamados "supérfluos", ou seja, frutas riquíssimas em antioxidantes, particularmente importantes na prevenção de doenças como o câncer e enfermidades cardiovasculares. Entre essas frutas estão a baga de *goji*, a noz pecan, o mirtilo, a baga de sanguinheiro, a acerola, a cereja-preta, o oxicoco. O sanguinheiro é dez vezes mais rico em vitamina C (antioxidante poderoso) do que a laranja; também é rico em vitamina E, outro antioxidante com propriedades anti-inflamatórias. O oxicoco contém igualmente uma quantidade elevada de flavonoides, uma família de antioxidantes muito proderosos.[422]

Segundo a Future Market Insights, o mercado global das super-frutas, que já era de 38 bilhões de dólares em 2015, deverá crescer 6% por ano até 2030.[423]

De modo geral, segundo um estudo da Grand View Research, o mercado mundial de alimentos supostamente saudáveis, que era de 130 bilhões em 2015, deverá alcançar cerca de 225 bilhões de dólares em 2024. Os produtos lácteos deverão representar um terço da base desse mercado; os produtos de panificação e os cereais, um quarto; óleos e produtos gordurosos, 15%; e peixes e carnes, 15%. Os nutrientes integrados a esses produtos serão os carotenoides, as fibras alimentares, os ácidos graxos, os minerais, os probióticos e as vitaminas.[181]

Com o tempo, graças à integração de nanocápsulas liberando progressivamente nanoelementos nos alimentos, será possível destilar medicamentos. Poderemos também mudar a cor, o gosto e os elementos nutricionais de frutas, legumes, pães, carnes, peixes; poderemos igualmente reduzir seu teor de gordura, sal e calorias, assim como aumentar seus prazos de validade e retardar seu amadurecimento.

Em breve, serão consumidos também novos alimentos, inspirados naqueles considerados terapêuticos para certos animais. Por exemplo, o regime alimentar dos chipanzés (composto de mais de

300 alimentos, dos quais alguns terapêuticos) poderia ser uma fonte de inspiração para novos remédios e *alicaments* (alimentos funcionais) humanos.[373] Em particular, o caule das plantas do gênero *Vernonia* e as folhas das plantas da família *Trichilia*, consumidos pelos chipanzés, que têm virtudes antimaláricas; as folhas de *Aspilia* são eficazes para se livrar de parasitas intestinais; finalmente, os chipanzés sofrendo de distúrbios intestinais se tratam com a casca de *Albizia*.[374]

Alguns pesquisadores também observaram comportamentos idênticos nos insetos: as moscas *Drosophila*, quando infectadas por parasitas, começam a consumir frutas em estado de decomposição, ricas em álcool, o que elimina os parasitas.[375]

Já é um primeiro modo de se alimentar imitando a natureza. Existem outros.

Imitar a natureza

Alguns comportamentos de vegetais ou animais podem inspirar novas formas de produzir o que comemos.

Assim, a água doce dos tanques de peixes contém bactérias que transformam o amoníaco de seus dejetos em nitrato. Ao colocar raízes de plantas cultivadas fora do solo em contato com essa água, é possível alimentá-las com esse nitrato ao mesmo tempo em que se purifica a água, que será então revertida para os peixes. O sistema Oasis Aquaponic, criado pela pesquisadora norte-americana Michelle Leach, pode produzir dessa maneira, ao mesmo tempo, 200 quilos de um peixe de água doce, a tilápia, e 300 quilos de tomates por ano. Essa alimentação também pode ser feita através de painéis solares.[424]

A equipe da Universidade Técnica de Zvolen, na Eslováquia, se inspirou na capacidade de certas espécies de lagarto vivendo em zonas áridas para coletar água a partir da umidade e redistribuí-la em seus corpos graças à sua pele, para inventar o Bio-Cultivator[376]: ecossistema autônomo que permite, como o modelo da pele do lagarto, extrair a umidade dentro do adubo, condensá-la e distribuí-la diretamente para as raízes de plantas, de forma ideal, sem regá-las.[377]

Uma equipe da Universidade do Oregon se inspirou no sistema digestivo da minhoca e no intestino delgado humano para elaborar um sistema de drenagem capaz de melhor conservar os nutrientes dentro do solo e impedir que escoem, diminuindo assim a quantidade de fertilizante necessária.[496]

Finalmente, a empresa Slant, criada em 2012 no Chile e instalada desde então na baía de São Francisco, Califórnia, definiu um programa que imita a maneira como as formigas se comunicam para identificar os melhores trajetos e os riscos no caminho (a partir de interações individuais e através das pistas de feromônios, que enviam informações sobre os alimentos que elas vão recuperar), graças a uma plataforma que permite aos consumidores se informarem mutuamente sobre a qualidade dos alimentos propostos pela indústria.[444] Esse comportamento das formigas, por sinal, já havia sido utilizado para criar o Waze, aplicativo que permite aos motoristas se informar sobre as condições de trânsito e os trajetos ideais.

■Artefatos alimentando-se de artefatos

O século XXI verá também a redução da barreira entre os homens e os animais; como foram reduzidas e depois eliminadas, pelo menos a princípio, as barreiras entre as diferentes etnias humanas. Gradualmente, muitos abatedouros serão fechados, assim como ocorrerá com criações de animais em confinamento, torturados ao longo de toda sua vida. Isso certamente será um fator importante para a aceleração da luta contra o sofrimento animal, da queda do consumo de carne e do desenvolvimento do veganismo.

Depois, tendo nos conscientizado da humanidade que existe nos animais, faremos o mesmo com os vegetais: as pessoas tomarão consciência de que os vegetais, como os animais, têm comportamentos bem próximos da consciência humana e desenvolvem inúmeros comportamentos altruístas. Isso trará importantes consequências para a alimentação humana, e chegaremos mesmo a considerar a renúncia ao consumo do reino vegetal.[52]

Se as plantas não são dotadas de um órgão central dedicado à inteligência ou à consciência, as células vegetais funcionam em rede e transmitem-se informações por meio de sinais elétricos e químicos, o que equivale à implementação de uma forma de inteligência.

Na verdade, os vegetais se comunicam graças a sinais moleculares como a emissão de gás no nível de sua folhagem ou a transmissão de substâncias pelas raízes, processo através do qual as árvores mais jovens são alimentadas pelas mais velhas. As folhas de algumas espécies de árvore, como a do pinheiro-manso na cidade francesa de Antibes e os carvalhos verdes no sul do país, também emitem gases que incitam seus congêneres a manter distância, criando um espaço vazio de pelo menos uma dezena de centímetros entre suas ramagens. Uma planta de centeio possui até 14 milhões de raízes, percorrendo uma distância total de cerca de 600 quilômetros e uma área representando mais de 200 km²; essa rede de raízes transmite à planta informações que lhe permitem tomar decisões inteligentes.

As plantas se comunicam também com os insetos e com os animais durante a polinização; certas plantas liberam substâncias químicas agradáveis para os insetos, pássaros e pequenos mamíferos polinizadores que vêm se extasiar em troca do transporte do pólen. Em 2017, um estudo da Universidade de Aarhus, na Dinamarca, demonstrou que as árvores parecem mesmo ter uma pulsação muito mais lenta que a dos homens; e talvez até mesmo uma consciência, uma empatia, um altruísmo.

O altruísmo das plantas se desenvolve primeiramente entre as espécies aparentadas. Se forem limitados os espaços subterrâneos das plantas, por exemplo colocando-as dentro de um vaso, as plantas não aparentadas procurarão desenvolver ao máximo suas raízes em detrimento das outras, enquanto as plantas aparentadas vão desenvolver uma quantidade razoável de raízes e privilegiar o desenvolvimento aéreo, a fim de não prejudicar suas congêneres. As marias-sem-vergonha (*Impatiens balfourii)* amarelas aparentadas, cujas raízes estavam em contato, desenvolveram-se alongando seus caules, favorecendo assim o crescimento de todas as outras. Por outro lado, para as marias-sem-vergonha não aparentadas (quer as raízes se toquem ou não), o desenvolvimento das plantas se faz pelo crescimento das folhas, o que resulta na morte de outras plantas.[378, 425]

Duas espécies de plantas não aparentadas também podem efetuar uma colaboração mútua benéfica a que chamamos de "simbiose". Por exemplo, é frequente que os cogumelos se associem às raízes de um vegetal de modo a encontrar açúcar, ao passo que eles fornecem, em troca, os minerais às raízes do vegetal, alguns difíceis de encontrar, como o fósforo.[426]

Se a conscientização desse altruísmo vegetal se desenvolver, isso poderia colocar em questão, algum dia no futuro, seu consumo? Teríamos então a possibilidade de nos alimentarmos de seres vivos? Ou nos alimentaríamos somente com alimentos de síntese? Veremos os próprios animais substituídos por robôs para realizar algumas de suas funções?

Já vimos surgir artefatos agindo como substitutos dos insetos. Em março de 2018, a Walmart registrou uma patente visando desenvolver abelhas-robôs destinadas a substituir as colônias de abelhas no processo tão essencial da polinização que, como vimos, está relacionado a um terço dos alimentos humanos; esses robôs miniaturas, totalmente autônomos, equipados de captadores, permitirão localizar as culturas, visar o pólen das plantas para transportá-lo e distribuí-lo às plantas vizinhas, com o mesmo princípio da polinização das abelhas.

O que seremos nós então? Artefatos alimentados de artefatos mecânicos, depois biológicos? Iremos nos tornar clones alimentados de clones?

Última vertigem: quando as células-tronco puderem ser utilizadas para fabricar animais e vegetais, e órgãos de seres vivos de um novo gênero, nós nos consumiremos a nós mesmos, como uma forma última de retorno ao canibalismo. Na ilusão da imortalidade. Num silêncio mortal.

CAPÍTULO 9

Comer sozinho num silêncio vigiado

Conforme vimos, desde a aurora dos tempos, a estrutura das refeições sempre esteve condicionada pela natureza dos alimentos e pelas condições sociais daquele que os consome: quem come, o que come, como come, com quem come, do que se fala ao comer, como o poder é distribuído, tudo isso está intrinsecamente ligado.

No início, comia-se cru o que se encontrava, a qualquer momento, quando era possível, muito antes de dominar a linguagem. Depois, comia-se em horas cada vez mais estáveis, em função da chegada do dia e da noite. Em todas as épocas, particularmente após o advento do sedentarismo, as refeições forneceram as principais ocasiões para conversar, para estruturar as línguas e as culturas, as classes sociais e os poderes, e para administrar as famílias, as empresas, as cidades, as nações, os impérios.

Depois de algum tempo, o sedentarismo se afasta novamente; começa a se propor àqueles que não almoçam em casa pratos portáteis; depois, refeições rápidas, reduzindo o tempo disponível para conversar. Até voltarmos agora aos hábitos nômades mais antigos: comer sozinho, em pé, em qualquer lugar, a qualquer hora, alimentos facilmente transportáveis.

E quando a refeição se afasta, a conversa desaparece. O silêncio se instala. Com vastas consequências.

Essas tendências são e serão universais; ainda que as diferenças geográficas e culturais permaneçam, apesar disso, consideráveis. Particularmente, ainda por algum tempo, como uma especificidade francesa.

Para acabar com a cozinha

Como nas construções romanas, onde não havia cozinha, esse cômodo, surgido essencialmente na Idade Média, está em vias de desaparecimento. Essa evolução começou, como vimos, na metade do século XX, com o aparecimento daquilo que chamamos "cozinha americana", uma peça aberta para a sala principal onde um balcão serve, ao mesmo tempo, como separação e mesa para refeição.

Essa evolução será acelerada nas décadas que estão por vir: nas sociedades cada vez mais urbanas, nas quais a superfície habitável custa cada vez mais caro, um número menor de pessoas consagrará um cômodo inteiro de suas residências para preparar a refeição. E ainda menos um espaço a ser compartilhado. Para começar, é o fim das salas de jantar. Comeremos cada vez mais na "sala de estar", o *living room*, e não mais conversando em volta de uma mesa, mas diante de uma tela; inicialmente comum e, depois, diante de telas individuais. Com a atenção mais voltada para o que acontece na tela do que se acha dentro do prato.

Por algum tempo, ainda teremos um espaço para armazenar pratos ou produtos e um local para finalizar os pratos comprados praticamente já prontos, mas em breve não haverá espaço para os ingredientes. Nós nos alimentaremos sobretudo de refeições prontas, vindas de outro lugar, frias, conservadas, congeladas. Refeições portáteis, sobre bandejas descartáveis, que poderemos comer sem o risco de nos sujarmos.

Voltaremos a nos encontrar numa situação parecida com a da Roma Antiga, quando só os riquíssimos tinham, em suas imensas residências, uma cozinha e pessoas para cuidar dela, e quando outras pessoas compravam seus alimentos nas feiras públicas.

Na verdade, cada um comerá cada vez mais quando der vontade, indo apanhar algo para beliscar na geladeira ou no distribuidor automático. E o acondicionamento dos alimentos será cada vez mais adaptado a essa utilização: individuais, portáteis, prontos para o consumo.

Quando ainda houver refeições (em domicílio, nas cantinas, nos trens, nos aviões e nas fábricas), robôs ajudarão na sua preparação: uma rede de *fast-food* norte-americana criou em 2014 o braço robótico Flippy, que coloca um bife numa chapa de cozimento e em seguida o dispõe sobre o pão. Em 2015, a Moley Robotics apresentou um robô-cozinheiro, supostamente capaz de reproduzir mais de 100 receitas de *chefs* premiados.[200] Será preciso ainda muito tempo para que as receitas dos grandes *chefs* possam ser replicadas em toda parte, com seu jeito pessoal, por robôs-cozinheiros.

A impressão alimentar em domicílio talvez permitirá um dia conceber e enviar, de longe e antecipadamente, uma refeição fabricada. Já existem impressoras de pizzas ou de chicletes, mas os custos ainda são elevados demais para que sejam lucrativas. Por exemplo, a Foodini, uma impressora alimentar 3D criada pela *startup* espanhola Natural Machines, pode, em teoria, fabricar bolos, pizzas e massas. O Centro Culinário Contemporâneo de Rennes, na França, criou uma impressora 3D para crepes;[427] essa máquina está conectada a um computador no qual foi instalado um programa chamado Pancake Painter para escolher a forma do crepe. A impressora se encarrega em seguida de dispor a massa sobre uma chapa elétrica de cozinha a fim de obter a forma desejada.

Isso certamente não evoluirá muito rápido: nada é menos automatizável, mais complexo, do que o trabalho de um *chef*, que mobiliza todos os seus sentidos: o tato, o paladar, o olfato, a audição e a visão. E todos os talentos: a habilidade, a precisão, a força. E tantos saberes! Será preciso que os robôs sejam também capazes de fazer compras e escolher os melhores produtos das melhores origens; deslocar com precaução os elementos demasiadamente frágeis; avaliar o cozimento.

Um *blockchain* (protocolo de confiança) já permite rastrear a origem dos produtos entregues por um robô a outro robô. E o restante não é inalcançável.

▪ Acondicionamentos nômades: refeições em pó

Aos poucos, veremos se desenvolver cada vez mais as refeições previamente preparadas, sob formas diversas, consumíveis a qualquer hora e em todo lugar, por consumidores que não têm tempo, paladar, nem competência para cozinhar. E que poderão ser comidas enquanto se faz outra coisa que não seja compartilhar uma refeição. As bandejas de refeição já são uma expressão disso. Novos acondicionamentos serão criados, permitindo que se coma sozinho, em pé, sem risco de se sujar.

Em particular, alimentos em pó, ou sob forma líquida, irão se generalizar para alcançar esses objetivos. Alguns serão oferecidos como complementos provisórios de refeições sólidas, como aqueles que já existem para períodos de regime ou para necessidades propriamente terapêuticas. Outros serão propostos para todos os dias, instaurados como substitutos completos e permanentes para toda a alimentação sólida cotidiana.

Todos esses produtos se apresentarão sob a insígnia sedutora de *smart food*. Firmas como Soylent, Feed, Vitaline, Bertrand e Huel já propõem diversas fórmulas dessas refeições completas em pó, tentando compensar sua forma repugnante com seu pretenso atrativo dietético: sem glúten, vegano, orgânico; ou, ao contrário, hiperproteico. A Soylent é norte-americana; Feed e Vitaline são francesas; Bertrand é alemã; e Huel, britânica. Feed propõe um pó alimentar que basta passar 45 segundos sacudindo num liquidificador para obter uma refeição completa e, como já vimos, de aparência vegetariana. A Soylent, criada em 2013 por Rob Rhinehart, desenvolveu suas receitas e as deixou em *open source*, portanto, acessíveis a todos; seu criador afirma que sua saúde melhorou em diversos aspectos graças a um regime constituído exclusivamente de seus produtos.[497]

Não será possível, porém, alimentar-se unicamente nem duravelmente com alimentos assim acondicionados: a mastigação é essencial à digestão e à saúde dos dentes; além disso, ela induz uma síntese de neurotransmissores indispensáveis à transmissão da mensagem de saciedade ao cérebro. Enfim, a atividade enzimática da digestão começa dentro da boca, o que requer a mastigação. Experiências já o confirmaram. Hoje, o dono da Soylent voltou a "comer também alimentos", mesmo que 92% de sua alimentação continue sendo constituída de produtos em pó de sua empresa.[497] Em 2013, o jornalista norte-americano Brian Merchant tentou também se nutrir exclusivamente com alimentos em pó acondicionados pela Soylent. Após 15 dias desse regime, embora sua saúde física permanecesse intacta, ele declarou se sentir deprimido e desistiu; sem dúvida, mais por conta da solidão do que dos alimentos. Em abril de 2008, o empreendedor Yassine Chabli resolveu consumir todas as suas refeições em pó, sozinho e em 3 minutos; o objetivo era dedicar apenas 2h30 por mês a se alimentar e economizar assim, segundo ele, cerca de 30 horas por mês. No segundo dia, ele abandonou o experimento. Por tédio.

A caminho de uma solidão alimentar

Pouco importa se nos sentemos numa cadeira em volta de uma mesa ou que comamos sobre esteiras estendidas no chão: comer serve, conforme observamos, para nutrir o espírito ao menos tanto quanto o corpo. Se as tendências atuais perdurarem, a refeição perderá esse papel de compartilhamento, de convivência, de troca, de criação de consenso. A sociabilidade da refeição, constante na história da humanidade desde pelo menos 5 mil anos, desaparecerá. A refeição se tornará mais do que nunca uma atividade individual.

Primeiramente, o café da manhã deixará de existir: cada um se servirá na geladeira em função dos próprios horários. Em seguida, a refeição do meio-dia desaparecerá amplamente, mesmo no trabalho; os refeitórios das empresas sumirão em detrimento das refeições feitas na mesa de trabalho.

Finalmente, à noite, o jantar em família acabará, ao mesmo tempo em que a família se desfaz: quando se vive sozinho, come-se sozinho, pelo menos à noite.

Quando ainda estivermos comendo juntos, cada um comerá no seu ritmo, que será diferente; o compartilhamento de um mesmo prato será cada vez mais raro. Cada um desenvolverá seu programa alimentar e será seu próprio nutricionista.

Comeremos a qualquer hora e cada vez mais rapidamente, em qualquer lugar: trabalhando, assistindo a um espetáculo, viajando, caminhando, se ainda caminharmos...

O ato de lambiscar será cada vez mais imposto. A refeição se tornará um momento em que cada um de nós passa, belisca, bebe em espaços não reservados à alimentação (locais públicos, estádios, corredores, trens, automóveis) e depois vai embora.

Na medida em que passamos, e seguiremos passando, muito tempo dentro de transportes coletivos, novos meios de comercialização alimentar serão desenvolvidos, na forma de distribuidores automáticos, em estações, trens, metrôs. Mais tarde, comeremos dentro de carros autônomos, que conterão todos os meios de estocagem de alimentos.

A alimentação se tornará uma atividade anexa, secundária ou associada ao lazer.

A vitória da concepção anglo-saxã da refeição, imposta pelo capitalismo, que a transforma assim em um simples ato funcional no qual a noção de prazer não será aludida – exceto na forma de substitutos industriais gordurosos e açucarados –, será trágica: esse local privilegiado de conversas, de contato com a natureza, de expressão de si mesmo, de debate, de busca de um consenso, desaparecerá. Isso criará um desequilíbrio social e psíquico de extrema importância.

Em particular, o desaparecimento da refeição em família será prejudicial especificamente à educação das crianças, em grande parte feita até hoje durante esses momentos em que elas escutam os adultos se exprimindo, em que debatem com eles, em que formulam seus pensamentos e aprende a se integrar na família e na sociedade. Ou a contestá-las.

As únicas refeições coletivas que sobreviverão serão refeições bem específicas, cuja importância não passará desapercebida, ainda mais porque serão raras: as refeições natalinas, ou as de dia de Ação de Graças. Mais amplamente, as refeições de festas religiosas e cerimônias familiares, como casamentos, nascimentos, falecimentos.

A sociedade se tornará cada vez mais uma sobreposição de nômades solitários, narcisistas, necessariamente em conflito (ou apáticos para evitá-los), recompensados pela imagem de si mesmos que lhes remeterão as redes sociais, nas quais eles partilharão seus gostos (ou seja, as imagens de seus pratos preferidos), suas carências e seus desejos. Mesmo e sobretudo ao comer.

Comerão principalmente açúcar, para preencher sua solidão. Porque, assim como a solidão nos deixa mais suscetíveis ao consumo de álcool e outras drogas, ela nos encoraja a consumir mais alimentos ricos em gordura e açúcar. A ligação entre açúcar e compensação da solidão será cada vez mais evidente: sabemos agora que o sentimento de exclusão aciona a área cerebral da dor, o que desencadeia a vontade de um alívio, como o açúcar. Após a ingestão de açúcar, o cérebro libera a dopamina, um neurotransmissor que age sobre o humor e faz com que a pessoa se sinta mais feliz. Alguns estudos também demonstraram que a reação cerebral à ingestão de alimentos bem açucarados é semelhante àquela que se produz após a absorção de certas drogas, como a cocaína.[94]

A França e alguns raros outros países permanecerão, também nesse aspecto, uma exceção. Eles conservarão a refeição, em particular o jantar. Ainda que, segundo uma projeção do INSEE (Institut National de la Statistique et des Études Économiques) de 2008, em 2030, quatro em cada dez famílias francesas serão constituídas de uma só pessoa, que jantará sozinha.[510]

Algumas resistirão inventando ocasiões para uma refeição entre amigos, vizinhos, desconhecidos, reunidos através das redes sociais. E festas, apenas para não ficarem sós. Tão artificiais, ou naturais, quanto os alimentos que serão consumidos nessas oportunidades.

■ A sociedade do silêncio vigiado

A resposta da sociedade de mercado às angústias que ela produzirá será concentrar a atenção de cada um não mais na conversa, nem mesmo no consumo de produtos consoladores, mas na própria saúde e na maneira como ela é ameaçada pela alimentação.

Além disso, serão fornecidos meios de vigiar o impacto daquilo que comeremos sobre nosso peso, sobre nosso índice de massa corporal e sobre os diferentes parâmetros de nossa saúde.

Depois, será imposto a cada ser humano aquilo que ele deverá ou poderá comer em função de seu estado de saúde. Cada um de nós pensará estar livre para fazer suas escolhas, ao passo que estaremos apenas obedecendo às normas que virão do exterior. Por volta de 2030, também levaremos em conta as especificidades genéticas de cada um, a fim de definir a alimentação individualmente e socialmente necessária.

A sociedade da hipervigilância, que já se anuncia há tanto tempo,[9] está se estabelecendo em todos os domínios, e primeiramente nesse. Cada um de nós será vigiado por diversos atores, públicos ou privados, que vão querer saber tudo o que cada um lê, escuta, assiste, pensa, diz, come, bebe, para nos vender mais e melhor, a fim de melhor avaliar os riscos sanitários e de controlar com mais eficácia a ordem social.

Nesse mundo, o valor supremo não se encontrará mais na energia e no gosto, mas na informação e nos dados que mensuram; o controle dos dados sobre os comportamentos alimentares se tornará essencial.

O modelo digital, que invade tudo, invadirá também a alimentação, que, no entanto, parecia protegida do mundo virtual.

A hipervigilância dará lugar, em seguida, à autovigilância, na qual cada um vigiará a si mesmo para se conformar às normas fixadas pelas análises estatísticas vaticinadas. Isso já pode ser observado na tirania dos regimes alimentares, primeira forma de satisfação da servidão autoimposta. A inteligência artificial virá completar esse arsenal, fornecendo os meios de melhor verificarmos a conformidade de nossa alimentação às normas. Ou, antes, para nos impor aquilo que nos será recomendado.

Os objetos nômades e os equipamentos domésticos serão suas ferramentas: relógios conectados e acoplados ao corpo avaliarão permanentemente as taxas de glicemia e a pressão arterial; eles aconselharão evitar esse ou aquele alimento nesse ou naquele momento. Geladeiras conectadas aconselharão alimentos conforme o regime imposto por um médico ou por uma companhia de seguros, informando-lhes sobre o que entra e o que sai. E as companhias de seguros, aliadas aos gerenciadores de dados, como os GAFA (Google, Apple, Facebook e Amazon), recusarão reembolso àqueles que não comerem aquilo que suas geladeiras os incentivarão a comer.

Seremos então como robôs condenados a nos alimentarmos com artefatos impostos pelo medo de morrer. Robôs silenciosos, privados da ocasião de falar a quem quer que seja, senão no trabalho ou em distrações formatadas, destituídos dos mais belos assuntos de conversa, os alimentos, e do melhor ambiente para trocar ideias sobre qualquer assunto, em torno de uma mesa.

Viveremos em sociedades do silêncio, sob vigilância. Sociedades do silêncio vigiado. Resignados a ditaduras que nos prometem mais tempo de vida, à condição de esquecer de viver, de viver realmente, ou seja, de falar, escutar, trocar, ressentir, amar, gozar, chorar, sofrer, transgredir. Tudo isso que o silêncio vigiado proibirá.

No entanto, os problemas persistirão, cada vez piores

Nada disso interromperá a evolução no sentido do pior, tanto para cada indivíduo quanto para a humanidade inteira. Essa humanidade de silêncio vigiado morrerá em silêncio. Morrerá por causa desse silêncio.

Além disso, as pessoas de fato morrerão por comer mal e por causa da solidão na qual os trancará o desaparecimento das refeições; ao mesmo tempo em que a humanidade em sua totalidade desaparecerá por comer demais.

Na verdade, sem transformações radicais nos nossos modelos alimentares, até 2050 (e no caso de comermos aquilo que o capítulo precedente prevê que comeremos) a obesidade continuará a se expandir e as doenças associadas à alimentação aumentarão.

Segundo um estudo do European Congress on Obesity, se continuarmos nos alimentando como agora, aproximadamente um quarto dos seres humanos será obeso em 2045 (contra 14% em 2017) e um em cada oito sofrerá de diabetes do tipo 2 (contra menos de um em cada dez em 2017). Em particular, no ritmo atual, os Estados Unidos contarão com 55% de obesos e 18% de diabéticos do tipo 2.[511] A África, por enquanto protegida dessa epidemia, será seriamente afetada.

Se os modelos agrícola e pecuário continuarem assim, o sistema alimentar mundial tornará impossível, conforme já vimos, a vida em nosso planeta.

Mas antes mesmo que o planeta se torne um inferno, antes mesmo que cada um de nós se torne um clone silencioso e vigiado, uma grande catástrofe provocada pela alimentação também é possível. Segundo a empresa de seguros Lloyd's,[178] ela aconteceria se ocorressem, simultaneamente, um episódio mais intenso do El Niño (fenômeno climático de corrente quente no Pacífico), uma alta das temperaturas na América do Sul e uma epidemia de ferrugem-do-trigo (infecção causadora de uma baixa de produtividade e qualidade dos grãos). A simultaneidade desses três eventos de fato aumentaria drasticamente o preço do trigo e/ou do arroz, resultando em uma fome que se propagaria rapidamente. Os mercados financeiros desabariam, os intermediários do abastecimento ficariam sobrecarregados. O silêncio vigiado frearia qualquer reação. Nenhuma democracia resistiria a ele.

*

Tal futuro é intolerável. Alguns entendem isso; muitos já vivem esse horror. Prevê-lo, anunciá-lo em voz alta produzirá, como já produz, reações, cóleras, cóleras, rejeições e revoltas.

Um dia, se nada for feito antes, assistiremos a uma rebelião alimentar brutal, bem mais ampla do que aquela que poderia conduzir à destruição de um restaurante de *fast-food* ou a movimentos contra algum abatedouro ou multinacional.

Em breve veremos, como já vemos, nos grandes países, boicotes, sabotagens de fábricas, empresas agroalimentares denunciadas, ataques maciços contra todos os abatedouros.

Veremos, como já vemos, as pessoas exigirem novas oportunidades de debate, de diálogo, a fim de compensar aquelas perdidas, durante as refeições. Foi o que observamos na França durante o outono-inverno de 2018, a tradução mais direta desse fenômeno: recriar ocasiões para falar com desconhecidos nas rotatórias das estradas, já que não é mais possível falar em casa com membros da família.

Nada há de mais perigoso para a democracia do que ter deixado o capitalismo reduzir as pessoas ao silêncio para lhes vender ainda mais mercadorias.

As pessoas se vingarão. Para o bem ou para o mal.

Pois o melhor é possível se transformarmos a cólera em ação e se, em particular, revolucionarmos nossos modos de comer, de produzir alimento, de debater.

É porque o que se dá de comer aos homens é, e continuará sendo, cada vez mais intolerável, que eles farão enfim a revolução. Todos.

CAPÍTULO 10

Comer deveria ser o quê?

Se quisermos que a humanidade perdure, e que cada um possa viver plenamente, naturalmente, saudavelmente, uma vida humana de verdade, será preciso transformar a maneira como são produzidos e distribuídos os alimentos hoje; é necessário bastante tempo para pensar neles, para prepará-los, servi-los, consumi-los, desenvolver relações sociais em torno deles; e entender como os poderes que os envolvem são construídos e desfeitos.

É preciso que saiamos da sociedade do silêncio vigiado, na qual todos são condenados a comer, mudos, uma alimentação que só beneficia uma indústria cada vez mais gananciosa e cínica, e que conta com nossa solidão para nos levar a consumir ainda mais.

É preciso que façamos da alimentação, para cada um, para todos e para o planeta, uma fonte de saúde, equilíbrio, prazer, compartilhamento, criação, alegria, superação de si, descoberta do outro. Um modo de proteger a vida e a natureza. Um modo de extrair o melhor do corpo e do espírito. Uma ocasião única de retomar o contato com a natureza e nunca mais perdê-lo. Um tema de conversa e de ação, e fazer da refeição um pretexto para inúmeras conversas sobre todos os assuntos, para que reencontremos sua função social fundadora, hoje perdida: criar laços. Para todos; no presente e para todas as gerações futuras.

Esses objetivos ainda são compatíveis. Ainda podemos evitar o desastre anunciado nos capítulos precedentes. Ainda podemos evitar nosso suicídio com aquilo que comemos e a consequente destruição do planeta.

E isso será ainda mais fácil de se fazer – e esta é uma boa notícia –, posto que o melhor comportamento alimentar de cada um será também mais útil à preservação do planeta. Dito de outra maneira: é do interesse de todos que cada um possa comer do modo mais saudável possível.

Tornemos isso possível! Para tanto, é necessário empreender reformas consideráveis, a serem efetuadas nos níveis nacional e mundial, e por cada um de nós em nossas vidas cotidianas. Não temamos a amplitude do que deve ser realizado. Como em outras ações interligadas, como a proteção do clima e dos mares, não nos resta outra escolha. É preciso fazer tudo ao mesmo tempo. E bem rápido.

Assim sendo, leia o que se segue, por favor, e aja!

A melhor agricultura para todos será responsabilidade dos pequenos proprietários bem capacitados

Seria possível alimentar saudavelmente mais de 9 bilhões de pessoas. Mil estudos o demonstram. Por exemplo, segundo uma pesquisa francesa do INRA (Institut National de la Recherche Agronomique) e do CIRAD (Centre de Coopération Internationale en Recherche Agronomique pour le Développement), realizada em 2018, seria possível fornecer a cada ser humano 3 mil calorias por dia, das quais 500 de origem animal (contra cerca de 4 mil atualmente nos países desenvolvidos, das quais mil de origem animal). Outro estudo, intitulado "Strategies for Feeding the World more Sustainably with Organic Food", mostrou em 2017 que, reduzindo pela metade o consumo de carne, produtos lácteos e ovos (o que permitiria reduzir pela metade a superfície destinada à pecuária e a superfície destinada à alimentação animal), reduziríamos igualmente o desperdício alimentar, o que permitiria alimentar, em 2050, toda a humanidade com uma agricultura global inteiramente livre de OGMs ou fertilizantes químicos; isso porque a redução do consumo de carne e do desperdício alimentar permitiria compensar as produtividades mais baixas (entre 8% e 25% menores) da agricultura biológica em relação à agricultura intensiva.[186] Ao mesmo tempo, com esse modelo, as emissões de gás de efeito estufa e a erosão dos solos diminuiriam.

Para ter êxito nessa transição gigantesca, seria preciso começar transformando profundamente a agricultura mundial. Em particular:

- Melhorar o acesso à propriedade e à educação dos camponeses dos países em desenvolvimento. E, para isso, pôr em prática verdadeiros direitos de propriedade legais para substituir o capital informal acumulado pelos pobres nas estruturas "extralegais" (*townships*, *bidonvilles*, favelas), avaliado em 9.300 bilhões de dólares de capital "morto" (não "ativo").[21]

- Aumentar em 50% os investimentos na agricultura dos países em via de desenvolvimento. Para isso, seria preciso garantir aos pequenos produtores acesso ao crédito e à propriedade da terra, opondo-se, através da lei, à monopolização das terras em grande escala pelas empresas agroalimentares.

- Instalar, para as populações mais vulneráveis do mundo rural, em todo o planeta, serviços sociais completos, em particular os de saúde, saneamento, educação e formação profissional. Isso favorecerá também seus investimentos agrícolas: na Etiópia, as famílias instaladas em regiões rurais que receberam auxílio social e meios de produção (créditos, insumos, serviços agrícolas) registraram um crescimento mais importante de sua segurança alimentar do que as populações que só se beneficiaram de um programa de desenvolvimento dos meios de produção, mas nenhum programa de auxílio social.[184]

- Modificar as relações entre os camponeses, a indústria alimentar e os distribuidores, a fim de dar-lhes uma participação mais justa nos rendimentos extraídos do solo. Na França, entre as disposições da lei "Agricultura e Alimentação", adotada em outubro de 2018, está previsto que os agricultores devem propor um contrato e o preço associado, levando em conta seus próprios custos de produção.

- Reorientar, particularmente nos Estados Unidos e na Europa, as subvenções à agricultura de modo que beneficiem mais os camponeses cultivando frutas e legumes e menos as grandes empresas produzindo cereais e OGMs.

- Utilizar uma irrigação racional, adubos adaptados sem excesso e sementes melhor escolhidas permitiria aumentar a produtividade da agricultura africana em 50%, assim como reduzir as importações líquidas de cereais e com efeitos insignificantes para o meio ambiente.

- Sacralizar as terras não agrícolas e os ecossistemas marinhos, o que aliás corresponde a dois dos objetivos do desenvolvimento sustentável estabelecidos pelas Nações Unidas para 2030: o objetivo número 14 ("conservar e explorar de maneira sustentável os oceanos, os mares e os recursos marinhos"[190]) e o objetivo número 15 ("administrar sustentavelmente as florestas, lutar contra a desertificação, impedir e inverter o processo de degradação dos solos e pôr fim ao empobrecimento da biodiversidade"[190]).

- Opor-se à apropriação mercantil das sementes. Para isso, reforçar a influência da União Europeia para a proteção das obtenções vegetais, que obriga o produtor de uma variedade a autorizar a todos a utilização desta, e, ao mesmo tempo, assegura sua remuneração para que esse instrumento possa, legal e mundialmente, se opor à apropriação de sementes por parte das grandes firmas internacionais.

- Garantir que os produtos alimentares não sejam produzidos em más condições de trabalho para os homens e com o sofrimento dos animais. Para isso, proibir a comercialização de produtos alimentares que não disponham de um selo de qualidade certificando que as condições de trabalho prescritas pela OIT (Organização Internacional do Trabalho) são respeitadas.

- Reduzir os insumos químicos e restabelecer a condição dos solos mais pobres incluindo as leguminosas na rotação de culturas e reabilitando as cercas-vivas.

- Proibir progressivamente a utilização de glifosato e produtos análogos cuja nocividade está comprovada; em 2015, a OMS anunciou que estava classificando três pesticidas (o glifosato, o diazinon e o malation) como "cancerígenos em potencial", última categoria antes de "cancerígenos comprovados".[468] Em 2016, a Anses (acrônimo de Agência Nacional de Segurança Sanitária da Alimentação, do Meio Ambiente e do Trabalho) anulou a licença para produtos químicos associando o glifosato e um aditivo chamado POE-Tallowamine.[390] No sentido contrário, em novembro de 2018, a União Europeia renovou a licença do glifosato até 2022, baseando-se no relatório da Agência Europeia dos Produtos Químicos, que descarta seu risco cancerígeno. Na França, ele não será mais utilizado a partir de 2021, exceto para 15% de suas utilizações atuais. Certamente, é preciso acabar com esse produto de uma vez por todas no mundo inteiro, e o mais rápido possível.

- Aumentar a utilização de produtos orgânicos como adubo. Esses adubos orgânicos (mostarda, favas, ervilhas) ou produtos recuperados na atividade pecuária (excremento de aves, esterco de porcos ou de bovinos, estrume, pó de carne, de plumas e de ossos), favorecendo assim a atividade microbiana do solo. Para ser considerado um adubo eficaz, a matéria orgânica deve ser constituída de pelo menos 3% de um dos três elementos nutritivos principais: nitrogênio, fósforo ou potássio.[391]

- Recuperar o fósforo (nas águas residuais, nos efluentes de esgoto e nas cinzas provenientes da incineração de dejetos alimentares) para utilizá-lo no lugar dos adubos minerais.[304, 305]

- Proibir a produção dos biocombustíveis chamados "de primeira geração" (aqueles produzidos a partir de culturas das quais o homem se alimenta), passando à segunda geração (fabricados a partir das matérias celulósicas que formam os caules ou as folhas não utilizadas das plantas); depois, à terceira geração (fabricados a partir de micro-organismos como as microalgas, que acumulam grandes quantidades de ácido graxo, permitindo fabricar o biodiesel).[348, 349, 350]

- Desenvolver e generalizar tanto quanto possível a agricultura orgânica, ou seja, protegê-la de todas as opções acima.

- Preservar as sementes em via de extinção dentro de condições climáticas futuras. Em aplicação ao Tratado Internacional Sobre os Recursos Fitogenéticos para a Alimentação e a Agricultura adotado em 2001 (que prevê que cada Estado signatário coloque à disposição dos demais as informações e os materiais genéticos de 64 culturas, constituindo 80% da produção vegetal destinada à alimentação humana), já foram criados cerca de 2 mil bancos genéticos vegetais no mundo. O mais importante, o Silo Global de Sementes de Svalbard, na Noruega, está situado a aproximadamente 1.300 quilômetros do Polo Norte, na encosta da montanha; nenhum OGM é admitido nesse banco, apelidado de "cofre do apocalipse"; ele contém mais de 1 milhão de variedades diferentes, vindas de todos os países do mundo, dentro de embalagens que ninguém é autorizado a abrir e que contêm, cada uma, mais de 500 sementes.[467] Outro banco genético, a ONG Navdanya, na Índia, conserva mais de 5 mil variedades de vegetais, dentre os quais legumes e plantas medicinais, assim como a Kew Royal Botanic Gardens, no Reino Unido.

Tudo isso poderia se traduzir em uma alta do custo dos produtos alimentares; ou seja, em uma necessidade de investir uma parte maior da renda aos alimentos, e, assim, menos aos outros bens de consumo. Por exemplo, se cada francês dedicasse 10 centavos de euro a mais por dia para se alimentar de modo mais saudável, cada agricultor francês ganharia quase 250 euros a mais em sua renda mensal. No final, isso também reduziria significativamente as despesas com saúde.

É preciso admitir que não gastamos o bastante para nos alimentarmos saudavelmente. Trata-se de uma importante escolha política.

▌Impor à indústria alimentar mundial regras muito mais rígidas

- Reduzir o teor de gordura, de sal e açúcares adicionados e de lipídios dos alimentos e bebidas prontos, em particular aqueles destinados às crianças. Esses produtos deverão representar menos de 30% do total de conteúdo energético, sempre respeitando dois imperativos: as gorduras saturadas não deverão ultrapassar 10% do fornecimento energético total, e as gorduras trans (ver anexos), 1% no máximo. Os açúcares livres (adicionados pela indústria nos alimentos ou presentes naturalmente no mel, em xaropes, em sucos de frutas) deverão representar menos de 10% do aporte calórico diário. O consumo de sal deverá ser limitado a 5 gramas por dia.[392]

- Eliminar embalagens de difícil reciclagem dos produtos alimentares, inclusive bebidas. É possível; bastante progresso já foi feito nesse campo. A sociedade sueca Tomorrow Machine propõe, atualmente, garrafas de óleo à base de açúcar e cera caramelizada. Existem embalagens de *smoothies* à base de algas, e embalagens de arroz em cera de abelha biodegradável; essas embalagens duram o mesmo tempo que os alimentos que elas contêm. A *startup* londrina Skipping Rocks Lab propõe substituir as garrafas de plástico por garrafas comestíveis à base de algas, que são até menos custosas que o plástico. Medidas podem ser adotadas tendo em vista limitar a poluição por embalagens plásticas, como filtrar os deltas para impedir que os detritos passem dos rios para os mares.

- Aumentar os incentivos fiscais e regulamentares contra as embalagens plásticas. Em 2002, a Irlanda aumentou em 10 centavos de euro o preço dos sacos plásticos, o que levou a uma redução de 90% de sua utilização em 2017.[525] A França proibiu a utilização de sacos plásticos finos descartáveis em 2016. Os deputados europeus votaram, em outubro de 2018, pela proibição de determinados produtos plásticos descartáveis. Pode-se ir mais longe e proibir a venda de novos produtos com embalagens de plástico, pois a reciclagem do plástico consome água e energia em quantidades consideráveis.

- Criar um tribunal penal internacional de alimentação para julgar os crimes cometidos por dirigentes de empresas agrícolas e agroalimentares, redes de distribuição, cadeias de *fast-food* e outros grandes sistemas de alimentação quando eles prejudicarem grave e conscientemente as populações, sejam consumidores ou produtores, em países onde a justiça nacional não é suficientemente forte ou honesta para lhes resistir. Esse tribunal seria a única maneira de impressionar de fato os dirigentes das indústrias para que cessem de produzir venenos. Sua ação poderia se basear em textos e perícias existentes, tais como os da comissão do *Codex alimentarius* da Organização das Nações Unidas para a Alimentação e a Agricultura, a FAO (sigla em inglês para Food and Agriculture Organization), e no artigo 11 do Pacto Internacional relativo aos direitos econômicos, sociais e culturais, ratificado em 1966 por 169 Estados, que estipula que "os Estados signatários do presente Pacto, reconhecendo o direito fundamental que todas as pessoas têm de manter-se ao abrigo da fome, adotarão individualmente e por meio de cooperação internacional as medidas necessárias, incluído programas concretos: (a) para melhorar os métodos de produção, de conservação e de distribuição de mercadorias alimentares através da plena utilização dos conhecimentos técnicos e científicos, através da difusão de princípios de educação nutricional e através do desenvolvimento ou reforma dos regimes agrários, de maneira a garantir o melhor possível a valorização e a utilização de recursos naturais; (b) para garantir uma repartição justa dos recursos alimentares mundiais em relação às necessidades, levando em conta os problemas que se colocam tanto para os países importadores quanto exportadores de bens alimentares".[380]

Isso deveria bastar para criar uma base jurídica sólida para o dito tribunal.

O melhor regime alimentar para cada um: o altruísmo alimentar

Agora, cabe a cada um fazer o que considera melhor para si mesmo, aos olhos daquilo que a ciência e a prática ensinam. Ora, acontece que o melhor para cada um é também o que melhor ajuda a cumprir os objetivos citados acima. Portanto, o melhor regime individual baseia-se no altruísmo alimentar: basta consumir o que é bom para os outros e para a natureza para que isso seja bom para si mesmo.

Para ter êxito, já se pode confiar em alguns raros pontos em comum entre os diversos regimes elaborados há milênios (hipocrático, chinês, ayurvédico e outros). Todos recomendam a prática regular do jejum, de jamais comer até a saciedade, de consumir pouca carne, açúcar e álcool; e de proibir o consumo de produtos obtidos através de trabalho forçado ou utilizando produtos nefastos ao homem e à natureza.

Essas poucas obrigações dietéticas são de fato, como já vimos, impostas também pelo estado em que se encontra o mundo; a humanidade não tem outra opção, para cada um e para todos, senão diminuir drasticamente seu consumo de carne, álcool, açúcar e produtos lácteos, praticar os métodos de pesca sustentável, priorizar o consumo de frutas e legumes, desenvolver a agroecologia e a agricultura urbana. Particularmente nos países ocidentais, onde se consomem hoje dois terços de proteínas animais e um terço de proteínas vegetais, seria preciso, assim como em outros lugares, passar em 2050 para quatro quintos de proteínas vegetais e um quinto de proteínas animais. E a ração diária de frutas e legumes deveria ser de 400 gramas para obter uma ingestão satisfatória de fibras alimentares.

Esses princípios dietéticos bem antigos contribuiriam para modelar a alta necessária da produção agrícola, reduzir a emissão de gases de efeito estufa e melhor preservar os solos.

Infelizmente, esses regimes são também, em numerosos aspectos, contraditórios: o regime "paleo" recomenda limitar-se aos alimentos que teriam sido consumidos durante o período paleolítico; o regime cretense enaltece os produtos da bacia mediterrânea, especialmente o azeite de oliva; os crudistas só creem nos legumes crus; ao passo que, no regime macrobiótico, a preferência é cozinhá-los em baixa temperatura; o regime Okinawa recomenda privilegiar frutas, legumes e cereais completos, cozinhar os alimentos em fogo brando, restringir drasticamente o consumo de carne, laticínios, açúcar, sal e gorduras, consumir peixe pelo menos três vezes por semana e beber pelo menos 1,5 litro de água por dia e 2 xícaras de chá.[306, 307] Por fim, o regime dissociado convida a consumir somente um "tipo" de alimento por dia (peixe, legumes, laticínios, frutas, ovos...), ao passo que o regime à base de ácido dedica toda sua atenção aos equilíbrios de pH nos alimentos ingeridos.

E quando pedimos aos nutricionistas para precisar quais frutas e legumes se impõem, aqueles recomendados por uns são demonizados por outros. Entretanto, se acreditarmos na dietética mais recente, é melhor preferir arroz, lentilhas, quinoa, favas, feijões, endivas, abacates, tomates, alcachofras, berinjelas, aipos, brócolis, azeitonas, canela, gengibre, manjericáo, endro, tremoços, soja cozida, tofu, cogumelos, espirulina e melancia.[63]

Faz-se necessário também, e acima de tudo, que esses produtos sejam de qualidade natural impecável: boas variedades, boas sementes, cultivadas num solo bom.

É preciso, por fim, privilegiar o consumo de produtos em estado bruto, não processados pela indústria agroalimentar e não embalados com matéria plástica.

Em geral, as necessidades calóricas individuais diárias poderiam ser limitadas entre 1.800 e 3.000 kcal conforme o sexo, o peso, a atividade, a temperatura exterior, a idade. Divididas em proteínas (12% do fornecimento energético total); lipídios (35% a 45% do fornecimento energético total); e glicídios (50% a 55% do fornecimento energético total).

Comer muito menos carne e muito mais legumes

De início, as exigências de um comportamento decente em relação aos animais levarão a reprimir cada vez mais amplamente os métodos de abate *halal* e *kosher*. Isso fará com que parte dos fiéis dessas religiões decidam não comer mais carne, de maneira a não consumir algo discordante das regras de seu credo.

Em seguida, e de forma mais ampla, no interesse do planeta e de cada um de nós, conseguiremos interromper parcialmente, depois totalmente, o consumo de bovinos e ovinos.

Isso permitiria limitar as emissões de gases de efeito estufa, reduzir expressivamente o consumo de água, poluir menos as terras, reduzir a utilização de adubo nitrogenado e a produção agrícola de determinados vegetais.

Para conseguirmos isso, será necessário desenvolver a produção de vegetais esquecidos, progressivamente abandonados, que só existem em seu ambiente primal, onde ainda são indispensáveis à alimentação de certas comunidades, especialmente na África subsaariana. Entre esses inúmeros vegetais, podemos citar:

- O tefe (*Eragrostis tef*), cereal cultivado principalmente na Etiópia (90% da produção mundial) e na Eritréia, mais rico em fibras do que o arroz e mais rico em ferro e proteínas do que os três principais cereais. Trata-se de um dos raros cereais cujo aporte de cálcio é considerável. Além de seu aporte nutritivo, seu ciclo de crescimento é rápido (entre 2 e 5 meses) e ele se adapta a uma grande variedade de condições climáticas. Metade das 12 milhões de pequenas explorações etíopes produz o tefe.[120]

- A moringa, árvore tropical cultivada na Índia, no Sri Lanka, na Arábia, em Madagascar e no Senegal. Suas raízes, folhas, frutos (bulbos), flores, sementes e casca são comestíveis. Sua folha é rica em minerais, vitaminas, proteínas e antioxidantes; e suas raízes, em proteínas, vitaminas A, B e C, assim como em minerais (cálcio e potássio). Na Índia, os bulbos de moringa são consumidos com *curry*. As sementes contidas nos bulbos também podem ser comidas cruas. A FAO recomenda particularmente o consumo das folhas dessa árvore para crianças e pessoas grávidas. Trata-se de uma planta essencial para o futuro da humanidade.[381]

- O feijão-bambara, uma das principais leguminosas com sementes, originária da África Ocidental.[382] Esse vegetal cresce em zonas onde poucas espécies vegetais sobrevivem; ele melhora a fertilidade dos solos ao fixar o nitrogênio na terra, e suas folhas convêm perfeitamente à alimentação animal. Enfim, seu teor de proteína (18%) é bastante elevado para um vegetal, o que é essencial em regiões onde a pecuária não é possível. O primeiro produtor mundial de feijão-bambara é Burkina Faso. Sua cultura ainda é, portanto, bem limitada, mesmo que tenha se propagado cada vez mais em outras regiões. Trata-se também de uma planta fundamental para o futuro da humanidade.

E várias outras, em todos os continentes.

É preciso não temer o consumo dessas plantas amplamente esquecidas: para proteger uma espécie vegetal, é melhor consumi-la de maneira sensata do que negligenciá-la e deixar que desapareça.

Comer muito menos açúcar

A sacarose que consumimos é composta de frutose e glicose. A frutose das frutas fornece calorias em quantidade suficiente para o organismo humano. É preciso, portanto, interromper o consumo de todo açúcar processado.

Em 2016, a OMS solicitou uma tributação de pelo menos 20% sobre as bebidas açucaradas em escala mundial, a fim de lutar contra a epidemia de sobrepeso.[191] Alguns países começaram a agir nesse sentido, em geral de modo não coercivo, por conta da pressão da indústria. Desde 2008, a França aplica uma política de "cartas de engajamento voluntario", através das quais 37 empresas da indústria agroalimentar e da distribuição se comprometeram a reduzir a dose de açúcar em seus produtos. Falta agora verificar se essas normas são obedecidas de uma maneira que não seja apenas simbólica.

Mas ainda é preciso renunciar ao açúcar, e isso é difícil: o consumo de açúcar ajuda, como vimos, no controle de si, que exige um intenso esforço para o cérebro e provoca um consumo considerável de glicose. Assim, uma pessoa cuja glicemia é demasiadamente fraca, como um diabético, terá maior dificuldade para controlar suas compulsões.[145] Isso requer então a descoberta de substitutos plausíveis para o açúcar.

Para substituir os açúcares, pode-se utilizar o poliol e a tagatose (conhecida também como natrulose), encontrados na seiva de certas frutas; e os edulcorantes como o aspartame (edulcorante artificial) e a estévia (extraída das folhas da *Stevia rebaudiana*). Todos eles têm um poder adoçante muito elevado (várias dezenas de vezes superior ao do açúcar de mesa) e não aumentam a taxa de glicose no sangue. Seu aporte calórico é mínimo, quase insignificante.

O xarope de agave tem poder adoçante mais elevado do que o açúcar de cana ou de beterraba, porém mais fraco do que o do aspartame ou da estévia; seu aporte calórico é ligeiramente inferior ao do açúcar de mesa. Ele não contém glicose e, portanto, tem fraco índice glicêmico; todavia, é muito rico em frutose, o que aumenta as taxas de triglicerídios, cujo excesso é uma das causas de patologias cardiovasculares.

Outros açúcares de origem natural (como o açúcar de coco biológico, cujo índice glicêmico é duas vezes menor que o do açúcar de cana, o açúcar de bétula ou da água de coco em pó) poderiam também substituir parcialmente o açúcar de cana, de beterraba e os açúcares industriais, como o HFCS (*high-fructose corn syrup*).[383]

■ Comer produtos locais

Será necessário, tanto quanto possível, se alimentar de vegetais produzidos recentemente e dentro de um raio de 120 quilômetros. Consequentemente, contentar-se com produtos sazonais, sem elementos artificiais e transformados o mínimo possível pela intervenção humana.

Isso supõe a multiplicação de plantações vizinhas das cidades ou fazendas urbanas, o que permitirá também reduzir as emissões de CO_2 associadas ao transporte desses produtos.

Esses circuitos mais curtos já representam 8% do mercado alimentar francês. E mais ainda na Califórnia. Em Detroit, cidade exemplar, devastada pela crise automobilística, a associação Greening of Detroit recupera, desde 2003, lotes de terra abandonados pelos operários e pela pequena burguesia que deixaram progressivamente a cidade, criando neles mais de 1.600 fazendas urbanas. Nessa mesma cidade, a associação Michigan Urban Farming Initiative lançou em 2016, no meio da cidade, um bairro agrícola, solidário, orgânico e gratuito que abriga mais de 200 árvores frutíferas; sua produção é distribuída gratuitamente às famílias pobres do município.[137]

Poderiam ser instaladas, em todas as cidades, hortas ao longo das janelas dos grandes edifícios de conjuntos residenciais. As fazendas urbanas poderiam, assim, utilizar a microirrigação (que mira diretamente a raiz da planta, portanto barata em termos de água e adubo), a hidroponia (cultura fora do solo em que a terra é substituída por um substrato inerte e estéril) e a aeroponia (as plantas são suspensas num ar rico em vapor d'água e nutrientes).[23] A cidade de Paris prevê a criação da maior fazenda urbana do mundo, sobre os telhados do parque de exposição à porta de Versalhes.

No total, segundo o microbiologista Dickson Despommier, um imóvel de 30 andares reservado à agricultura urbana, construído numa superfície de dois hectares, permitiria produzir anualmente o equivalente ao que produz uma fazenda rural de 970 hectares.[106]

É também o que recomenda o movimento Slow Food, nascido na Itália em 1986, que conta com mais de 100 mil sócios em todo o mundo. E que, no mais das vezes, não quer dizer "comer lentamente".

■ Comer mais lentamente

Comer mais lentamente supõe mastigar mais lentamente, espaçando as porções levadas à boca. Isso é duplamente útil.

Está comprovado que mastigar lentamente permite reduzir em até 15% os aportes calóricos e manter a saúde dos dentes. Também está comprovado que levar à boca uma porção de cada vez traz mais rapidamente a saciedade, visto que damos tempo para o estômago informar ao cérebro a quantidade ingerida.

Mastigar bem e espaçar as porções são, portanto, fatores de controle da quantidade consumida. Ambos evitam também cansar excessivamente o esôfago, o estômago e o intestino.

Para isso, podemos adotar o hábito de pousar os talheres sobre a mesa duas ou três vezes a cada prato; para falar, escutar, esquecer o alimento. Podemos igualmente traçar uma linha imaginária no meio do prato e só comer a metade, antes de se interromper por um bom momento.

É mais fácil fazer isso quando compartilhamos a refeição com outros, quando comer é uma festa, um momento de conversa sobre o que comemos e sobre muitos outros assuntos. E, ainda melhor, com aquele ou aquela que cozinhou, pois não devemos ofuscar comendo rápido demais algo que ele ou ela levou tanto tempo para preparar. Também é mais fácil agir assim se os demais convivas fizerem o mesmo.

Isso se torna mais difícil quando fazemos uma refeição solitária, diante de um jornal, um livro ou uma tela, ou quando se trata de uma refeição apressada no local de trabalho, enquanto espera-se retornar a ele o mais rápido possível.

Assim, a conversa ajuda a comer de maneira mais saudável. Em particular, ela nos incentiva a conhecer melhor o que comemos.

Conhecer o que se come

Todos os consumidores deveriam, portanto, ter fácil acesso à origem de todos os ingredientes de tudo o que comem, dos cereais à carne, dos condimentos às bebidas, dos legumes aos produtos mais industriais. Particularmente, todos deveriam poder detectar nos alimentos a presença de OGMs, pesticidas, glifosato, açúcar industrial, certos produtos alergênicos; e saber onde e quando o produto foi fabricado.

Deve-se criar rótulos, tão exigentes e tão independentes quanto possíveis, para informar honestamente os consumidores.

O *blockchain* (protocolo de confiança) favorecerá o desenvolvimento de uma rastreabilidade eficiente dos produtos, permitindo um conhecimento mais aproximado de todas as etapas – colheita, produção, transformação, transporte, colocação para venda. Vários aplicativos já tentam providenciar isso.

Nos Estados Unidos, o aplicativo Seafood Watch, baixado quase 2 milhões de vezes, ajuda os consumidores a selecionar os produtos do mar provenientes da pesca sustentável e local, classificando-os conforme três categorias: "melhor escolha", "aceitável" e "a evitar".

Na China, a ZhongAn Technology criou uma plataforma de *blockchain* que permite ao consumidor acompanhar todas as etapas da vida de um frango, de sua criação a seu acondicionamento.

Na França, a Bleu-Blanc-Coeur desenvolve ferramentas para permitir ao consumidor obter acesso às bases de dados, oferecendo assim a rastreabilidade dos produtos. A Open Food Facts, base de dados associativa e *open source* (conteúdos definidos pelos usuários), lançada em 2012, visa repertoriar o conjunto de ingredientes, alérgenos e composições nutricionais dos alimentos consumidos em todo o mundo; essa base de dados recenseia, em 2017, mais de 396 mil referências coletadas por 7.500 colaboradores. A Yuka, também na França, se baseia nos dados da Open Food Facts para informar o consumidor sobre a qualidade nutricional dos produtos; o aplicativo já foi baixado mais de 7 milhões de vezes, ainda que alguns contestem a confiabilidade das informações reunidas. Enfim, a Connecting Food pretende ir mais longe, utilizando o *blockchain* para rastrear, em tempo real, a origem dos produtos e auditar o respeito às premissas das especificações das empresas agroalimentares ao longo de toda a sua cadeia de produção.

Tal conhecimento reforçará e será reforçado através de uma educação alimentar.

Por uma educação alimentar

Tudo o que foi dito e o que será dito adiante deveria ser ensinado na escola, por meio de fichas que acompanham as refeições nas cantinas, e de conselhos dados aos pais para que os cafés da manhã, os lanches e as refeições noturnas em casa não arruínem aquilo que a cantina escolar terá conseguido realizar.

Deveríamos, em particular, ensinar o conteúdo do anexo que conclui o presente livro: o que é uma caloria, uma vitamina, um nutriente, um prótido, um lipídio, um glicídio? Como nos vem o apetite? Que papel desempenham nosso cérebro, nossos dentes, nosso palato, nosso esôfago, nosso estômago, nossos intestinos? Em que os alimentos nutrem nosso cérebro? Que alimentos e bebidas são venenos para o corpo ou para o espírito?

É preciso ensinar às crianças, cada vez mais jovens, a suprimir radicalmente os açúcares processados de sua alimentação, inclusive nas bebidas, a só comer chocolate amargo, a não beliscar produtos industriais doces ou salgados, a mastigar, a comer lentamente, a falar à mesa, a prolongar ao máximo esses momentos, a praticar o jejum, a controlar a origem do que se come, a questionar as condições de fabricação do leite, do pão, o modo como os animais são criados, assim como os produtos do mar; e, finalmente, informar-lhes sobre os adubos utilizados.

Evidentemente, é preciso também precavê-las sobre os riscos do álcool, do fumo, das gorduras e das drogas, das quais o açúcar faz parte.

Aliás, é preciso ensinar as crianças a cozinhar, a inventar receitas, a pôr a mesa, a servir, a retirar a louça, a limpá-la; a acompanhar e travar uma conversa durante a refeição.

Enfim, é preciso ensinar a todos a se rebelar contra a alimentação que pretendem lhes impor; a considerar que faz parte de sua responsabilidade como cidadão recusar-se a comer venenos; a denunciar os produtos perigosos, não se deixar enganar pelas publicidades enganosas, em particular aquelas feitas por firmas que afirmam que seus produtos são dietéticos ou orgânicos, quando eles não o são de fato.

Nas escolas, como em outros locais, será necessário favorecer o exercício de uma atividade física regular: 60 minutos por dia para uma criança e 150 minutos por semana para um adulto.[173] Além disso, é preciso aprender a permanecer pelos menos seis horas por dia em pé: um estudo realizado em três escolas do Texas em 2016 mostrou que os índices de massa corporal (peso/altura ao quadrado) dos alunos que assistem às aulas em pé podem ser até 0,4 pontos mais baixos.[111] Outro estudo, publicado em 2018 no *European Journal of Preventive Cardiology*,[155] demonstra que em posição vertical queima-se mais calorias (0,15 kcal por minuto a mais do que sentado, ou seja, 54 kcal por dia para cada período de seis horas em pé), e que isso poderia reduzir o risco de crises cardíacas, AVC e diabetes. Por fim, assistir às aulas em pé se traduz (segundo um estudo norte-americano em diversas universidades do país, publicado no *International Journal of Environmental Research and Public Health* em 2016) numa melhora de 7% a 14% nas performances cognitivas.[112]

Comer muito menos

Aqueles que têm o suficiente para comer poderiam utilmente, para si mesmos e para o planeta, comer menos. E, para começar, praticar jejuns regulares.

Sabemos que o organismo começa assimilando os nutrientes consumidos; pouco depois, consome os açúcares armazenados no fígado, nas gorduras do corpo e nas proteínas dos músculos; o jejum elimina então os elementos tóxicos e regenera o sistema digestivo.

O prêmio Nobel de Medicina de 2016 foi concedido ao japonês Yoshinori Ohsumi pelos seus trabalhos sobre a autofagia, mecanismo desenvolvido quando a célula, privada de nutrientes exteriores, digere parte do próprio citoplasma, permitindo assim sua renovação.[255]

No homem, a privação voluntária de alimento favorece não somente a perda de peso, mas também melhora a aceitação de insulina pelos diabéticos do tipo 2, diminui o risco de contrair doenças cardiovasculares e retarda o envelhecimento celular.

As baleias e as tartarugas marinhas podem jejuar por vários meses e vivem 150 anos. Nos camundongos, foram encontrados efeitos positivos do jejum sobre as doenças neurodegencrativas, como o mal de Parkinson e o Alzheimer.[255]

Excluindo as dietas mais ou menos fantasiosas (tal como a do médico britânico Michael Mosley, que preconiza, por exemplo, só comer "normalmente" cinco dias por semana, restringindo os dois outros dias a 500 kcal),[254] o melhor parece ser efetuar um jejum sequencial: não comer durante 14 horas.

Fora do jejum, devemos, de modo geral, reduzir a quantidade consumida de produtos alimentares, mesmo os benéficos; para isso, várias técnicas permitem reduzir o apetite e alcançar mais rapidamente a saciedade. Por exemplo, beber água gelada um pouco antes da refeição.

Finalmente, considerando que comer é falar, comer menos é também falar menos. Falar menos ajuda a comer menos e a jejuar. Esses são os propósitos da respiração e da meditação, ajudas formidáveis para o jejum.

Fazer, às vezes, o jejum de palavras. Fazer silêncio. Para melhor apreciar, em seguida, o retorno da conversa.

Uma "cozinha positiva" para uma vida e um planeta positivos

De modo geral, se tudo o que discutimos até aqui for aplicado, nós ainda temos uma chance de salvar o planeta e de viver bem nele; de reconciliar o que é bom para o prazer e a saúde de cada um e para a saúde do mundo.

Uma cozinha que seja útil a nós mesmos e às gerações futuras: é isso que chamarei de "cozinha positiva".

Uma cozinha que aplicará o que vimos deverá aliar o apetite à saúde individual, coletiva e do planeta; o local e o universal; uma cozinha orgânica vegetariana, que revelará tudo sobre os produtos que utiliza e sobre os lugares de onde vêm; uma cozinha que, como muitos outros domínios das artes, misturará ciência e criação, natureza e refinamento. Uma cozinha que, como as melhores de todas as outras expressões artísticas, glorificará a vida e saberá, pela lembrança, converter a nostalgia em júbilo, e o efêmero em imortal.

Uma cozinha em que cada um se concederá o direito de criar: da mesma maneira que cada um deve se conceder o direito de desenhar, pintar, cantar e compor música, é preciso se conceder também o direito de inventar receitas positivas, misturando produtos saudáveis a seu modo. Podemos nos enganar, mas podemos descobrir maravilhas. Uma cozinha que deverá, para se tornar realmente uma expressão artística total, ser colocada à disposição de todos.

Tal gastronomia, universal e positiva, frugal e serena, participará do nascimento de uma sociedade positiva, ao mesmo tempo loquaz e alegre, altruísta e feliz.

Uma cozinha que se inscreverá também, e talvez sobretudo, num novo ritual de conversa, de momentos privilegiados dedicados a isso.

Redescobrir o prazer de falar/comer juntos

Nos países onde as refeições ainda existem, é importantíssimo defendê-las. Proteger esses momentos de compartilhamento de um café da manhã com as crianças, um almoço com os colegas ou amigos, um jantar em família. O que nos levará, consequentemente, a não partir cedo demais para o trabalho e não voltar tarde demais para casa.

Nos países onde as refeições não existem mais, uma das principais reivindicações sociais deveria ser seu restabelecimento.

Na escola, as crianças devem não apenas aprender a fazer pão, mas também a conversar quando o comerem. E não somente sobre o modo como elas o fabricaram, mas sobre tudo. Deveríamos também lhes ensinar a arte da conversa à mesa, o que é preciso dizer e o que não dizer, como se comportar, o que fazer para ser um anfitrião apreciado pelas visitas ou um convidado a quem se tem vontade de rever. E, particularmente, será necessário ensinar os pais a nunca proibir seus filhos de falar à mesa.

Da mesma forma, a arquitetura das casas e dos edifícios deve ser pensada nesses termos: manter tanto quanto possível uma sala de jantar em cada domicílio. Poderíamos até imaginar instalar em cada edifício uma área comum de refeição, como já existe em certos edifícios luxuosos, onde um restaurante é reservado aos habitantes do imóvel. E, ideal supremo, utilizando os produtos de uma plantação instalada no alto do edifício.

Nas empresas, os sindicatos deveriam inserir o retorno de um tempo significativo reservado à refeição coletiva como prioridade de suas reivindicações. Seria possível perceber então que foi toda a organização do trabalho que se esforçou para impossibilitar a refeição coletiva, para obrigar cada um a se contentar em lambiscar sozinho em seu escritório ou durante uma reunião. É necessário, portanto, modificar a organização do trabalho em função da refeição. Essa obrigação deve inclusive ser pensada sistematicamente na arquitetura dos escritórios e inscrita no direito social: criar verdadeiras ocasiões de refeição entre os colaboradores, sem pressa.

Isso não seria forçosamente oneroso: a produtividade do trabalho melhoraria se o tempo da refeição, e sua natureza, reencontrassem uma realidade. A criatividade nas refeições, quando estas são leves e saudáveis, é, na minha opinião, muito superior à criatividade durante reuniões em torno de uma mesa, beliscando alguns produtos químicos nefastos.

Finalmente, o direito social e o direito da família devem ser pensados de modo a permitir que o tempo da refeição, nas famílias unidas, separadas e recompostas, seja preservado como uma ocasião de conversa, de transmissão, de criação e de satisfação.

*

Tendo dito isso, ao fim dessa longa viagem nós teremos, eu espero, compreendido sua importância matriz. Devido ao fato de ter rastreado, em incontáveis livros, a evolução de muitos dos aspectos da humanidade, nenhum me parece, agora, ser mais importante do que este. Nenhum é mais central, mais fundamental. Nenhum os resume melhor do que este.

Portanto, é urgente agir de modo que todos os seres humanos disponham da melhor alimentação possível; uma alimentação conforme cada cultura, que cada um possa compartilhar com aqueles que ama, durante um tempo razoável, várias vezes por dia; em locais adequados, em momentos protegidos; para fornecer a cada um o tempo de refletir sobre o sentido do que come, sobre como servir-se disso para salvar o planeta e sobre todos os outros assuntos essenciais que a velocidade ilusória da vida artificial, o nomadismo suicidário, o trabalho em migalhas, as vidas deslocadas, nos impedem de refletir.

Será possível desejar tudo isso? Será possível transformar a organização da agricultura global e dar a cada camponês os meios de viver e produzir saudavelmente? Será possível controlar a loucura criminosa e o cinismo avaro de uma grande parte da indústria agroalimentar? Será possível garantir a todos o tempo e os meios para comer saudavelmente, conversar e viver? Será possível dar uma nova vida às espécies esquecidas? Será possível proteger o patrimônio da humanidade? Será possível cessar de explorar, saquear, destruir o planeta? Será possível reencontrar o tempo de falar, trocar ideias, rir?

Ou deveríamos nos contentar com um silêncio vigiado, no qual ninguém poderá mais falar sobre nada, enquanto come qualquer coisa malsã?

A resposta a tudo isso está em nossa história e em cada um de nós. Em nossa lucidez, em nossa revolta, e em nossa coragem também.

Anexos

Os princípios científicos da alimentação

▪ O paladar

Foram necessários 2 mil anos para precisar os conceitos que definem os diferentes sabores.

Aristóteles distinguia sete sabores principais: o que é agradável (doce), o que é desagradável (amargo), o untuoso, o salgado, o azedo, o adstringente e o ácido. Sua definição permanecerá válida durante quase 2 mil anos. Ao final do século XVIII, Nicolas Jolyclerc distingue dez sabores: o insípido (aquoso), o seco, o doce, o gorduroso, o viscoso, o ácido, o salgado, o azedo, o amargo e o austero: "A água é aquosa, a farinha é seca, o açúcar é doce, o óleo é gorduroso, a goma é viscosa, o vinagre é ácido, o sal é salgado, a mostarda é azeda, a bile é amarga, a noz-de-galha é austera".[44] Assim, o açúcar não é considerado um sabor em si, mas uma forma de "doce". Em 1864, o fisiologista alemão Adolph Fick distinguiu quatro sabores primários, dos quais todos os outros são uma combinação: doce, salgado, amargo e azedo. Em 1914, o químico Georg Cohn foi o primeiro a usar o termo "gosto" para nomear cada um desses quatro sabores. Em 1908, o cientista japonês Kikunae Ikeda distingue um quinto gosto primário chamado de "umami", que pode ser traduzido por "saboroso".

Portanto, os cinco gostos primários são: doce (assim, a sacarose); salgado (o cloreto de sódio); amargo (como o quinino); ácido (como o ácido cítrico); e umami (como o glutamato).

Hoje, entendemos um pouco a maneira como o cérebro analisa esses gostos: o paladar e o olfato estão situados na mesma zona cortical, em estruturas chamadas de "cálice" ou "papilas gustativas". Essas estruturas estão conectadas a células, divididas pela face dorsal da língua e sobre o palato, a faringe e o alto do esôfago, e que são sensíveis aos cinco "gostos". Cada ser humano tem em média 10 mil delas, das quais 75% na face dorsal da língua, e o restante, repartido entre outras localizações.[13] Esses receptores enviam estímulos diferentes na direção do cérebro. Os sabores complexos são em seguida integrados pelo cérebro.

As necessidades alimentares humanas

Os aportes de alimentação para o corpo humano se dividem em três categorias: a água, a energia (que pode ser medida em calorias ou em joules) e os nutrientes específicos.

A água é o primeiro elemento do nosso corpo (65% em média num adulto): ela está presente em cada um de nossos tecidos, em cada uma de nossas células. Também está amplamente envolvida no seio do organismo: é graças a ela que a transferência dos nutrientes do exterior para o interior da célula e a remoção dos detritos celulares no sentido inverso se tornam possíveis, por homeostasia. O plasma, que representa 55% do sangue, é composto 90% de água. Sua forte capacidade calórica – baixas flutuações em relação a mudanças de temperatura – o torna indispensável na regularização térmica do corpo. Finalmente, a água entra na composição de líquidos lubrificantes, que reduzem as fricções ósseas e facilita os processos digestivos e respiratórios. Segundo a OMS, uma perda de água de 10% pode provocar a morte.[100, 164]

O aporte energético é medido em Calorias (com "C" maiúsculo). Trata-se inicialmente de uma unidade física: é definida em 1824 pelo cientista francês Nicolas Clément como a quantidade de energia necessária para aumentar a temperatura de um quilograma de água líquida em 1° C – correspondendo a mil vezes o valor de uma "caloria" moderna (com "c" minúsculo) ou a 1 quilo/caloria (kcal). A unidade Caloria é usada pela primeira vez na ciência da nutrição pelo professor universitário norte-americano Wilbur Olin Atwater. Num artigo publicado em 1887,[117] ele a define como a energia necessária ao organismo para erguer uma tonelada a uma altura de 1,43 pé (43 cm, aproximadamente). Graças a essa nova maneira de quantificar os aportes nutricionais humanos, os trabalhos de Atwater inspirarão o desenvolvimento das ciências do esporte e da dietética moderna. Intimamente ligado ao conceito de calor (de onde vem seu nome), o valor calórico de um alimento traduz a quantidade de calor potencialmente liberada por sua "combustão" ou sua "oxidação" através dos processos metabólicos celulares. Todo aporte calórico não gasto pelo organismo será necessariamente transformado, e depois armazenado na forma de tecido adiposo.[512] O metabolismo basal (em repouso) de um homem adulto utiliza cerca de 1.900 calorias por dia. Cada pessoa consome em média 2.851 calorias diariamente (de 2.329 no Malawi a 3.374 na França e 3.449 nos Estados Unidos).

Por fim, os outros aportes alimentares indispensáveis ao homem são os seis nutrientes.

As proteínas, compostas de carbono, hidrogênio, nitrogênio e oxigênio. Sua função principal é construir e cuidar das células e dos tecidos. Elas são um conjunto de aminoácidos (AA) que permite ao corpo fabricar todas as 30 mil diferentes espécies de proteína das quais precisa. Esses AA compreendem um grupo carboxila (COOH) e um grupo amino (NII ou NH_2). Eles intervêm em inúmeros fenômenos necessários ao bom funcionamento do organismo, como o transporte ou o armazenamento dos nutrientes. São um elemento constituinte de uma quantidade importante de nossos tecidos e células. Entretanto, o corpo humano só sabe fabricar 11 dos 20 aminoácidos necessários para fazer proteínas; os outros 9 devem vir da alimentação. Eles se encontram tanto nos vegetais quanto nos animais (todas as carnes contêm esses 9 AA que faltam ao homem). Os ovos, o queijo, o frango, a sardinha, os grãos oleaginosos, o grão-de-bico e a lentilha contêm um bocado de proteínas. Para um homem de 75 quilos, as proteínas representam 11,5 quilos. A Anses (Agência Nacional de Segurança Sanitária da Alimentação, do Meio Ambiente e do Trabalho) aconselha para um adulto de 75 quilos, em boa saúde, o consumo diário de 62 gramas de proteínas, animais ou vegetais.[192]

Os lipídios, também chamados de "corpos graxos", são compostos de uma combinação de ácidos ditos "graxos" (tais como o ômega) e formados de carbono, hidrogênio, oxigênio e algum álcool. Eles desempenham uma grande variedade de funções, especialmente o fornecimento de energia para que o corpo possa conservar seu calor interno. Um indivíduo de 75 quilos precisa de 9,2 quilos de lipídios; ultrapassando esse valor, aumenta-se o risco de sobrevirem doenças cardiovasculares.

Diferentemente dos ácidos graxos naturais (fabricados pelo estômago dos ruminantes e encontrados no leite, nos produtos lácteos e nas carnes),[393, 394] os ácidos graxos industriais são obtidos através da transformação de óleos vegetais e utilizados como agentes conservantes nos produtos agroalimentares. Podem ser encontrados em doces de confeitarias, cereais, sanduíches, pizzas. O consumo excessivo desses ácidos graxos industriais aumenta o risco de doenças cardiovasculares e de diabetes tipo 2.

Os minerais contribuem para a manutenção dos líquidos celulares e extracelulares e do esqueleto humano. Dentre eles, o cálcio e o fósforo estão nos ossos; e o ferro, o potássio e o sódio, nas células nervosas. Os oligoelementos (cobre, flúor e zinco, especialmente) intervêm em inúmeras reações enzimáticas, particularmente no sistema imunitário e na formação dos hormônios.[193]

As vitaminas, descobertas em 1912 pelo bioquímico polonês Kazimierz Funk, desempenham um papel catalisador nas reações químicas do corpo. Sua ausência pode criar carências que conduzem a doenças. Dessa forma, o escorbuto pode surgir em caso de carência de vitamina C. Algumas dessas vitaminas podem ser encontradas nas frutas e em óleos. A carne contém vitamina B12. Encontrados no peixe, nas nozes, nos grãos e nos vegetais de folhas verdes, o triptofano (um dos nove aminoácidos essenciais para o homem) e a vitamina B6 são fundamentais para a síntese da serotonina (um neurotransmissor envolvido na regulação de certos comportamentos e do humor na idade adulta).[194] O leite, o queijo, os ovos e o peixe são ricos em triptofanos. A vitamina A[195] permite a produção de ácido retinóico, empregado na formação de sinapses das quais depende a plasticidade cerebral; assim, um déficit de vitamina A poderia favorecer um surgimento precoce do mal de Alzheimer.

Os glicídios, principalmente açúcares (glicose, frutose, galactose) e amidos (glicogênios e fibras), são formados de carbono, oxigênio e hidrogênio. Eles constituem, com os lipídios e as proteínas, uma das fontes de energia utilizáveis pelo organismo, liberando 4 calorias a cada grama. Durante a digestão, eles se transformam em glicose, permitindo a produção da energia utilizada pelas células e pelos músculos. Certas células, como os neurônios, são particularmente tributárias da glicose para funcionar corretamente. O corpo se esforça para manter em jejum uma taxa de açúcar no sangue (ou glicemia) entre 0,7 g/L e 1,2 g/L.[512] Em 2007, um estudo do CNRS (Centro Nacional de Pesquisa Científica) realizado com ratos de laboratório chega a sugerir que o poder viciante do açúcar seria tão forte quanto o da cocaína.[94] Após a ingestão de açúcar, o cérebro libera a dopamina, um neurotransmissor que age sobre o humor e nos faz sentir mais felizes; quando nos sentimos solitários, ele provoca a vontade de comer alimentos doces.

As enzimas garantem o funcionamento natural do corpo humano ao decompor os alimentos não diretamente assimiláveis dentro do organismo.

O intestino

Os alimentos descem para o intestino graças às contrações deste, à medida que é feita a digestão.

A microbiota intestinal (também chamada de "flora intestinal") compreende entre 10^{12} e 10^{14} micro-organismos, para um peso total de cerca de 2 quilos. Assim como a impressão digital, a microbiota intestinal é única em cada indivíduo: ela se forma em função da alimentação e do ambiente.

O equilíbrio da flora intestinal depende da alimentação, que deve ser rica em fibras (leguminosas, cereais completos, citrinos, frutas de casca rígida) e em probióticos (iogurtes, queijos não pasteurizados).

A degradação funcional e qualitativa da flora (a disbiose) provoca doenças autoimunes e inflamatórias do intestino; também há efeitos sobre a diabetes e a obesidade.[400, 401]

As enzimas contidas dentro do suco intestinal secretado pelo intestino sintetizam os diferentes elementos nutritivos presentes nos alimentos antes que eles sejam absorvidos através das paredes do intestino. Da mesma forma, as proteínas são sintetizadas dentro do intestino em aminoácidos, e os lipídios, em ácidos graxos.[400, 401]

Em que a alimentação influi em nosso cérebro?

O cérebro, ainda que só represente 2% da massa corporal, consome cerca de 20% do aporte energético total do nosso corpo, uma proporção que aumenta quando se produz um esforço intelectual intenso.

As proteínas estão envolvidas no crescimento e no desenvolvimento celular do cérebro. Os aminoácidos participam da síntese dos neurotransmissores que regulam o humor, o sono, a atenção e o peso. Os ácidos graxos ômega 3 e 6 são indispensáveis para a boa saúde do cérebro. Os glicídios são responsáveis pelo aporte de energia para o cérebro.

A principal fonte energética do cérebro é a glicose. Uma glicemia demasiado fraca se traduz pela diminuição das capacidades cerebrais, por decisões inabituais e imponderadas, por sinais de frustração e por comportamentos agressivos.

254 | HISTÓRIAS DA ALIMENTAÇÃO

Portanto, a alimentação influi no desenvolvimento do cérebro em todas as idades:

- Antes do nascimento: as vitaminas B9 e B12 desempenham um papel importantíssimo no desenvolvimento pré-natal do sistema nervoso do embrião do bebê.

- Durante os dois primeiros anos: o leite materno contém (bem mais do que o leite animal) ácidos graxos ômega 3, essenciais para a sobrevivência celular e para o cérebro. A amamentação é, portanto, particularmente recomendada em caso de parto prematuro, a fim de recuperar o atraso no desenvolvimento do córtex. Segundo um estudo efetuado por pesquisadores da Universidade de Adelaide (Austrália),[196] a alimentação durante os primeiros anos de vida teria um impacto sobre o quociente intelectual (QI): um recém-nascido alimentado exclusivamente por amamentação durante alguns meses, e que consome em seguida frutas e legumes frescos, ganha de 1 a 2 pontos de QI à idade de 8 anos. Ao contrário, uma alimentação infantil demasiadamente rica em açúcar e gordura (com frequência associada ao consumo de pratos prontos industriais) se traduz por uma redução de 1 a 2 pontos de QI à idade de 8 anos.

- Na adolescência: um consumo excessivo de gorduras e açúcares degrada a funcionalidade do hipocampo, área cerebral implicada simultaneamente na memória e no deslocamento espacial. Por outro lado, o adolescente pode consumir utilmente ácidos graxos ômega 3.

- Na idade adulta: uma refeição rica em proteínas torna a pessoa mais atenta. Uma alimentação saudável e equilibrada limita o risco de depressão. A ingestão excessiva de alimentos doces desencadeia no cérebro uma reação idêntica àquela que se produz após a absorção de certas drogas, como a cocaína. A solidão leva ao consumo de álcool, drogas e alimentos ricos em gorduras e açúcares.

◼ O que influencia nosso apetite?

A "fome" corresponde à necessidade fisiológica de comer, ao passo que o "apetite" remete a uma vontade de comer alguma coisa em particular.

O apetite pode ser influenciado por diversos fatores: a composição química dos alimentos, as sensações, o aroma, a consistência, o ruído que o alimento faz quando o mastigamos, etc.

O ambiente desempenha um papel na fome e no apetite; o odor, a intensidade luminosa e a música são determinantes na qualidade do alimento ingerido. Um estudo realizado pela Universidade de Oxford mostrou que o alimento pode ter um gosto mais ou menos amargo em função do som ambiente.[197] Segundo outro estudo da Universidade Cornell, uma fraca intensidade luminosa e uma música suave encorajam a comer quantidades menores; ao passo que, quando o prato e o alimento são da mesma cor, os indivíduos se servem porções mais volumosas.[399]

O clima também influencia nossa alimentação: quando faz frio, comemos pratos mais calóricos. Uma pesquisa da Universidade de Georgia demonstrou que, quando as temperaturas diminuem, o ser humano consome em média 200 calorias a mais cotidianamente.[399]

Quando comemos em grupo, os convivas tendem a encomendar pratos similares.[399]

A lembrança associada a um prato pode dar vontade de comê-lo novamente. Ou nos fazer pensar em recordações precisas, associadas a esse alimento, como no célebre exemplo das *madeleines* de Marcel Proust.

Finalmente, o alimento pode mudar profundamente a natureza de uma pessoa: numa colmeia, conforme o modo como uma larva é nutrida, pode-se obter uma rainha ou uma operária. O mesmo ocorre com os seres humanos, ainda que não saibamos muita coisa sobre essas evoluções.

◼ A alimentação nos objetivos ecológicos internacionais

Em 1963, a FAO e a OMS estabeleceram o *Codex alimentarius*,[380] conjunto de regras associadas aos produtos agrícolas cuja meta é proteger a saúde dos consumidores e promover relações justas entre produtores, intermediários e vendedores de produtos alimentares.

Em 2016, o objetivo número 2 do desenvolvimento sustentável das Nações Unidas é definido assim: "Eliminar a fome, garantir a segurança alimentar, melhorar a nutrição e promover a agricultura sustentável".[190]

No dia 14 de maio de 2018, a OMS lançou uma campanha para a eliminação de ácidos graxos trans (gorduras saturadas) de origem industrial.

Quadro 1

As dez maiores empresas agroalimentares

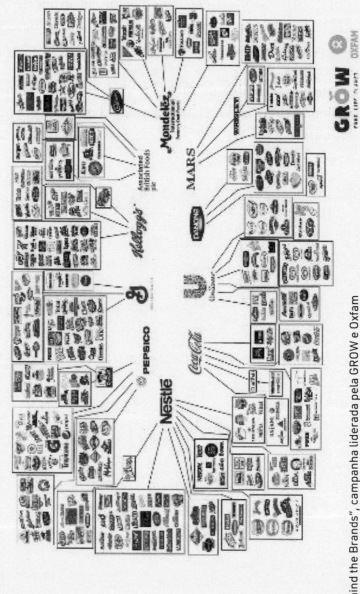

Fonte: "Behind the Brands", campanha liderada pela GROW e Oxfam

Quadro 2

População máxima do planeta de acordo com o estilo de alimentação adotado pelos indivíduos

Estilo de alimentação	Calorias vegetais	Calorias animais	% de calorias animais	População máxima
Sistema agrícola em que nenhuma produção vegetal é destinada à alimentação animal	2.630	170	6%	10,6 bilhões
Sistema agrícola em que toda a produção vegetal é destinada à alimentação animal	0	2.800	100%	2,1
Situação atual	2.300	500	22%	7
Todos como a França	1.540	1.260	82%	4,1

Fonte: Hervé Le Bras

Quadro 3

Origem das calorias consumidas em média por cada indivíduo

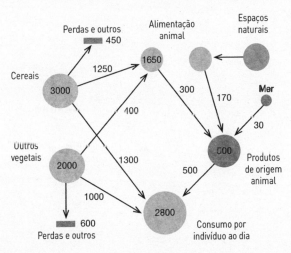

Fonte: Hervé Le Bras

Referências

Obras

1. ALBERT, Jean-Marc. *Aux tables du pouvoir: des banquets grecs à l'Élysée.* Paris: Armand Colin, 2009.

2. ALBERT, Jean-Pierre; MIDANT-REYNES, Béatrix (orgs.). *Le sacrifice humain en Égypte ancienne et ailleurs.* Paris: Soleb, 2005.

3. ANDRÉ, Jacques. *L'alimentation et la cuisine à Rome.* Paris: Belles-Lettres, 2009.

4. ARIÈS, Paul. *Une histoire politique de l'alimentation: du paléolithique* à nos jours. Chevilly-Larue: Max Milo, 2016.

5. ARISTOTE. *Histoire des animaux.* Paris: Flammarion, 2017.

6. ATTALI, Jacques. *La Nouvelle Économie française.* Paris: Flammarion, 1978.

7. ATTALI, Jacques. *L'ordre cannibale: vie et mort de la médecine.* Paris: Grasset, 1979.

8. ATTALI, Jacques. *Au propre et au figuré: une histoire de la propriété.* Paris: Fayard, 1987.

9. ATTALI, Jacques. *Une brève histoire de l'avenir.* Paris: Fayard, 2006.

10. ATTALI, Jacques. *Vivement après-demain!* Paris: Fayard, 2016.

11. ATTALI, Jacques. *Histoires de la mer.* Paris: Fayard, 2017.

12. BAR, Luke. *Ritz and Escoffier: The Hotelier, The Chef, and the Rise of the Leisure Class.* Nova York: Clarkson Potter, 2018.

13. BARMAN, Susan *et al. Physiologie médicale.* Louvain-la-Neuve: De Boeck, 2012.

14. BAUDEZ, Claude-François. *Une histoire de la religion des Mayas: du panthéisme au panthéon.* Paris: Albin Michel, 2002.

15. BERTMAN, Stephen. *Handbook to Life in Ancient Mesopotamia.* Nova York: Oxford University Press, 2005.

16. BOUTOT, Alain. *La Pensée allemande moderne.* Paris: PUF, 1995.

17. BOYER, Louis. *Feu et flamme.* Paris: Belin, 2006.

18. CARLING, Martha. *Food and Eating in Medieval Europe.* Nova York: Bloomsbury Academic, 2005.

19. COURTOIS, Stéphane. *Communisme et totalitarisme.* Paris: Perrin, 2009.

20. DAVIES, Nigel. *Human Sacrifice in History and Today.* Nova York: Hippocrene Books, 1988.

21. DE SOTO, Hernando. *Le mystère du capital: pourquoi le capitalisme triomphe en Occident et échoue partout ailleurs?* Paris: Flammarion, 2005.

22. DECHAMBRE, Amédée *et al. Dictionnaire encyclopédique des sciences médicales.* G. Masson et P. Asselin, 1876.

23. DESPOMMIER, Dickson. *The Vertical Farm: Feeding the World in the 21st Century.* Londres: Picador, 2010.

24. DIKOTTER, Frank. *Mao's Great Famine: The History of China's Most Devastating Catastrophe, 1958-62.* Londres: A&C Black, 2010.

25. ELIAS, Norbert. *La Civilisation des moeurs.* Paris: Pocket, 2003.

26. EVANS, Oliver. *The Abortion of the Young Steam Engineer's Guide.* Pensilvânia: Fry and Kammerer, 1805.

27. FERRIÈRES, Madeleine. *Histoire des peurs alimentaires: du Moyen Âge à l'aube du XXe siècle.* Paris: Points, 2015.

28. FLANDRIN, Jean-Louis; MONTANARI, Massimo (orgs.). *Histoire de l'alimentation.* Paris: Fayard, 2016.

29. FREULER, Léo. *La Crise de la philosophie politique au XIXe siècle.* Paris: Librairie Philosophique J. Vrin, 1997.

30. GANTZ, Carroll. *Refrigeration: A History*. Jefferson: McFarland & Company, 2015.

31. GARDINER, Alan. *Egyptian Grammar: Being an Introduction to the Study of Hieroglyphs*. Nova York: Oxford University Press, 1950.

32. GERNET, Jacques. *A History of Chinese Civilization*. Cambridge: Cambridge University Press, 1996.

33. GERNET, Jacques. *Daily Life in China on the Eve of the Mongol Invasion*. Redwood: Stanford University Press, 1962.

34. GIMPEL, Jean. *La Révolution industrielle du Moyen Âge*. Paris: Seuil, 2002.

35. GLANTS, Musya; TOOMRE, Joyce. *Food in Russian History and Culture*. Bloomington: Indiana University Press, 1997.

36. GUILLAUME, Jean. *Ils ont domestiqué plantes et animaux: prélude* à la civilisation. Versalhes: Éditions Quae, 2010.

37. MAIR, Victor H.; HOH, Erling. *The True Story of Tea*. Londres: Thames & Hudson, 2009.

38. HALL, John W.; MCCLAIN, James. *The Cambridge History of Japan*. Cambridge: Cambridge University Press, 1991.

39. HARARI, Yuval N. *Sapiens. Une brève histoire de l'humanité*. Paris: Albin Michel, 2015.

40. HATCHETT, Louis. *Duncan Hines: How a Traveling Salesman Became the Most Trusted Name in Food*. Lexington: University Press of Kentucky, 2001.

41. HOSOTTE, Paul. *L'Empire aztèque. Impérialisme militaire et terrorisme d'État*. Paris: Economica, 2001.

42. HURBON, Laënnec. *L'Insurrection des esclaves de Saint-Domingue (22-23 août 1791)*. Paris: Karthala, 2013.

43. JAMES, Kenneth. *Escoffier: The King of Chefs*. Londres: Hambledon and London, 2002.

44. JOLYCLERC, Nicolas. *Phytologie universelle, ou histoire naturelle et méthodique des plantes, de leurs propriétés, de leurs vertus et de leur culture – vol. 1*. Paris: Gueffier Jeune, 1799.

45. KLINENBERG, Eric. *Palaces for the People: How to Build a More Equal and United Society*. Nova York: Crown, 2018.

46. KROC, Ray. *Grinding it Out: The Making of McDonald's*. Londres: St Martin's Paperbacks, 1992.

47. LE BRAS, Hervé. *Les Limites de la planète*. Paris: Flammarion, 1994.

48. LEVENSTEIN, Harvey. *Paradox of Plenty: A Social History of Eating in Modern America*. Berkeley: University of California Press, 2003.

49. LUKASCHEK, Karoline. *The History of Cannibalism*. Cambridge: Cambridge University Press, 2001. p. 16.

50. MACIOCIA, Giovanni. *Les Principes Fondamentaux de la médecine chinoise*. Paris: Elsevier Masson, 2018.

51. MANCUSO, Stefano. *The Revolutionary Genius of Plants: A New Understanding of Plant Intelligence and Behaviour*. Nova York: Atria Books, 2017.

52. MANCUSO, Stefano; VIOLA, Alessandra; TEMPERINI, Renaud. *L'Intelligence des plantes*. Paris: Albin Michel, 2018.

53. NATIONAL Research Council. *Lost Crops of the Incas: Little-Known Plants of the Andes with Promise of World Wide Cultivation*. Washington: National Academy Press, 1989.

54. OZERSKY, Josh. *Colonel Sanders and the American Dream*. Austin: University of Texas Press, 2012.

55. PASSELECQ, André (org.). *Anorexie et boulimie: une clinique de l'extrême*. Louvain-la-Neuve: De Boeck, 2006.

56. PENDERGRAST, Mark. *For God, Country and Coca-Cola: The Definitive Story of the Great American Drink and the Company That Makes It*. Nova York, Basic Books, 2013.

57. PIOUFFRE, Gérard. *Les Grandes Inventions*. Paris: First-Gründ, 2013.

58. PLATON. *Le Banquet*. Tradução inédita, introdução e notas de Luc Brisson. Paris: Flammarion, 2007.

59. QUENET, Philippe. *Les Échanges du nord de la Mésopotamie: avec ses voisins proche-orientaux au IIIe millénaire (ca 3100-2300 av. J.-C.)*. Turnhout: Brepols, 2008. (Coleção "Subartu XXII".)

60. RASTOGI, Sanjeev. *Ayurvedic Science of Food and Nutrition*. Berlim: Springer Science & Business Media, 2014.

61. RÖMER, Paul. *Les 100 mots de la Bible*. Paris: PUF, coll. "Que sais-je?", 2016.

62. ROTH, Robert. *Histoire de l'archerie: Arc et arbalète*. Paris: Les Éditions de Paris, 2004.

63. SALDMANN, Frédéric. *Vital!* Paris: Albin Michel, 2019.

64. SCHOLZ, Natalie; SCHRÖER, Christina (orgs.). *Représentation et pouvoir: la politique symbolique en France (1789-1830)*. Rennes: Presses Universitaires de Rennes, 2007.

65. SEGOND, Louis. *La Bible*. Genebra: Société Biblique de Genève, 2007.

66. SEN, Colleen. *Food Culture in India*. Westport: Greenwood Publishing Group, 2004.

67. SKRABEC, Quentin. *The 100 Most Significant Events in American Business: An Encyclopedia*. Santa Bárbara: ABC-CLIO, 2012.

68. SMITH, Andrew. *Savoring Gotham: A Food Lover's Companion to New York City*. Nova York: Oxford University Press, 2015.

69. SNODGRASS, Mary. *Encyclopedia of Kitchen History*. Chicago: Fitzroy Dearborn, 2004.

70. STAMBAUGH, John. *The Ancient Roman City*. Baltimore: John Hopkins University Press, 1988.

71. STODDARD, T. L. *The French Revolution in San Domingo*. Boston: Houghton Mifflin Company, 1914.

72. THIBAULT, Catherine. *Orthophonie et oralité: la sphère oro-faciale de l'enfant*. Paris: Elsevier Masson, 2007.

73. TOUSSAINT-SAMAT, Maguelonne. *Histoire naturelle et morale de la nourriture*. Toulouse: Le Pérégrinateur, 2013.

74. WALTON, John. *Fish and Chips, and the British Working Class, 1870-1940*. Leicester: Leicester University Press, 1992.

75. WILSON, Brian C. *Dr. John Harvey Kellogg and the Religion of Biologic Living*. Bloomington: Indiana University Press, 2014.

76. YANG, Jisheng. *Stèles. La Grande Famine en Chine (1958-1961)*. Paris: Seuil, 2008.

77. YOGI, Svatmarama. *Hatha-Yoga-Pradîpika*. Paris: Fayard, 1974.

Artigos

[78] CATTELAIN, Pierre. Apparition et évolution de l'arc et des pointes de flèche dans la Préhistoire européenne (Paléo-, Méso-, Néolithique). In: P. Bellintani; F. Cavulli (orgs.). *Catene operative dell'arco preistorico: Incontro di Archeologia Sperimentale.* Trento: Giunta della Provincia Autonoma di Trento, 2006.

[79] BADEL, Christophe. Alimentation et société dans la Rome classique: bilan historiographique (IIe siècle av. J.-C.-IIe siècle apr. J.-C.). *Dialogues d'Histoire Ancienne*, Suplemento n. 7, p. 133-157, 2012.

[80] CARRÉ, Guillaume. Une crise de subsistance dans une ville seigneuriale japonaise au XIXe siècle. *Bulletin de l'École Française d'Extrême-Orient*, tomo 84, p. 249-283, 1997.

[81] CÉCILE, Michel. L'alimentation au Proche-Orient ancien: les sources et leur exploitation. *Dialogues d'Histoire Ancienne*, Suplemento n. 7, p. 17-45, 2012.

[82] FUMEY, Gilles. Penser la géographie de l'alimentation (Thinking food geography). *Bulletin de l'Association de Géographes Français*, v. 84, t. 1, p. 35-44, 2007.

[83] GEORGOUDI, Stella. Le sacrifice humain dans tous ses états. *Kernos*, n. 28, p. 255-273, 2015.

[84] GRAULICH, Michel. Les victimes du sacrifice humain aztèque. *Civilisations*, n. 50, p. 91-114, 2002.

[85] MARÍN, Manuela. Cuisine d'Orient, cuisine d'Occident. *Médiévales*, n. 33, 1997. Cultures et nourritures de l'occident musulman, p. 9-21.

[86] MÉTAILIÉ, Georges. Cuisine et santé dans la tradition chinoise. *Communications*, n. 31, p. 119-129, 1979.

[87] NICOUD, Marilyn. L'alimentation, un risque pour la santé? Discours médical et pratiques alimentaires au Moyen Âge. *Médiévales*, v. 69, n. 2, p. 149-170, 2015.

[88] PLOUVIER, Liliane. L'alimentation carnée au Haut Moyen Âge d'après le De observatione ciborum d'Anthime et les Excerpta de Vinidarius. *Revue Belge de Philologie et d'Histoire*, t. 80, f. 4, p. 1357-1369, 2002.

[89] VITAUX, Jean. Chapitre III – La table et la politique. In: VITAUX, Jean (org.). *Les Petits Plats de l'histoire*. Paris: PUF, 2012. p. 79-112.

[90.] BAHUCHET, Serge. Chasse et pêche au paléolithique supérieur. *Sciences et Nature*, n. 104, p. 21-30, 1971.

[91.] KUPZOW, A.-J. Histoire du maïs. *Journal d'Agriculture Traditionnelle et de Botanique Appliquée*, v. 14, n. 12, p. 526-561, dez. 1967.

[92.] NÉFÉDOVA, Tatiana; ECKERT, Denis. L'agriculture russe après 10 ans de réformes: transformations et diversité. *L'Espace Géographique*, t. 32, p. 289-300, abr. 2003.

[93.] SANCHEZ-BAYO, Francisco. Worldwide Decline of the Entomofauna: A Review of its Drivers. *Biological Conservation*, n. 232, p. 8-27, 2019.

[94.] AHMED, Serge. Tous dépendants au sucre. *Les Dossiers de la Recherche*, n. 6, p. 34-37, 2013.

[95.] RIPPE, James; ANGELOPOULOS, Theodore. Sucrose, High-Fructose Corn Syrup, and Fructose, Their Metabolism and Potential Health Effects: What Do We Really Know? *Advances in Nutrition*, v. 4, n. 2, p. 236-245, 2013.

[96.] TOURS, Bernie de. Ketchup. *Défense de la Langue Française*, n. 187, p. 8-9, 1998.

[97.] BRANÇON, Denis; VIEL, Claude. Le sucre de betterave et l'essor de son industrie. *Revue d'Histoire de la Pharmacie*, n. 322, p. 235-246, 1999.

[98.] MEYER, Rachel *et al.* Phylogeographic Relationships Among Asian Eggplants and New Perspectives on Eggplant Domestication. *Molecular Phylogenetics and Evolution*, v. 63, n. 3, p. 685-701, 2012.

[99.] RÉGIS, Roger. Les banquets fraternels. *Hommes et Mondes*, v. 12, n. 46, p. 66-72, 1950.

[100.] JÉQUIER, E.; CONSTANT, F. Water as an Essential Nutrient: The Physiological Basis of Hydration. *European Journal of Clinical Nutrition*, n. 64, p. 115-123, 2010.

[101.] AIELLO, Leslie; WHEELER, Peter. The Expensive-Tissue Hypothesis: The Brain and the Digestive System in Human and Primate Evolution. *Current Anthropology*, v. 36, n. 2, 1995.

[102.] MOULET, Benjamin. À table! Autour de quelques repas du quotidien dans le monde byzantin. *Revue Belge de Philologie et d'Histoire*, v. 90, n. 4, p. 1091-1106, 2012.

[103.] HELFAND, William. Mariani et le vin de Coca. *Revue d'Histoire de la Pharmacie*, n. 247, p. 227-234, 1980.

[104.] BONNAIN-MOERDIJK, Rolande. L'alimentation paysanne em France entre 1850 et 1936. Études *Rurales*, n. 58, p. 29-49, 1975.

[105.] ROTH, Dennis. America's Fascination With Nutrition. *Food Review*, v. 3, n. 1, 2000.

[106.] DESPOMMIER, Dickson. The Rise of Vertical Farms. *Scientific American*, n. 301, 2009.

[107.] LECLANT, Jean. Le café et les cafés à Paris (1644-1693). *Annales Économies, Sociétés, Civilisations*, n. 6, p. 1-14, 1951.

[108.] GBD 2015 Disease and Injury Incidence and Prevalence Collaborators. Global, Regional, and National Incidence, Prevalence, and Years Lived With Disability For 310 Diseases and Injuries, 1990-2015: A Systematic Analysis For the Global Burden of Disease Study 2015. *The Lancet*, v. 388, p. 1545-1602, 2016.

[109.] HOEK, Hans. Review of the Worldwide Epidemiology of Eating Disorders. *Current Opinion in Psychiatry*, 2016.

[110.] SMINK, Frédérique *et al*. Epidemiology of Eating Disorders: Incidence, Prevalence and Mortality Rates. *Current Psychiatry Reports*, v. 14, p. 406-414, 2012.

[111.] WENDEL, Monica *et al*. Stand-Biased Versus Seated Classrooms and Childhood Obesity: A Randomized Experiment in Texas. *American Journal of Public Health*, v. 106, p. 1849-1854, 2016.

[112.] DORNHECKER, Marianela *et al*. The Effect of Stand-Biased Desks on Academic Engagement: An Exploratory Study. *International Journal of Health Promotion and Education*, v. 53, n. 5, p. 271-280, 2015.

[113.] MEHTA, R. *et al*. Standing up for Learning: A Pilot Investigation on the Neurocognitive Benefits of Stand-Biased School Desks. *International Journal of Environmental Research and Public Health*, v. 13, 2016.

[114.] GÄNZLE, Michael. Sourdough Bread. In: BATT, Carl A. (org.). *Encyclopedia of Food Microbiology*. Cambridge: Academic Press, 2014.

[115.] GRIJZENHOUT, Frans. La fête révolutionnaire aux Pays-Bas (1780-1806). De l'utopie à l'indifférence. *Annales Historiques de la Révolution Française*, n. 326, p. 107-116, 2001.

[116.] IOMAIRE, Máirtín M. C.; GALLAGHER, Pádraic O. Irish Corned Beef: A Culinary History. *Journal of Culinary Science and History*, v. 9, p. 27-43, 2011.

[117.] HARGROVE, James. History of the Calorie in Nutrition. *The Journal of Nutrition*, v. 136, n. 12, p. 2957-2961, 2006.

[118.] CURRIE, Janet *et al.* The Effect of Fast Food Restaurants on Obesity and Weight Gain. *The National Bureau of Economic Research Working Paper*, n. 14721, 2009.

[119.] EVANS, C. E. L.; HARPER, C. E. A History of School Meals in the UK. *Journal of Human Nutrition and Dietetics*, v. 22, p. 89-99, 2009.

[120.] LEE, Hyejin. Teff, a Rising Global Crop: Current Status of Teff Production and Value Chain. *The Open Agriculture Journal*, v. 12, p. 185-193, 2018.

[121.] BREASTFEEDING: Achieving the New Normal. *The Lancet*, v. 387, p. 404, 2016.

[122.] COURTOIS, Brigitte. *Une brève histoire du riz et de son amélioration génétique*. Montpellier: Cirad, 2007, p. 13.

[123.] HAUZEUR, A.; JADIN, I.; JUNGELS, C. La fin du Rubané: comment meurent les cultures? *Collections du Patrimoine Culturel*, p. 183-188, 2011.

[124.] OFER, Yosef B. Le cadre archéologique de la révolution du paléolithique supérieur. *Diogène*, v. 204, p. 3-23, 2006.

[125.] GELLERT, Johannes F. Études récentes de morphologie glaciaire dans la plaine de l'Allemagne du Nord entre Elbe et Oder. *Annales de Géographie*, t. 72, n. 392, p. 410-425, 1963.

[126.] STANSELL, Nathan D.; ABBOTT, Mark B.; POLISSAR, Pratigya J.; WOLFE, Alexander P.; BEZADA, Maximiliano M.; RULL, Valenti. Late Quaternary Deglacial History of the Mérida Andes, Venezuela. *J. Quaternary Sci.*, v. 20, p. 801-812, 2005.

[127.] BURKART, J.; GUERREIRO, E. M.; MISS, F.; ZÜRCHER, Y. From Sharing Food to Sharing Information: Cooperative Breeding and Language Evolution. *Interaction Studies: Social Behaviour and Communication in Biological and Artificial Systems*, v. 19 (1/2), p. 136-150, 2018.

128. BARKAN, Ilyse D. Industry Invites Regulation: The Passage of the Pure Food and Drug Act of 1906. *American Journal of Public Health*, v. 75, n. 1, p. 18-26, 1985.

129. PEAUCELLE, Jean-Louis. Du dépeçage à l'assemblage: l'invention du travail à la chaîne à Chicago et à Detroit. *Gérer et Comprendre*, v. 73, p. 75-88, 2003.

130. POULLENNEC, Gwendal. Le guide Michelin: une référence mondiale de la gastronomie locale. *Journal de l'École de Paris du Management*, v. 89, n. 3, p. 37-42, 2011.

131. AUSSUDRE, Matthieu. *La Nouvelle Cuisine française. Rupture et avènement d'une nouvelle ère culinaire*. Mémoire dirigé par Marc de Ferrière Le Vayer. Tours: Université François-Rabelais/IEHCA, 2014-2015.

132. VIEUX, Florent *et al*. Nutritional Quality of School Meals in France: Impact of Guidelines and the Role of Protein Dishes. *Nutrients*, v. 10, n. 205, 2018.

133. ESSEMYR, Mats. Pratiques alimentaires: le temps et sa distribution. Une perspective d'histoire économique. In: AYMARD, Maurice *et al. Le Temps de manger. Alimentation, emploi du temps et rythmes sociaux*. Paris: Éditions de la Maison des Sciences de l'Homme, 1993. p. 139-148.

134. CORDELL, Dana. *The Story of Phosphorus: Sustainability Implications of Global Phosphorus Scarcity for Food Security*. Linköping: Linköping University Electronic Press, 2010.

135. JANIN, Pierre. Les "émeutes de la faim". Une lecture (géo-politique) du changement (social). *Politique Étrangère*, v. 74, n. 2, p. 251-263, 2009.

136. BOISSET, Michel. Les "métaux lourds" dans l'alimentation: quels risques pour les consommateurs? *Médecine des Maladies M*étaboliques, v. 11, n. 4, p. 337-340, jun. 2017.

137. PADDEU, Flaminia. L'agriculture urbaine à Détroit: un enjeu de production alimentaire en temps de crise? *Pour*, v. 224, n. 4, p. 89-99, 2014.

138. SCHIRMANN, Sylvain. Les Europes en crises. In: SCHIRMANN, Sylvain. *Crise, coopération économique et financière entre États européens, 1929-1933*. Comité pour l'Histoire Économique et Financière de la France, 2000.

139. THURNER, Paul *et al*. Agricultural Structure and the Rise of the Nazi Party Reconsidered. *Political Geography*, v. 44, p. 50-63, 2015.

140. FERNÁNDEZ, Eva. *Why Was Protection to Agriculture so High During the Interwar Years? The Costs of Grain Policies in Four European Countries.* Madri: Universidad Carlos III, 2009.

141. FINNSDÓTTIR, Fífa. *Man Must Conquer Earth: Three Stages of CCP Policies Resulting in Environmental Degradation in China and Characteristics of Contemporary Environmental Politics.* Lund: Lund University Press, 2009.

142. MARTIN, Marie A. La politique alimentaire des Khmers rouges. *Études Rurales*, n. 99-100, p. 347-365, 1985.

143. DUCHEMIN, Jacqueline. Le mythe de Prométhée à travers les âges. *Bulletin de l'Association Guillaume-Budé*, n. 3, p. 39-72, out. 1952.

144. CRUVEILLÉ, Solange. La consommation de chair humaine en Chine. *Impressions d'Extrême-Orient*, n. 5, 2015.

145. DEWALL, C. Nathan; DECKMAN, Timothy; GAILLIOT, Mathew T.; BUSHMAN, Brad J. Sweetened Blood Cools Hot Tempers: Physiological Self-Control and Aggression. *Aggressive Behavior*, v. 37, n. 1, p. 73-80, jan./fev. 2011.

146. HALLMANN, Caspar A.; SORG, Martin; JONGEJANS, Eelke; SIEPEL, Henk; HOFLAND, Nick; SCHWAN, Heinz; STENMANS, Werner; MÜLLER, Andreas; SUMSER, Hubert; HÖRREN, Thomas; GOULSON, Dave; KROON, Hans de. More Than 75 Percent Decline Over 27 Years in Total Flying Insect Biomass in Protected Areas. *PLOS ONE*, v. 12, n. 10, p. 1-21, out. 2017.

147. MONTANARI, Massimo. Valeurs, symboles, messages alimentaires durant le Haut Moyen Âge. *Médiévales*, n. 5, p. 57-66, 1983.

148. GRAULICH, Michel. Les mises à mort doubles dans les rites sacrificiels des anciens Mexicains. *Journal de la Société des Américanistes*, t. 68, p. 49-58, 1982.

149. DAUBIGNY, Alain. Reconnaissance des formes de la dépendance gauloise. *Dialogues d'Histoire Ancienne*, v. 5, p. 145-189, 1979.

150. ABAD, Reynald. Aux origines du suicide de Vatel: les difficultés de l'approvisionnement en marée au temps de Louis XIV. *Dix-Septième Siècle*, v. 4, n. 217, p. 631-641, 2002.

151. DURUY, Victor. Circulaire sur la fourniture d'aliments chauds aux enfants des salles d'asile. *Bulletin Administratif de l'Instruction Publique*, t. 11, n. 212, p. 711-712, 1869.

[152.] FIOLET, Thibault *et al.* Consumption of Ultra-Processed Food and Cancer Risk. *British Medical Journal,* fev. 2018.

[153.] VAN CAUTEREN, D. *et al.* Estimation de la morbidité et de la mortalité aux infections d'origine alimentaire en France métropolitaine, 2008-2013. *Santé Publique et Épidémiologie,* Université Paris-Saclay, 2016.

[154.] SIDANI, Jaime E. *et al.* The Association Between Social Media Use and Eating Concerns Among US Young Adults. *Journal of the Academy of Nutrition and Dietetics,* v. 116, n. 9, p. 1465-1472, 2016.

[155.] SAEIDIFARD, F.; MEDINA-INOJOSA, J. R.; SUPERVIA, M.; OLSON, T. P.; SOMERS, V. K.; ERWIN, P. J.; LOPEZ-JIMENEZ, F. Differences of Energy Expenditure While Sitting Versus Standing: A Systematic Review and Meta-Analysis. *European Journal of Preventive Cardiology,* v. 25, n. 5, p. 522-538, 2018.

Relatórios

[156.] COMMISSION Européenne. Global Food Security 2030 – Assessing Trends with a View to Guiding Future EU Policies. Luxemburgo: Publications Office of the European Union, 2015.

[157.] FAO. *L'état de la sécurité alimentaire et de la nutrition dans le monde, 2018. Renforcer la résilience face aux changements climatiques pour la sécurité alimentaire et la nutrition.* Roma, 2018.

[158.] FAO. *Perspectives de l'alimentation: les marchés en bref.* Roma, 2017.

[159.] INSEE. *Des ménages toujours plus nombreux, toujours plus petits.* Paris, 2017.

[160.] INSEE. *Cinquante ans de consommation alimentaire: une croissance modérée, mais de profonds changements.* Paris, 2015.

[161.] THE EAT-Lancet Commission. *Alimentation Planète Santé – Une alimentation saine issue de production durable.* Oslo, 2019.

[162.] CENTRE d'Études et de Prospective. *Nanotechnologies et nanomatériaux en alimentation: atouts, risques, perspectives.* Paris, 2018.

[163.] CENTRE d'Études et de Prospective, MOND'Alim 2030. *Les conduites alimentaires comme reflets de la mondialisation: tendances d'ici 2030.* Paris, 2017.

164. WORLD Health Organization. *Water Requirements, Impinging Factors and Recommended Intakes.* Genebra, 2004.

165. EUROPEAN Federation of Bottled Water. *Guidelines for Adequate Water Intake: A Public Health Rationale.* Bruxelas, 2013.

166. BÜHLER Insect Technology Solutions. *Insects to Feed the World.* Gupfenstrasse, 2018.

167. MARKET Research Report. *Halal Food and Beverage Market Size Report by Product (Meat & Alternatives, Milk & Milk Products, Fruits & Vegetables, Grain Products), by Region, and Segment Forecasts, 2018-2025.* São Francisco, 2018.

168. PERSISTENCE Market Research. *Global Market Study on Kosher Food: Pareve Segment by Raw Material Type to Account for Maximum Value Share During 2017-2025.* Nova York, 2017.

169. EFSA. *Risk Profile Related to Production and Consumption of Insects as Food and Feed.* Parma, 2015.

170. PR Newswire. *Food and Beverages Global Market Report 2018.* Nova York, 2018.

171. ANSES. *AVIS de l'Agence Nationale de Sécurité Sanitaire de l'Alimentation, de l'Environnement et du Travail relatif à "la valorisation des insectes dans l'alimentation et l'état des lieux des connaissances scientifiques sur les risques sanitaires en lien avec la consommation des insectes".* Maisons-Alfort, 2015.

172. FAO. *Insectes comestibles: Perspectives pour la sécurité alimentaire et l'alimentation animale.* Roma, 2014.

173. OMS Europe. *Recommandations mondiales sur l'activité physique pour la santé.* Genebra, 2010.

174. INTERNATIONAL Service for the Acquisition of Agri-biotech Applications. *Situation mondiale des plantes GM Commercialisées: 2016.* Nova York, 2016

175. FAO. *Situation mondiale des pêches et de l'aquaculture.* Roma, 2004.

176. FAO. *International Year of the Potato 2008: New Light on a Hidden Treasure, End-of-year Review.* Roma, 2008.

177. UFC-Que Choisir. Étude sur l'équilibre nutritionnel dans les *restaurants scolaires de 606 communes et établissements scolaires de France.* Paris, 2013.

178. LLOYD'S. *Realistic Disaster Scenarios: Scenario Specification.* Londres, 2015.

179. AGRESTE Primeur. *Enquête sur la structure des exploitations agricoles.* Paris, 2018.

180. WAR on Want. *The Baby Killer.* Londres, 1974.

181. GRAND View Research. *Functional Foods Market Analysis by Product (Carotenoids, Dietary Fibers, Fatty Acids, Minerals, Prebiotics & Probiotics, Vitamins), by Application, by End-Use (Sports Nutrition, Weight Management, Immunity, Digestive Health) and Segment Forecasts, 2018 to 2024.* São Francisco, 2016.

182. FAO. *Tackling Climate Change Through Livestock, a Global Assessment of Emissions and Mitigation Opportunities.* Roma, 2013.

183. FAO. *Livestock's Long Shadow Environmental Issues and Options.* Roma, 2006.

184. FAO. *Renforcer la cohérence entre l'agriculture et la protection sociale pour lutter contre la pauvreté et la famille en Afrique.* Roma, 2016.

185. WORLD Wide Fund. *Rapport Planète vivante 2018: Soyons ambitieux.* Gland, 2018.

186. MULLER, Adrian; SCHADER, Christian; EL-HAGE Nadia S.; BRÜGGEMANN, Judith; ISENSEE, Anne; ERB, Karl-Heinz; SMITH, Pete; KLOCKE, Peter; LEIBER, Florian; STOLZE, Matthias; NIGGLI, Urs. *Strategies for Feeding the World More Sustainably with Organic Agriculture.* Londres: Nature Communications, 2017.

187. GLOBAL Nutrition Report. *Nourishing the SDGs.* Bristol, 2017.

Internet

188. RESTAURANT Julien Binz. *Le 1er repas 100% note à note en France par Julien Binz.* Disponível em: https://bit.ly/3vdHeHW. Acesso em: jun. 2021.

189. LE PETIT Journal du Marketing. *Instagram: quand le réseau social s'invite dans nos assiettes.* Disponível em: https://bit.ly/3grtFiY. Acesso em: jun. 2021.

190. NATIONS Unies. *17 objectifs pour transformer notre monde.* Disponível em: https://bit.ly/2TT57rn. Acesso em: jun. 2021.

191. ORGANISATION Mondiale de la Santé. *L'OMS préconise l'application de mesures au niveau mondial pour réduire la consommation de boissons sucrées.* Disponível em: https://bit.ly/3vhbdPk. Acesso em: jun. 2021.

192. ANSES. *Les protéines.* Disponível em: https://bit.ly/2Spnsfm. Acesso em: jun. 2021

193. ANSES. *Les minéraux.* Disponível em: https://bit.ly/2SiNGAk. Acesso em: jun. 2021.

194. LE CANAPÉ C'est la Vie. *Doper ses hormones du bonheur: la sérotonine.* Disponível em: https://bit.ly/3x7ZCmU. Acesso em: jun. 2021.

195. INRAE. *De la vitamine A pour prot*éger le cerveau âgé. Disponível em: http://www.inra.fr/Grand-public/Alimentation-et-sante/Tous-les-dossiers/Cerveau-et-nutrition/Vitamine-A-pour-proteger-le-cerveau-age/(key)/4. Acesso em: jun. 2021.

196. THE UNIVERSITY of Adelaide. *Children's Healthy Diets Lead to Healthier IQ.* Disponível em: https://bit.ly/3wcWWEx. Acesso em: jun. 2021.

197. TROLDTEKT. *How Sound Affects our Sense of Taste.* Disponível em: https://bit.ly/3vbbkfh. Acesso em: jun. 2021.

198. SCIENCES Humaines. *La révolution néolithique.* Disponível em: https://bit.ly/3cxEr6e. Acesso em: jun. 2021.

199. SCIENCES et Avenir. *Demain, des insectes et des microalgues dans nos assiettes?* Disponível em: https://bit.ly/3vepegP. Acesso em: jun. 2021.

200. L'ADN Tendances. *Un robot-cuisinier étoilé.* Disponível em: https://bit.ly/2SjP8T0. Acesso em: jun. 2021.

201. RADIO-Canada. *La grande famine en Irlande au xixe siècle, une catástrofe meurtrière.* Disponível em: https://bit.ly/3wgjYKN. Acesso em: jun. 2021.

202. BRITANNICA. *Great Famine – Famine, Ireland [1845-1849].* Disponível em: https://bit.ly/3vczG8o. Acesso em: jun. 2021.

203. BBC News. *The Irish Famine.* Disponível em: https://bbc.in/3x6ZAMa. Acesso em: jun. 2021.

204. HERODOTE. *Le monde à l'apogée égyptien. Égypte: la fin du Nouvel Empire.* Disponível em: https://bit.ly/3gjPdxS. Acesso em: jun. 2021.

205. CLIO. *L'Égypte: une civilisation multimillénaire*. Disponível em: https://bit.ly/3gajfVN. Acesso em: jun. 2021.

206. HOMINIDÉS. *Alimentation dans la Préhistoire*. Disponível em: https://bit.ly/3gcaACv. Acesso em: jun. 2021.

207. SCIENCES et Avenir. *Nos ancêtres étaient-ils cannibales ou végétariens?* Disponível em: https://bit.ly/3wfmktx. Acesso em: jun. 2021.

208. SCIENCE Presse. *Orthorexie: la peur au ventre*. Disponível em: https://bit.ly/3563eKt. Acesso em: jun. 2021.

209. L'OBS. *Orthorexie: quand l'envie de manger sainement devient une maladie*. Disponível em: https://bit.ly/3pH1r7Q. Acesso em: jun. 2021.

210. HOMINIDÉS. *Le propulseur à la préhistoire*. Disponível em: https://bit.ly/3cxe68j. Acesso em: jun. 2021.

211. HOMINIDÉS. *Les premières armes à la Préhistoire*. Disponível em: https://bit.ly/3gnYTaA. Acesso em: jun. 2021.

212. HOMINIDÉS. *Homo ergaster*. Disponível em: https://bit.ly/3gccMcW. Acesso em: jun. 2021.

213. ACTUALITÉ du poivre dans le monde et en Côte d'Ivoire. Disponível em: https://bit.ly/2RIXAuF. Acesso em: jun. 2021.

214. LES POMMES de Terre. *Une histoire riche et mouvementée*. Disponível em: https://bit.ly/3zgmqCV. Acesso em: jun. 2021.

215. GRAINES Baumaux. *Histoire(s) de haricots*. Disponível em: https://bit.ly/3grzJIg. Acesso em: jun. 2021.

216. SEMENCEMAG. *Le haricot au fil de l'histoire*. Disponível em: https://bit.ly/3pF5lya. Acesso em: jun. 2021.

217. CONSTANS, Nicolas. *L'homme n'a pas créé le maïs tout seul*. Disponível em: https://bit.ly/3gtiWo0. Acesso em: jun. 2021.

218. RESSOURCES Pédagogiques de la Filière Semences. *Origine et caractéristiques du maïs*. Disponível em: https://bit.ly/3pHJR3M. Acesso em: jun. 2021.

219. SEMENCEMAG. *L'histoire du maïs*. Disponível em: https://bit.ly/2SrpCuP. Acesso em: jun. 2021.

220. CASTELANNE. *Quand le chocolat a-t-il été découvert?* Disponível em: https://www.castelanne.com/blog/decouverte-chocolat/. Acesso em: jun. 2021.

221. TACO Bell. *About Us.* Disponível em: https://www.tacobell.com/about-us. Acesso em: jun. 2021.

222. SMITHSONIAN Magazine. *The Story of How McDonald's First Got its Start.* Disponível em: https://bit.ly/3vmlv0R. Acesso em: jun. 2021.

223. MCDONALD's Corporate. *The McDonald's Story.* Disponível em: https://bit.ly/3wfk6ua. Acesso em: jun. 2021.

224. WORLD Health Organization. *Obesity and Overweight.* Disponível em: https://bit.ly/3gp71HY. Acesso em: jun. 2021.

225. SWISS Medical Forum. *L'augmentation de la consommation de fructose responsable du syndrome métabolique?* Disponível em: https://bit.ly/3xqW-8fN. Acesso em: jun. 2021.

226. CNRS Le Journal. *Le fructose, un additif problématique?* Disponível em: https://bit.ly/3xi0tll. Acesso em: jun. 2021.

227. THE NEW York Times. *How the Sugar Industry Shifted Blame to Fat.* Disponível em: https://nyti.ms/3geJ0EK. Acesso em: jun. 2021.

228. SIELAFF. *History.* Disponível em: https://bit.ly/3cuXXzV. Acesso em: jun. 2021.

229. CNRTL. *Restaurer.* Disponível em: https://bit.ly/3cAfFCh. Acesso em: jun. 2021.

230. DICOLATIN. *Stauro, as, are.* Disponível em: https://bit.ly/2ThzCam. Acesso em: jun. 2021.

231. CAPITAL. *Grand Marnier: les Marnier Lapostolle, à l'origine d'un succès planétaire.* Disponível em: https://bit.ly/2RIYIyh. Acesso em: jun. 2021.

232. THE FEAST. *Cooking with Lightning: Helen Louise Johnson's Electric Oven Revolution.* Disponível em: https://bit.ly/3xdErjz. Acesso em: jun. 2021.

233. IEEE Spectrum. *A Brief History of the Microwave Oven.* Disponível em: https://bit.ly/3izQ0NU. Acesso em: jun. 2021.

234. TODAY I Found Out. *The Microwave Oven was Invented by Accident.* Disponível em: https://bit.ly/3wecfNr. Acesso em: jun. 2021.

235. HISTOIRE Pour Tous. *L'invention de la pasteurisation (1865)*. Disponível em: https://bit.ly/3cRbxOD. Acesso em: jun. 2021.

236. KRAFT Heinz. *A Global Powerhouse*. Disponível em: https://bit.ly/3izux7B. Acesso em: jun. 2021.

237. NATIONAL Geographic. *How Was Ketchup Invented?* Disponível em: https://on.natgeo.com/3whlpsk. Acesso em: jun. 2021.

238. SMITHSONIAN Magazine. *The Secret Ingredient in Kellogg's Corn Flakes Is Seventh-Day Adventism*. Disponível em: https://bit.ly/3iLnsRR. Acesso em: jun. 2021.

239. NAPOLEON. *La bataille du sucre*. Disponível em: https://bit.ly/35926Wh. Acesso em: jun. 2021.

240. INTERNET Archive. *History of Lemonade*. Disponível em: https://bit.ly/3pInw6j. Acesso em: jun. 2021.

241. SOCIÉTÉ Chimique de France. *Joseph Priestley (1733-1804)*. Disponível em: https://bit.ly/2RJ6Grj. Acesso em: jun. 2021.

242. THE WALL Street Journal. *A Brief History of Lemonade*. Disponível em: https://on.wsj.com/3zk8BDp. Acesso em: jun. 2021.

243. CLIFFORD A Wright. *History of Lemonade*. Disponível em: https://bit.ly/3wdqHFx. Acesso em: jun. 2021.

244. BBC News. *The Unlikely Origin of Fish and Chips*. Disponível em: https://bbc.in/356EJg4. Acesso em: jun. 2021.

245. SMITHSONIAN Magazine. *A Brief History of Chocolate*. Disponível em: https://bit.ly/3gcbTBt. Acesso em: jun. 2021.

246. FONDATION La Main à la Pâte. *L'extractum carnis de Justus von Liebig*. Disponível em: https://bit.ly/356F4zm. Acesso em: jun. 2021.

247. MEUBLIZ. *Définition d'un tranchoir*. Disponível em: https://bit.ly/2ThDacG. Acesso em: jun. 2021.

248. LE DERNIER Prophete Info. *La période préislamique en Arabie*. Disponível em: https://bit.ly/3cvGB6k. Acesso em: jun. 2021.

249. LE GRENIER de Lionel Mesnard. *Mouvements à l'occasion des sucres*. Disponível em: https://bit.ly/3iymCaI. Acesso em: jun. 2021.

250. HERODOTE. *22 août 1791: Révolte des esclaves à Saint-Domingue.* Disponível em: https://bit.ly/3pPd78U. Acesso em: jun. 2021.

251. IMAGO Mundi. *Les banquets civiques.* Disponível em: https://bit.ly/3ctIikD. Acesso em: jun. 2021.

252. ABC News. *1900 predictions of the 20th century.* Disponível em: https://abcn.ws/3wiIhb8. Acesso em: jun. 2021.

253. THE LADIES Home Journal. *Predictions of the year 2000.* Disponível em: https://bit.ly/3vpMRDj. Acesso em: jun. 2021.

254. FORBES. *The UK's Hot New 5:2 Diet Craze Hits The U.S.* Disponível em: https://bit.ly/3viIz0h. Acesso em: jun. 2021.

255. BBC News. *Can the Science of Autophagy Boost Your Health?* Disponível em: https://bbc.in/3xaFOzi. Acesso em: jun. 2021.

256. L'EXPRESS. *L'eau, nouveau champ de bataille des géants du soda.* Disponível em: https://bit.ly/3zi0ibo. Acesso em: jun. 2021.

257. SAHAPEDIA. *A Curious Cuisine: Bengali Culinary Culture in Pre-Modern Times.* Disponível em: https://bit.ly/2ROruh6. Acesso em: jun. 2021.

258. GANDHI Topia. *Food Habits in India in Last 19th Century.* Disponível em: http://www.gandhitopia.org/profiles/blogs/food-habits-in-india-in--last-19th-century-2. Acesso em: jun. 2021.

259. EHARA, Ayako. *Vegetable and Meals of Daimyo Living in Edo.* Disponível em: https://bit.ly/3xdGtAa. Acesso em: jun. 2021.

260. WATANABE, Zenjiro. *The Meat-Eating Culture of Japan at the Beginning of Westernalization.* Disponível em: https://bit.ly/3wgcHuE. Acesso em: jun. 2021.

261. HARADA, Nobuo. *A Peek at the Meals of the People of Edo.* Disponível em: https://bit.ly/3pI0Y4z. Acesso em: jun. 2021

262. CARR, K. E. *Food in Qing Dynasty China.* Disponível em: https://bit.ly/359zJYd. Acesso em: jun. 2021.

263. NOVETHIC. *Alicament.* Disponível em: https://bit.ly/3pL1lMv. Acesso em: jun. 2021.

264. LEYMERIE, Claire. *Alicament, Aliment Miracle?* Disponível em: https://bit.ly/3cxxNwr. Acesso em: jun. 2021.

265. CHEVALLIER, Laurent. *L'escroquerie des alicaments*. Disponível em: https://bit.ly/3iBoIqC. Acesso em: jun. 2021.

266. PBS NewsHour Extra. *Fast Food Nation*. Disponível em: https://to.pbs.org/3xh5CtG. Acesso: jun. 2021.

267. ALIMENTARIUM. *In-flight Catering*. Disponível em: https://bit.ly/3cCQsXT. Acesso em: jun. 2021.

268. PAR-Avion. *A Brief History of Airline Food*. Disponível em: https://bit.ly/3xifAv8. Acesso em: jun. 2021.

269. OUEST France. *Le vin Mariani, la boisson qui inspira Coca-Cola*. Disponível em: https://www.ouest-france.fr/leditiondusoir/data/895/reader/reader.html#!preferred/1/package/895/pub/896/page/9. Acesso em: jun. 2021.

270. BBC Four. *Escoffier in Pictures*. Disponível em: https://bbc.in/2TR51Au. Acesso em: jun. 2021.

271. ORTHODOXA. *Petite histoire du carême*. Disponível em: https://bit.ly/3pMG3hv. Acesso em: jun. 2021.

272. CYBER Curé. *Sens, origines et histoire du Carême*. Disponível em: https://bit.ly/3vgegY0. Acesso em: jun. 2021.

273. CANAL Académies. *Avant et après la Révolution: les changements gastronomiques des Français*. Disponível em: https://bit.ly/3zeh8YC. Acesso em: jun. 2021.

274. UNESCO. *Le repas gastronomique des Français*. Disponível em: https://bit.ly/2SwCEaq. Acesso em: jun. 2021.

275. CAPITAL avec Management. *La petite histoire de la cafétéria d'entreprise*. Disponível em: https://bit.ly/3znWi98. Acesso em: jun. 2021.

276. LE MONDE. *La cantine d'entreprise veut faire oublier la cantoche*. Disponível em: https://bit.ly/3zmK5BB. Acesso em: jun. 2021.

277. LE BLOG de Louis XVI. *09 février 1747: le second mariage du Dauphin de France*. Disponível em: https://bit.ly/3xddcFO. Acesso em: jun. 2021.

278. HISTOIRE Pour Tous. *L'entrevue du camp du Drap d'or (1520)*. Disponível em: https://bit.ly/2TnTDMa. Acesso em: jun. 2021.

279. VANITY Fair. *Les grands festins qui ont changé l'Histoire*. Disponível em: https://bit.ly/3pMjXvN. Acesso em: jun. 2021.

280. FOREIGN Agricultural Service. *Percentage of US Agricultural Products Exported*. Disponível em: https://bit.ly/3iFgaPh. Acesso em: jun. 2021.

281. EGYPTOLOGUE. *Sothis*. Disponível em: https://bit.ly/2SkxK0r. Acesso em: jun. 2021.

282. LE Parisien. *Talleyrand et Antoine Carême: la gastronomie au service de la diplomatie*. Disponível em: https://bit.ly/3vjJspg. Acesso em: jun. 2021.

283. HISTORY, Art & Archives. *The Pure Food and Drug Act*. Disponível em: https://bit.ly/35b7WX4. Acesso em: jun. 2021.

284. EUR-Lex. *Règlement (UE) 2015/2283 du Parlement européen et du Conseil du 25 novembre 2015 relatif aux nouveaux aliments*. Disponível em: https://bit.ly/3cBdVIU. Acesso em: jun. 2021.

285. MOTE, Chan. *2017 Top 100 Food & Beverage Companies of China*. Disponível em: https://bit.ly/3gpaqXm. Acesso em: jun. 2021.

286. WORLDATLAS. *What Are the World's Most Important Staple Foods?* Disponível em: https://bit.ly/3iA9EJD. Acesso em: jun. 2021.

287. GOLDSCHEIN, Eric. *The 10 Most Important Crop in the World*. Disponível em: https://bit.ly/3vgiezS. Acesso em: jun. 2021.

288. IPIFF. *Overall Context: Insects as Food or Feed*. Disponível em: https://bit.ly/3gdaURp. Acesso em: jun. 2021.

289. PDM. *Sept insectes autorisés à partir du 1er juillet en aquaculture*. Disponível em: https://bit.ly/3gwIuRr. Acesso em: jun. 2021.

290. WORLD Health Organization. *Cancérogénicité de la viande rouge et de la viande transformée*. Disponível em: https://www.who.int/features/qa/cancer-red-meat/fr/. Acesso em: jun. 2021.

291. LE MONDE. *Un cas atypique de variant de la maladie de Creutzfeld-Jacob*. Disponível em: https://bit.ly/2TZ90JA. Acesso em: jun. 2021.

292. INSERM. *Anorexie mentale*. Disponível em: https://bit.ly/3iFiWnF. Acesso em: jun. 2021.

293. GRAIN. *Grippe porcine*. Disponível em: https://bit.ly/3x7xlx0. Acesso em: jun. 2021.

294. CDC. *First Global Estimates of 2009 H1N1 Pandemic Mortality Released by CDC-Led Collaboration*. Disponível em: https://bit.ly/35cJzIK. Acesso em: jun. 2021.

295. EUR-Lex. *Directive 95/2/CE su Parlement européen et du Conseil du 20 février 1995 concernant les additifs alimentaires autres que les colorants et les édulcorants.* Disponível em: https://bit.ly/2TR97IS. Acesso em: jun. 2021.

296. THE NEW York Times Magazine. *Failure to Lunch.* Disponível em: https://nyti.ms/3gsVwzd. Acesso em: jun. 2021.

297. HARTMAN Group. *Eating Ocasions Daypart: Lunch.* Disponível em: https://bit.ly/3gw0yuI. Acesso em: jun. 2021.

298. ROBERT Half. *More than Half of Workers Take 30 Minutes or Less for Lunch, Survey Says.* Disponível em: https://bit.ly/3gegu5P. Acesso em: jun. 2021.

299. FIERCE CEO. *Lunch Breaks? Forget About It: 22 % of Bosses Believe Lunch Takers are Lazy, Survey Finds.* Disponível em: https://bit.ly/3iAbv13. Acesso em: jun. 2021.

300. GLOBAL Times. *Longer Hours, Differences in Office Culture and Time Zones Trigger Burnout Among Foreigners Working in China.* Disponível em: https://bit.ly/3x7ygxs. Acesso em: jun. 2021.

301. NBC News. *China Factory Workers Encouraged to Sleep on the Job.* Disponível em: https://nbcnews.to/3izjtaC. Acesso em: jun. 2021.

302. JACOBS, Sarah. *China's Tech Work Culture is so Intense that People Sleep and Bathe in their Offices.* Disponível em: https://bit.ly/3guiGW0. Acesso em: jun. 2021.

303. BUSINESS Wire. *Herbalife's Nutrition At Work Survey Reveals Majority of Asia-Pacific's Workforce Lead Largely Sedentary Lifestyles, Putting Them at Risk of Obesity.* Disponível em: https://bwnews.pr/3iI9S1c. Acesso em: jun. 2021.

304. INRA. *Le phosphore: une ressource limitée et un enjeu planétaire pour l'agriculture du 21ᵉ siècle.* Disponível em: https://bit.ly/2TnZZLw. Acesso em: jun. 2021.

305. SCIENCE Presse. *Pénurie de phosphore, une bombe à retardement?* Disponível em: https://bit.ly/3zj9mwB. Acesso em: jun. 2021.

306. MAXI Sciences. *Le secret de l'exceptionnelle longévité des habitants d'Okinawa enfin découvert?* Disponível em: https://bit.ly/3izIxOQ. Acesso em: jun. 2021.

307. RÉGIME Okinawa. *Principes du régime Okinawa*. Disponível em: https://bit.ly/2TVUJ25. Acesso em: jun. 2021.

308. HISTORY of Information. *In China, Possibly the Earliest Attempt at Writing*. Disponível em: https://bit.ly/3iAFsOp. Acesso em: jun. 2021.

309. CLASSES BnF. Écriture *cunéiforme*. Disponível em: https://bit.ly/3vgwybI. Acesso em: jun. 2021.

310. ABC Science. *Ancient Romans Preferred Fast Food*. Disponível em: https://ab.co/3gmDzlS. Acesso em: jun. 2021.

311. TELESCOPER. *Fish, Chips and Immigration*. Disponível em: https://bit.ly/3gqWzQi. Acesso em: jun. 2021.

312. HISTOPHILO. *La naissance du vitalisme*. Disponível em: https://bit.ly/3gsXobd. Acesso em: jun. 2021.

313. IMPROVED Electrical Heating Apparatus. Disponível em: https://bit.ly/3vg3Ojl. Acesso em: jun. 2021.

314. IMPROVED Electric Cooking Stove. Disponível em: http://pericles.ipaustralia.gov.au/ols/auspat/pdfSource.do;jsessionid=i58KgL-LQdEi0_fmiLVwewHRSNaMK8tjfalBaonPsLiTdChufpRm!352194497. Acesso em: jun. 2021.

315. LE JOURNAL du Dimanche. *Nutrition: pourquoi a-t-on tant de mal à étiqueter la malbouffe?* Disponível em: https://bit.ly/35ae1mM. Acesso em: jun. 2021.

316. CHÂTEAU de Goulaine. *Le musée de la biscuiterie LU*. Disponível em: https://bit.ly/3ge1XqQ. Acesso em: jun. 2021.

317. HOMINIDÉS. *Les premières armes*. Disponível em: https://bit.ly/3xhvqGg. Acesso em: jun. 2021.

318. INRAP. *Le Paléolithique*. Disponível em: https://bit.ly/2U4C4S1. Acesso em: jun. 2021.

319. UNIVERSALIS. *Homo erectus*. Disponível em: https://bit.ly/3gf5khm. Acesso em: jun. 2021.

320. HOMINIDÉS. *Le r*égime alimentaire de Néandertal: *80% de viande, 20% de végétaux*. Disponível em: https://bit.ly/3xj8BBM. Acesso em: jun. 2021.

321. CNRS. *Néandertal, le cousin réhabilité*. Disponível em: https://bit.ly/3x-dcQPq. Acesso em: jun. 2021.

322. EUPEDIA. À quoi ressemblaient vraiment les Néandertaliens et qu'avonsnous hérité d'eux? Disponível em: https://bit.ly/3zlUTjx. Acesso em: jun. 2021.

323. POUR La Science. *L'épaule-catapulte de l'homme*. Disponível em: https://bit.ly/3xgnaGt. Acesso em: jun. 2021.

324. POUR La Science. *Comment Homo sapiens a conquis la planète*. Disponível em: https://bit.ly/2RKgYHy. Acesso em: jun. 2021.

325. HOMINIDÉS: *Toumaï: Sahelanthropus tchadensis*. Disponível em: https://bit.ly/3zjneHl. Acesso em: jun. 2021.

326. FUTURA Planète. *Toumaï*. Disponível em: https://bit.ly/3gw1sY2. Acesso em: jun. 2021.

327. ASSURBANIPAL. Disponível em: http://antikforever.com/Mesopotamie/Assyrie/assurbanipal.htm. Acesso em: jun. 2021.

328. LE MONDE. *Assurbanipal le lettré*. Disponível em: https://bit.ly/2Su-9jgP. Acesso em: jun. 2021.

329. LE MONDE. *Origine et histoire de la tomate*. Disponível em: https://bit.ly/3guiUMG. Acesso em: jun. 2021.

330. NIMRUD. *Assurnasirpal II, King of Assyria (r. 883-859 BC)*. Disponível em: https://bit.ly/3zpcBmu. Acesso em: jun. 2021.

331. CULTES et rites en Grèce et à Rome. Disponível em: https://www.louvre.fr/sites/default/files/medias/medias_fichiers/fichiers/pdf/louvre-cultesgrece.pdf. Acesso em: jun. 2021.

332. LE REPAS de tous les jours, leur déroulement chez les Romains. Disponível em: http://www.antiquite.ac-versailles.fr/aliment/alimen06.htm. Acesso em: jun. 2021.

333. OLD Cook. *Cuisines d'Afrique noire précoloniale*. Disponível em: https://bit.ly/3zoE9YT. Acesso em: jun. 2021.

334. MUSÉUM Toulouse. *CRISPR-Cas, une technique révolutionnaire pour modifier le génome*. Disponível em: https://bit.ly/3gtXxuR. Acesso em: jun. 2021.

335. WOMEN of the Conflict. Disponível em: https://bit.ly/3zo4Wo6. Acesso em: jun. 2021.

336. SMITHSONIAN Magazine. *The Factory that Oreos Built*. Disponível em: https://bit.ly/3xhtFbU. Acesso em: jun. 2021.

337. AP News. *How Candy Makers Shape Nutrition Science*. Disponível em: https://bit.ly/2Th9Z9v. Acesso em: jun. 2021.

338. PROCESS Alimentaire. *Se conformer au nouveau tableau nutritionnel américain*. Disponível em: https://bit.ly/3gwpjaj. Acesso em: jun. 2021.

339. ÉTIQUETAGE des denrées alimentaires. Disponível em: https://bit.ly/3iBdIcI. Acesso em: jun. 2021.

340. L'OBS. États-Unis: la révolte des élèves *contre les légumes obligatoires de la cantine*. Disponível em: https://bit.ly/3vaKlk4. Acesso em: jun. 2021.

341. LE Figaro. *Des parents mécontents de la cantine jouent aux "limaces" avec les paiements*. Disponível em: https://bit.ly/3cz7iH4. Acesso em: jun. 2021.

342. ZME Science. *Why Nestlé is One of the Most Hated Companies in the World*. Disponível em: https://bit.ly/3genm37. Acesso em: jun. 2021.

343. LIBÉRATION. *Le lait pour bébé, plaie des pays pauvres: 1,5 million de nourrissons meurent chaque année faute d'être alimentés au sein*. Disponível em: https://bit.ly/2ToAha1. Acesso em: jun. 2021.

344. LE MONDE Diplomatique. *Ces biberons qui tuent*. Disponível em: https://bit.ly/3iCAVLw. Acesso em: jun. 2021.

345. SCIENCES Humaines. *Le retour des émeutes de la faim*. Disponível em: https://bit.ly/3vjVlvo. Acesso em: jun. 2021.

346. LA France Agricole. *1% des denrées alimentaires contaminées par des métaux lourds*. Disponível em: https://bit.ly/3iwWKfv. Acesso em: jun. 2021.

347. FORTUNE India. *Sugar's Bitter Aftertaste*. Disponível em: https://bit.ly/3xhgtDW. Acesso em: jun. 2021.

348. CONNAISSANCE des Energies. *Biocarburant*. Disponível em: https://bit.ly/3xdS5mK. Acesso em: jun. 2021.

349. L'EXPRESS. *Les biocarburants: une filière pas si bio*. Disponível em: https://bit.ly/3vdI9rX. Acesso em: jun. 2021.

350. IFP Energies Nouvelles. *Tableau de bord biocarburants 2018*. Disponível em: https://bit.ly/3vfCkKJ. Acesso em: jun. 2021.

351. NOUS Étions Gaulois. *Le mythe du sanglier gaulois*. Disponível em: https://bit.ly/2TRftbc. Acesso em: jun. 2021.

352. TAXIS Brousse. *Histoire & vertus de l'ananas*. Disponível em: https://bit.ly/2TpAvgN. Acesso em: jun. 2021.

353. UNESCO. *Le repas gastronomique des Français*. Disponível em: https://bit.ly/3cAxph4. Acesso em: jun. 2021.

354. INSTITUT Danone. *La restauration scolaire: évolution et contraintes réglementaires*. Disponível em: https://bit.ly/3pLhOQP. Acesso em: jun. 2021.

355. MENTAL Floss. *A Brief History of School Lunch*. Disponível em: https://bit.ly/3xjc9nA. Acesso em: jun. 2021.

356. LSA. *Nestlé, l'histoire d'un géant de l'agroalimentaire*. Disponível em: https://bit.ly/3znoskU. Acesso em: jun. 2021.

357. BLEDINA. *Du côté des bébés depuis 1881*. Disponível em: https://www.bledina.com/une-belle-histoire/. Acesso em: jun. 2021.

358. UNILEVER. *Unilever History 1871-2017*. Disponível em: https://bit.ly/2Sk1FG1. Acesso em: jun. 2021.

359. KNOWLEDGE Nuts. *Colonel Sanders Started With A Gas Station And A Shoot-Out*. Disponível em: https://bit.ly/3wo3r7K. Acesso em: jun. 2021.

360. BEEF 2 Live. *World Beef Production*. Disponível em: https://bit.ly/3v-gUkUY. Acesso em: jun. 2021.

361. FRANCE Info. *Fritz Haber: l'homme le plus important dont vous n'avez jamais entendu parler*. Disponível em: https://bit.ly/3iFTj64. Acesso em: jun. 2021.

362. SMITHSONIAN Environmental Research Center. *The Ocean Is Losing Its Breath: Here's the Global Scope*. Disponível em: https://s.si.edu/3xkuzVf. Acesso em: jun. 2021.

363. TOUTE l'Europe. *Histoire de la politique agricole commune*. Disponível em: https://bit.ly/3xpgy8R. Acesso em: jun. 2021.

364. AGRO Media. *Alimentation infantile : le marché de la baby food ne connaît pas la crise*. Disponível em: https://bit.ly/2U6vyKn. Acesso em: jun. 2021.

365. WORLD Health Organization. 10 faits sur l'allaitement maternel. Disponível em: https://www.who.int/features/factfiles/breastfeeding/fr/. Acesso em: jun. 2021.

366. THE VEGAN Society. Disponível em: https://bit.ly/35hQf8r. Acesso em: jun. 2021.

367. SANTÉ Magazine. *Sept algues comestibles et leurs bienfaits.* Disponível em: https://bit.ly/3cFwD2b. Acesso em: jun. 2021.

368. OUEST France. *Que vaut vraiment le fonio, la c*éréale à la mode? Disponível em: https://bit.ly/2SAVTzE. Acesso em: jun. 2021.

369. BYRNE, Jane. *McDonald's Championing Research Into Insect Feed for Chickens.* Disponível em: https://bit.ly/3xiEhHv. Acesso em: jun. 2021.

370. LES EXOSQUELETTES des insectes. Disponível em: http://exosquelette1.e--monsite.com/pages/les-exosquelettes-des-insectes.html. Acesso em: jun. 2021.

371. INNOVAFEED. Disponível em: http://innovafeed.com/. Acesso em: jun. 2021.

372. FUTURA Santé. *Les bienfaits des flavonoides.* Disponível em: https://bit.ly/3pOE38K. Acesso em: jun. 2021.

373. FUTURA Planète. *Alimentation des chimpanzés.* Disponível em: https://bit.ly/3cHzXtB. Acesso em: jun. 2021.

374. CNRS. *Ces animaux qui se soignent tout seuls.* Disponível em: https://bit.ly/2TxwAio. Acesso em: jun. 2021.

375. QUAND les insectes se soignent par les plantes. Disponível em: http://www.humanite-biodiversite.fr/article/quand-les-insectes-se-soignentpar--les-plantes. Acesso em: jun. 2021.

376. BIOMIMICRY Institute. *Bio-Cultivator.* Disponível em: https://bit.ly/3pRXFJd. Acesso em: jun. 2021.

377. SUSTAINABLE Brands. *8 Finalists Join First-Ever Biomimicry Accelerator on Mission to Feed 9 Billion.* Disponível em: https://bit.ly/3cDm5jW. Acesso em: jun. 2021.

378. FUTURA Planète. *Les plantes se parlent grâce à leurs racines.* Disponível em: https://bit.ly/3vm9wAf. Acesso em: jun. 2021.

379. FAO. Étiquetage des denrées alim*entaires.* Disponível em: https://bit.ly/2TvB7l3. Acesso em: jun. 2021.

380. FAO. *Codex Alimentarius: International Food Standards.* Disponível em: https://bit.ly/3gy9kIB. Acesso em: jun. 2021.

381. FAO. *Traditional Crops: Moringa.* Disponível em: https://bit.ly/3pP4r24. Acesso em: jun. 2021.

382. FAO. *Cultures traditionnelles: le pois bambara.* Disponível em: https://bit.ly/3wnGhOO. Acesso em: jun. 2021.

383. PHARMA Market. *De la stevia, du tagatose ou du sucre? Les avantages et les inconvénients des édulcorants.* Disponível em: https://bit.ly/35kMKxX. Acesso em: jun. 2021.

384. LES ECHOS. *Semences: la biodiversité en danger?* Disponível em: https://bit.ly/3iEmRB7. Acesso em: jun. 2021.

385. UICN. *Le monde protège désormais 15 % de ses terres, mais des zones cruciales pour la biodiversité restent oubliées.* Disponível em: https://bit.ly/3gntTbY. Acesso em: jun. 2021.

386. FAO. *Les sols sont en danger, mais la dégradation n'est pas irréversible.* Disponível em: https://bit.ly/2SyoRQH. Acesso em: jun. 2021.

387. LES ECHOS. *La fertilité des sols part en poussière.* Disponível em: https://bit.ly/3cGEBrJ. Acesso em: jun. 2021.

388. NICOLAS Appert, l'inventeur de la conserve. Disponível em: http://www.savoirs.essonne.fr/thematiques/le-patrimoine/histoire-des-sciences/nicolas-appert-linventeur-de-la-conserve/. Acesso em: jun. 2021.

389. NAPOLEON. *Appert et l'invention de la conserve.* Disponível em: https://bit.ly/3iEo6Ah. Acesso em: jun. 2021.

390. ANSES. *Retrait des produits phytopharmaceutiques associant en coformulation glyphosate et POE-Tallowamine du marché français.* Disponível em: https://bit.ly/2TrS4gz. Acesso em: jun. 2021.

391. UNIFA. *Fertilisants organiques.* Disponível em: https://bit.ly/3iFx4xq. Acesso em: jun. 2021.

392. OMS Europe. *Alimentation saine.* Disponível em: https://bit.ly/3giwWCi. Acesso em: jun. 2021.

393. ANSES. *Les acides gras trans.* Disponível em: https://bit.ly/3iEvGuN. Acesso em: jun. 2021.

394. LA NUTRITION. *Les graisses cis et trans.* Disponível em: https://bit.ly/3pR31nI. Acesso em: jun. 2021.

395. LES ECHOS. *InnovaFeed lève 40 millions pour produire ses protéines d'insectes.* Disponível em: https://bit.ly/3gwh0ex. Acesso em: jun. 2021.

396. ORTHODOXA. *Petite histoire du carême.* Disponível em: https://bit.ly/3zo933G. Acesso em: jun. 2021.

397. CYBER Curé. *Sens, origine et histoire du carême.* Disponível em: https://bit.ly/3gkcYXS. Acesso em: jun. 2021.

398. OLD Cook. *3 textes de cuisine dans un manuscrit de médecine de la Bibliothèque Nationale de Paris.* Disponível em: https://bit.ly/3zo9uuQ. Acesso em: jun. 2021.

399. BUSTLE. *11 Ways The Environment Can Affect Your Appetite & How To Use It To Your Advantage.* Disponível em: https://bit.ly/3wmTyHf. Acesso em: jun. 2021.

400. LE RÔLE de l'intestin grêle dans la digestion. Disponível em: https://eurekasante.vidal.fr/nutrition/corps-aliments/digestion-aliments.html?pb=intestin-grele. Acesso em: jun. 2021.

401. INSERM. *Microbiote intestinal (flore intestinale): une piste sérieuse pour comprendre l'origine de nombreuses maladies.* Disponível em: https://bit.ly/3cHgmK5. Acesso em: jun. 2021.

402. FAO. *Quinoa 2013: année internationale.* Disponível em: https://bit.ly/2U4CMP3. Acesso em: jun. 2021.

403. CHINE Informations. *Histoire de la cuisine chinoise.* Disponível em: https://bit.ly/2SpYf4E. Acesso em: jun. 2021.

404. THE NEW York Times. *Horror of a Hidden Chinese Famine.* Disponível em: https://nyti.ms/3gtzxZ6. Acesso em: jun. 2021.

405. SCIENCESPO. *Violences de masse en République populaire de Chine depuis 1949.* Disponível em: https://bit.ly/3pNZoPC. Acesso em: jun. 2021.

406. THE BIAFRAN War. Disponível em: https://bit.ly/3wpmIWe. Acesso em: jun. 2021.

407. LE MONDE. *Un tiers des ménages français sont "flexitariens", 2% sont végétariens.* Disponível em: https://bit.ly/3zpJHCI. Acesso em: jun. 2021.

408. ARCHEOBLOG. *L'évolution de l'agriculture et la différenciation entre les genres sont-elles liées?* Disponível em: https://bit.ly/3wolaMk. Acesso em: jun. 2021.

409. LE CANARD Curieux. *Les jaïns: peace & véganisme.* Disponível em: https://bit.ly/2TrXAQj. Acesso em: jun. 2021.

410. LA RÉVOLUTION verte en Inde: un miracle en demi-teinte. Disponível em: https://les-yeux-du-monde.fr/histoires/2233-la-revolution-verte-enin-de-un-miracle-en-demi-teinte. Acesso em: jun. 2021.

411. BBC News. *Indian farmers and suicide: How big is the problem?* Disponível em: https://bbc.in/2RY074k. Acesso em: jun. 2021.

412. FAO. *Ampleur des pertes et gaspillages alimentaires.* Disponível em: https://bit.ly/3wmGB0k. Acesso em: jun. 2021.

413. AYURVEDIC Global Market Outlook. Disponível em: https://www.wiseguyreports.com/reports/3079196-ayurvedic-global-market--outlook-2016-022. Acesso em: jun. 2021.

414. TESCO PLC. *History of Tesco.* Disponível em: https://bit.ly/3gwjARQ. Acesso em: jun. 2021.

415. GENOME News Network. *Genetics and Genomics Timeline.* Disponível em: https://bit.ly/3zs2OvV. Acesso em: jun. 2021.

416. BIOTECHNOLOGY and Society. *Flavr Savr Tomato.* Disponível em: https://bit.ly/3zt2igX. Acesso em: jun. 2021.

417. LE MONDE. *Les insectes pollinisateurs, facteur le plus déterminant des rendements agricoles.* Disponível em: https://bit.ly/3cC6gKj. Acesso em: jun. 2021.

418. LES ECHOS. *La fin des abeilles coûterait 3 milliards d'euros à la France.* Disponível em: https://bit.ly/2SpeYoJ. Acesso em: jun. 2021.

419. LA CROIX. *Faut-il s'inquiéter de la disparition des insectes?* Disponível em: https://bit.ly/3znDEyh. Acesso em: jun. 2021.

420. LE MONDE. *Au Mexique, l'impact de la taxe sur les sodas fait polemique.* Disponível em: https://bit.ly/3znyBhn. Acesso em: jun. 2021.

421. OMS Europe. *Le Parlement estonien approuve une législation imposant une taxe sur les boissons sucrées.* Disponível em: https://bit.ly/3gkKUU1. Acesso em: jun. 2021.

[422.] LABORATOIRE Lescuyer. *Les superfruits, un concentré d'antioxydants.* Disponível em: https://bit.ly/3pPqA0r. Acesso em: jun. 2021.

[423.] FUTURE Marketing Insights. *Processed Superfruit Market.* Disponível em: https://bit.ly/3xjFQ8b. Acesso em: jun. 2021.

[424.] BRIDGING International Communities. *The Oasis Aquaponic Food Production System.* Disponível em: https://bit.ly/3gmUVQN. Acesso em: jun. 2021.

[425.] UM COMPORTEMENT altruiste chez une plante. Disponível em: https://bit.ly/3wn6zR7. Acesso em: jun. 2021.

[426.] FUTURA Planète. *La symbiose.* Disponível em: https://bit.ly/3iEfB8o. Acesso em: jun. 2021.

[427.] 20 MINUTES. *A Rennes, une imprimante 3D alimentaire fait des crêpes très design.* Disponível em: https://bit.ly/3zporwC. Acesso em: jun. 2021.

[428.] TRUST My Science. *L'agriculture industrielle est majoritairement responsable de la disparition alarmante des forêts.* Disponível em: https://bit.ly/3gj3QCS. Acesso em: jun. 2021.

[429.] LE MONDE. *Découverte du plus ancien Homo sapiens hors d'Afrique.* Disponível em: https://bit.ly/2RTaFlb. Acesso em: jun. 2021.

[430.] CONSOMMATION de thé en Inde et en Chine. Disponível em: http://www.indiablognote.com/article-l-inde-dans-l-histoire-du-the-36809263.html. Acesso em: jun. 2021.

[431.] L'AGORA. *Apicius premier cuisinier.* Disponível em: https://bit.ly/3iF9Yqp. Acesso em: jun. 2021.

[432.] FUTURA Sciences. *Histoire des épices.* Disponível em: https://www.futura-sciences.com/planete/. Acesso em: jun. 2021.

dossiers/botanique-epices-histoire-senteurs-epices-858/page/2/

[433.] LES AMIS de Chassenon. *Les banquets romains.* Disponível em: https://bit.ly/3xlJ5Mk. Acesso em: jun. 2021.

[434.] SAFRAN du Stival. *Histoire du safran.* Disponível em: https://bit.ly/3iJUYYr. Acesso em: jun. 2021.

[435.] BIRLOUEZ, Eric. *La quête des épices, moteur de l'Histoire.* Disponível em: https://bit.ly/35kZmVO. Acesso em: jun. 2021.

436. READERS Digest. *7 Things You Probably Didn't Know About White Castle Burgers*. Disponível em: https://bit.ly/3zpqtge. Acesso em: jun. 2021.

437. WORLD Atlas. *Biggest Farms in the World*. Disponível em: https://bit.ly/3voBDij. Acesso em: jun. 2021.

438. 11 COUNTRIES That Kll Over 25 Million Dogs a Year. Disponível em: https://bit.ly/3vl4nbK. Acesso em: jun. 2021.

439. COMISSION Européene. *L'UE reste en tête du commerce agroalimentaire mondial*. Disponível em: https://bit.ly/3giTyCG. Acesso em: jun. 2021.

440. INSERM. *La consommation d'aliments ultra-transformés est-elle liée aux risques de cancer?* Disponível em: https://bit.ly/2Tv6XyF. Acesso em: jun. 2021.

441. INSECTÉO. *Quels insectes comestibles mange-t-on en Amérique du Sud?* Disponível em: https://bit.ly/3gq8620. Acesso em: jun. 2021.

442. GEO. *Les insectes, incontournable de la gastronomie thaïlandaise*. Disponível em: https://bit.ly/3gkVCdb. Acesso em: jun. 2021.

443. FEED. Disponível em: https://www.feed.co/. Acesso em: jun. 2021.

444. SLANT. Disponível em: https://www.slant.co/. Acesso em: jun. 2021.

445. LE MONDE selon Subway. Disponível em: https://bit.ly/3vmZgrm. Acesso em: jun. 2021.

446. FAO. *FAOSTAT*. Disponível em: https://bit.ly/3cF4ad0. Acesso em: jun. 2021.

447. L'OBS. *Goodbye mozzarella: du fromage sans lait pour des pizzas moins chères*. Disponível em: https://bit.ly/3cEzKrh. Acesso em: jun. 2021.

448. STATISTA. *Les Français, champions du monde du temps passé à table*. Disponível em: https://bit.ly/2Sqfdjm. Acesso em: jun. 2021.

449. INTRADO. *Enterra Receives New Approvals to Sell Sustainable Insect Ingredients for Animal Feed in USA, Canada and EU*. Disponível em: https://bit.ly/2TVOn2G. Acesso em: jun. 2021.

450. USDA. *Sugar and Sweetener Yearbook Tables*. Disponível em: https://bit.ly/3wnEI3x. Acesso em: jun. 2021.

451. AGENCE Anadolu. *Les États-Unis sont le premier pays consommateur de sucre*. Disponível em: https://bit.ly/2RU1scn. Acesso em: jun. 2021.

452. MUMBAI Mirror. *India Sees Decline in Per Capita Sugar Consumption*. Disponível em: https://bit.ly/3xlEl9K. Acesso em: jun. 2021.

453. PEW Research Center. *Raising Concern About the Safety of Food, Medicine*: https://pewrsr.ch/3gxg61l. Acesso em: jun. 2021.

454. INDEPENDENT. *How Instagram Transformed the Restaurant Industry for Millennials*. Disponível em: https://bit.ly/3gjR8DI. Acesso em: jun. 2021.

455. THE GUARDIAN. *First Lab-Grown Hamburger Gets Full Marks for "Mouth Feel"*. Disponível em: https://bit.ly/3wmLoyE. Acesso em: jun. 2021.

456. LA TRIBUNE. *Agroalimentaire: Bill Gates et Richard Branson misent sur la viande "propre"*. Disponível em: https://bit.ly/3iBSE5T. Acesso em: jun. 2021.

457. FEDERATION of American Scientists. *Regulation of Cell-Cultured Meat*. Disponível em: https://bit.ly/2U3Oiu2. Acesso em: jun. 2021.

458. GEVES. *Catalogue officiel*. Disponível em: https://bit.ly/3vwDOAx. Acesso em: jun. 2021.

459. SCIENCES et Avenir. *Une "ruche de table" financée avec succès sur Kickstarter*. Disponível em: https://bit.ly/3cFJS33. Acesso em: jun. 2021.

460. LE POINT. À Bruxelles, le lobby du *sucre très énergique contre les taxes*. Disponível em: https://bit.ly/2RQXoJK. Acesso em: jun. 2021.

461. BBC News. *Oldest Noodles Unearthed in China*. Disponível em: https://bbc.in/3iEMgKZ. Acesso em: jun. 2021.

462. LA LIBRE. *L'origine des pâtes ou la fin d'un mythe*. Disponível em: https://bit.ly/3xkvC7I. Acesso em: jun. 2021.

463. FOOD Info. *L'histoire des pâtes italiennes*. Disponível em: https://bit.ly/3xmaHBa. Acesso em: jun. 2021.

464. THE EPOCH Times. *La fascinante histoire de la baguette, "reine" des pains français*. Disponível em: https://bit.ly/2Tu480C. Acesso em: jun. 2021.

465. ÇA M'Intéresse. *Qui a inventé la baguette de pain?* Disponível em: https://bit.ly/3zlmYrr. Acesso em: jun. 2021.

466. RTL. *Le "décret pain", qui protège la baguette traditionnelle, fête ses 22 ans.* Disponível em: https://bit.ly/3zq3XUM. Acesso em: jun. 2021.

467. FUTURA Planète. *Réserve mondiale de semences du Svalbard: un million de graines déposées.* Disponível em: https://bit.ly/3vkTwOL. Acesso em: jun. 2021.

468. LES ECHOS. *Cinq pesticides classés cancérogènes "probables" par l'OMS.* Disponível em: https://bit.ly/3wpMKZF. Acesso em: jun. 2021.

469. LE SUICIDE de Vatel: la véritable lettre de Mme de Sévigné. Disponível em: https://bit.ly/3cClEX5. Acesso em: jun. 2021.

470. LE BLOG de Louis XVI. *09 février 1747: le second mariage du Dauphin de France.* Disponível em: https://bit.ly/3wjY21o. Acesso em: jun. 2021.

471. THE GUY Who Invented Chewing Gum: A Life of Many Firsts. Disponível em: https://bit.ly/3iFQ5Qg. Acesso em: jun. 2021.

472. THE SPRUCE Eats. *The Story of Instant Coffee.* Disponível em: https://bit.ly/35kyZj2. Acesso em: jun. 2021.

473. LE FIGARO. *Le Ritz: "Un chef-d'oeuvre" selon* Le Figaro *de 1898.* Disponível em: https://bit.ly/3gyYNNy. Acesso em: jun. 2021.

474. VANDEGINSTE, Pierre. *Agriculture: la longue histoire de la chimie aux champs.* Disponível em: https://bit.ly/3gxBZxB. Acesso em: jun. 2021.

475. UNIVERSALIS. *Lyophilisation.* Disponível em: https://bit.ly/3zpI3Rp. Acesso em: jun. 2021.

476. FOREIGN Agricultural Service. *Percentage of U.S. Agricultural Products Exported.* Disponível em: https://bit.ly/2TW73iQ. Acesso em: jun. 2021.

477. MINISTÈRE de L'Agriculture et de L'Alimentation. *Chine: contexte agricole et relations internationales.* Disponível em: https://bit.ly/35iyRjV. Acesso em: jun. 2021.

478. LES ECHOS. *La Chine n'a jamais importé autant de soja.* Disponível em: https://bit.ly/3wqKK3b. Acesso em: jun. 2021.

479. GOUVERNEMENT du Canada. *Aperçu du marché: Chine.* Disponível em: https://bit.ly/2TuIh9e. Acesso em: jun. 2021.

480. LE PARISIEN. *La Chine exploite 10 millions d'hectares de terres agricoles hors de ses frontières.* Disponível em: https://bit.ly/2RS21TU. Acesso em: jun. 2021.

481. PLANETOSCOPE. *Consommation mondiale de pizza*. Disponível em: https://bit.ly/3viq1x3. Acesso em: jun. 2021.

482. AGHIRES. *Americans Consume About 3 Billion Pizzas a Year (and 15 Other Pizza Facts)*. Disponível em: https://bit.ly/3cCAr43. Acesso em: jun. 2021.

483. AVISÉ. *Pizza: une consommation en repli*. Disponível em: https://bit.ly/2TW9lhU. Acesso em: jun. 2021.

484. MAPS of India. *Top 10 Wheat Producing States of India*. Disponível em: https://bit.ly/3xqIGbL. Acesso em: jun. 2021.

485. MAPS of India. *Top 10 Rice Producing States of India*. Disponível em: https://bit.ly/2SBG5g2. Acesso em: jun. 2021.

486. L'ALIMENTATION représente 62,3% des dépenses totales des ménages congolais. Disponível em: https://bit.ly/3iH7Uy7. Acesso em: jun. 2021.

487. SCIENCE Daily. *Unhealthy Diet Linked to More Than 400.000 Cardiovascular Deaths*. Disponível em: https://bit.ly/3vo4fZ5. Acesso em: jun. 2021.

488. LE FIGARO. *Qui mange encore de la viande en France?* Disponível em: https://bit.ly/3pSvXMi. Acesso em: jun. 2021.

489. LIVEKINDLY. *Vegan Food Sales Topped $3.3 Billion in 2017*. Disponível em: https://bit.ly/2U6XsWE. Acesso em: jun. 2021.

490. WORLD Health Organization. *Diabetes*. Disponível em: https://bit.ly/35kUekM. Acesso em: jun. 2021.

491. NUTRITION, surcharge pondérale et obésité: stratégie de l'Union européenne. Disponível em: https://bit.ly/2SAuFt9. Acesso em: jun. 2021.

492. NATURE. *Protect the Last of the Wild*. Disponível em: https://go.nature.com/3iClkvu. Acesso em: jun. 2021.

493. RAMSAR. *Les zones humides: pourquoi m'en soucier?* Disponível em: https://bit.ly/3gmUdDb. Acesso em: jun. 2021.

494. LÉGIFRANCE. *Article R214-63*. Disponível em: https://bit.ly/3q3UzC1. Acesso em: jun. 2021.

495. FARM. *Changement climatique: un défi de plus pour l'agriculture en Afrique*. Disponível em: https://bit.ly/3zpifVA. Acesso em: jun. 2021.

496. ANGIMA, Sam; NOACK, Michael; NOACK, Sally. *Composting With Worms*. Disponível em: https://bit.ly/3pSGgQp. Acesso em: jun. 2021.

497. TECHNOCCULT. *The Food Free Diet*. Disponível em: https://bit.ly/35gPywh. Acesso em: jun. 2021.

498. EUREKALERT. *On Current Trends, Almost a Quarter of People in the World Will be Obese by 2045, and 1 in 8 Will Have Type 2 Diabetes*. Disponível em: https://bit.ly/3iKn3Pl. Acesso em: jun. 2021.

499. LA POPULATION mondiale au 1er janvier 2019. Disponível em: https://bit.ly/3pPIXSW. Acesso em: jun. 2021.

500. LA BANQUE Mondiale. *Terres agricoles (% du territoire)*. Disponível em: https://bit.ly/35xMfkx. Acesso em: jun. 2021.

501. NOTRE Planète. *Les chiffres-clés de la planète terre*. Disponível em: https://bit.ly/3pTWN6x. Acesso em: jun. 2021.

502. OIT. *Agriculture; plantations; autres secteurs ruraux*. Disponível em: https://bit.ly/3ws2Kdq. Acesso em: jun. 2021.

503. COCA-COLA: la gamme. Disponível em: https://bit.ly/3gziAfE. Acesso em: jun. 2021.

504. LES DÉLICES d'Alexandre. *Le pain de mie: moelleux, pratique mais est-il vraiment bon pour notre santé?* Disponível em: https://bit.ly/3iD074r. Acesso em: jun. 2021.

505. BBC. *The Unsurpassed 125-year-old Network That Feeds Mumbai*. Disponível em: https://bbc.in/3vs9ZRo. Acesso em: jun. 2021.

506. FUTURA Planète. *Pesticides: les pays les plus gros consommateurs*. Disponível em: https://bit.ly/2Sw7aBi. Acesso em: jun. 2021.

507. LE FIGARO. *Il ne faut pas diaboliser le sucre*. Disponível em: https://bit.ly/3pWqnIH. Acesso em: jun. 2021.

508. INSTITUT Benjamin Delessert. *L'éducation thérapeutique: une partie qui se joue à 4*. Disponível em: https://bit.ly/2SpJQ8z. Acesso em: jun. 2021.

509. LE MONDE. *Le "lait" de cafard est bien plus nutritif qu'on ne l'imagine*. Disponível em: https://bit.ly/3gnb3ld. Acesso em: jun. 2021.

510. INSEE. *Des ménages toujours plus petits: projection de ménages pour la France métropolitaine à l'horizon 2030*. Disponível em: https://bit.ly/3xqct4h. Acesso em: jun. 2021.

■ Programas de rádio

[511.] LE SUCRE, DOUX ET MORTEL. *Concordance des Temps*. France Culture, 2018. Programa de rádio. Disponível em: https://bit.ly/3pQaaEW. Acesso em: jun. 2021.

[512.] SUCRE: LA DOSE DE TROP. *La Méthode Scientifique*. France Culture, 2017. Disponível em: https://bit.ly/35lPJGo. Acesso em: jun. 2021.

[513.] LE REPAS: MANGER ENSEMBLE. *Pas la Peine de Crier*. France Culture, 2014. Disponível em: https://bit.ly/2SBvTUR. Acesso em: jun. 2021.

[514.] LE REPAS: PARLER POLITIQUE À TABLE. *Pas la Peine de Crier*. France Culture, 2014. Disponível em: https://bit.ly/3iC26WR. Acesso em: jun. 2021.

[515.] DE QUOI MANGER EST-IL LE NOM? *Le Sens des Choses*. France Culture, 2017. Disponível em: https://bit.ly/35iXPQ7. Acesso em: jun. 2021.

[516.] LE SUCRÉ, LE SALÉ, ET LA FONCTION POLITIQUE DE L'ALIMENTATION. *Le Sens des Choses*. France Culture, 2017. Disponível em: https://bit.ly/3pP4QSk. Acesso em: jun. 2021.

[517.] MANGER, BOIRE ET MÉDITER. *Le Sens des Choses*. France Culture, 2017. Disponível em: https://bit.ly/35ootac. Acesso em: jun. 2021.

[518.] COMMENT LA DISTRIBUTION INFLUE SUR LA PRODUCTION: NOURRIR ET VENDRE. *Le Sens des Choses*. France Culture, 2017. Disponível em: https://bit.ly/3wqsFT1. Acesso em: jun. 2021.

[519.] LA PLANÈTE DOIT-ELLE NOURRIR LES HOMMES OU LES HOMMES DOIVENT-ILS NOURRIR LA PLANÈTE? *Le Sens des Choses*. France Culture, 2017. Disponível em: https://bit.ly/3gkCHzg. Acesso em: jun. 2021.

[520.] COMMENT FAUDRAIT-IL MANGER AUJOURD'HUI POUR TIRER LE MEILLEUR DE SON CORPS ET DE SON ESPRIT? *Le Sens des Choses*. France Culture, 2017. Disponível em: https://bit.ly/3iEhEtd. Acesso em: jun. 2021.

[521.] LE SENS RELIGIEUX DE LA NOURRITURE: CANNIBALISME ET INTERDITS RELIGIEUX. *Le Sens des Choses*. France Culture, 2017. Disponível em: https://bit.ly/3cI5Iml. Acesso em: jun. 2021.

522. LE FUTUR À TABLE! *Demain la Veille*. France Inter, 2017. Disponível em: https://bit.ly/35oqmDO. Acesso em: jun. 2021.

523. L'ALIMENTATION DE DEMAIN. *La Tête au Carré*. France Inter, 2017. Disponível em: https://bit.ly/3gBbTJU. Acesso em: jun. 2021.

524. À LA TABLE DES DIPLOMATES. *On Va Dé*guster. France Inter, 2016. Disponível em: https://bit.ly/3xpUJWL. Acesso em: jun. 2021.

525. LES SACS PLASTIQUE EM IRLANDE. *C'est Comment Ailleurs?* France Info, 2017. Disponível em: https://bit.ly/3wskYLS. Acesso em: jun. 2021.

Discursos

526. SAVOY, Guy. Le futur de la gastronomie française, l'un des plus grands patrimoines à l'échelle mondiale. Paris: Institut de France, 2019.

527. NOOYI, Indra. Discurso pronunciado à ocasião do Simpósio Internacional Norman E. Borlaug. Des Moines: World Food Prize Foundation, 2009.

Pôster

528. MARIANI, Angelo. *La Coca du Pérou et le Vin Mariani*. Paris, 1878.

Créditos fotográficos

Pintura mural de um túmulo egípicio em Luxor, Tebas, datada do século XI a.C. (© Collection Christophel).

"A preparação das delícias do arroz", seção 3, detalhe, *Disputa sobre o saquê e o arroz* (*Shuhanron emaki*) (Paris, Bibliothèque Nationale de France, manuscrits japonais 5343).

DA VINCI, Leonardo. *A última ceia*, por volta de 1495-1497 (refeitório do convento Santa Maria delle Grazie, Milan. Photo © Archives Alinari, Florence, Dist. RMN-Grand Palais/Mauro Magliani).

VÉRONÈSE, Paul. *O casamento em Cana*, 1563 (Musée du Louvre. Photo © RMN-Grand Palais [Museu do Louvre]/imagem RMN-GP).

AERTSEN, Pieter. *A feirante em seu estande*, 1567 (Berlin, Gemäldegalerie [SMPK]. Photo © BPK, Berlin, Dist. RMN-Grand Palais/Jörg P. Anders).

ARCIMBOLDO, Giuseppe. *O outubro*, 1573 (Musée du Louvre. Photo © RMN-Grand Palais [Museu do Louvre]/Franck Raux).

BRUEGEL, Pieter ("o Velho"). *Casamento camponês*, 1567 (Vienne, Kunsthistorisches Museum. Photo © BPK, Berlin, Dist. RMN-Grand Palais/image BStGS).

ARAVAGGIO. *Ceia na casa de Emmaüs* (detalhe), 1601 (National Gallery, Londres. Photo © Archives Alinari, Florence, Dist. RMN-Grand Palais/Raffaello Bencini).

AELST, Willem van. *Uvas e pêssegos*, 1670 (Musée du Louvre. Photo © RMN-Grand Palais [Museu do Louvre]/Tony Querrec).

COTÁN, Juan S. *Marmelo, repolho, melão e pepino*, por volta de 1602 (San Diego Museum of Art [Estados Unidos]/Gift of Anne R. and Amy Putnam/ Bridgeman Images).

SCHOOTEN, Floris van. *Natureza morta com presunto*, meados do século XVII (Musée du Louvre). Photo © RMN-Grand Palais [Musée du Louvre]/ Franck Raux).

VERMEER, Jan. *A leiteira*, por volta de 1658-1660 (Amsterdam, Rijksmuseum. Photo © Rijksmuseum, Amsterdam, The Netherlands/Bridgeman Images).

MANET, Édouard. *O almoço na relva*, 1863 (Musée d'Orsay. Photo © RMN-Grand Palais [Museu de Orsay]/Hervé Lewandowski).

RENOIR, Auguste. *O almoço dos barqueiros*, 1880-1881 (Washington, Collection Phillips. © Iberfoto/Roger-Viollet).

Agradecimentos

Agradeço a todos que aceitaram debater comigo sobre esses temas, às vezes durante ou desde muitos anos, dentre os quais Idriss Aberkane, Jérémie Attali, Fernand Braudel, Richard C. Delerins, Pierre Gagnaire, Hervé Le Bras, Michel-Édouard Leclerc, Thierry Marx, Edgar Morin, Indra Nooyi, Pascal Picq, Natacha Polony, Pierre Rabhi, Antoine Riboud, o Dr. Frédéric Saldmann, Pierre-Henry Salfati, Guy Savoy, Michel Serres e Stefano Volpi. E tantos outros, cozinheiros, donos de restaurantes, agricultores, chefes de indústrias, historiadores, médicos. Agradeço também a Sandrine Treiner, que possibilitou a série de programas que apresentei sobre esses assuntos, com Stéphanie Bonvicini, na France Culture, no verão de 2017.

Agradeço igualmente àqueles que aceitaram reler as múltiplas versões sucessivas deste manuscrito e me ajudaram a precisar os fatos, completar as fontes e verificar a bibliografia: Raphael Abensour, Belal Bem Amara, Quentin Boiron, Adèle Gaillot, Charles Papin, Pierre Plasmans e Thomas Vonderscher.

Finalmente, agradeço a Sophie de Closets e Diane Feyel pela releitura tão rigorosa e pelo apoio ao longo de todo o presente trabalho.

Este livro foi composto com tipografia Adobe Garamond e impresso em papel Off-White 70 g/m² na Formato Artes Gráficas.